创新创业背景下大学生职业生涯规划与素质能力提升研究

廖想想　宫淑阳　仇　琦／著

SPM 南方传媒｜广东人民出版社
·广州·

图书在版编目（CIP）数据

创新创业背景下大学生职业生涯规划与素质能力提升研究 / 廖想想，宫淑阳，仇琦著. -- 广州 : 广东人民出版社，2024. 8. -- ISBN 978-7-218-18006-9

Ⅰ. G647.38

中国国家版本馆 CIP 数据核字第 2024TJ5021 号

CHUANGXIN CHUANGYE BEIJING XIA DAXUESHENG ZHIYE SHENGYA GUIHUA YU SUZHI NENGLI TISHENG YANJIU

创新创业背景下大学生职业生涯规划与素质能力提升研究

廖想想　宫淑阳　仇　琦　著

出 版 人：肖风华

责任编辑：马妮璐
责任技编：吴彦斌
装帧设计：沈加坤

出版发行：广东人民出版社
地　　址：广东省广州市越秀区大沙头四马路 10 号（邮政编码：510199）
电　　话：（020）85716809（总编室）
传　　真：（020）83289585
网　　址：http://www.gdpph.com
印　　刷：北京亚吉飞数码科技有限公司
开　　本：710mm×1000mm　1/16
印　　张：20.25　　**字　　数**：363 千
版　　次：2025 年 3 月第 1 版
印　　次：2025 年 3 月第 1 次印刷
定　　价：92.00 元

如发现印装质量问题，影响阅读，请与出版社（020-85716849）联系调换。
售书热线：（020）87716172

前　言

21世纪的今天，是一个充满变革、机遇与挑战的时代。创新创业的浪潮席卷全球，为各国经济发展注入了新的活力。创新创业不仅是推动经济发展的重要动力，也是培养大学生综合素质和能力的有效途径。随着科技的飞速发展和产业结构的不断升级，创新创业已成为推动经济社会发展的新引擎。而大学生作为具备较高文化素养和专业技能的青年群体，肩负着为国家和社会发展作出贡献的重任。因此，如何帮助大学生制订科学合理的职业生涯规划，提升他们的创新创业能力和综合素质，已成为高等教育面临的重要课题。

对大学生进行职业生涯规划教育，对于提升大学生的就业竞争力，促进其顺利就业具有非常重要的意义。本书在对职业生涯规划基础知识进行阐述的基础上，重点针对大学生自我认知、职业生涯规划的制订，创业理论素养、创业能力素养、就业理论素养和就业能力素养的提升等内容进行全方位的探讨与分析。本书旨在帮助大学生树立正确的职业和就业观念，使大学生在充分认识自己的前提下，有针对性地提升自己的就业与创业能力，同时结合专业学习，选择自己今后的发展方向，从各个方面做好应对职业挑战的准备。

在撰写本书的过程中，我们力求内容翔实、结构清晰、理论与实践相结合，以期为广大学生、教育工作者以及关注创新创业和人才培养的各界人士提供有益的参考。《创新创业背景下大学生职业生涯规划与素质能力提升研究》一书具有以下写作特点：

（1）系统性。本书全面涵盖了创新创业背景下大学生职业生涯规划与素质能力提升的各个方面，从理论到实践，为读者提供了一整套系统的知识体系。

（2）创新性。本书紧跟时代发展步伐，关注创新创业背景下的大学生职业发展，为读者提供了新的思考角度和实践方法。

（3）理论与实践相结合。本书在介绍理论知识的同时，注重与实践相结合，帮助读者将理论知识应用于实际生活和工作中，提高自身的职业素质。

（4）通俗易懂。本书在撰写过程中，力求语言简洁明了，避免过多的专业术语，使读者能够轻松理解书中的内容。

（5）可读性强。本书结构清晰，章节安排合理，方便读者根据自己的需求选择性阅读。同时，本书内容丰富，具有较强的可读性。

全书由廖想想、宫淑阳、仇琦撰写，具体分工如下：

第一章、第四章、第八章，共 11.76 万字：廖想想（苏州科技大学）；

第二章、第三章、第五章，共 11.53 万字：宫淑阳（苏州科技大学）；

第六章、第七章，共 11.64 万字：仇琦（苏州科技大学）。

我们希望本书能够帮助大学生更好地应对创新创业背景下的挑战，实现个人职业发展与国家发展的双赢。在此，我们衷心感谢在本书撰写过程中提出诸多有益建议的各位专家学者，以及给予我们支持和帮助的各位朋友。同时，我们也期待广大读者在阅读本书的过程中，能够提出宝贵的意见和建议，以便在日后不断改进和完善。

最后，我们希望本书能够成为您职业生涯规划与素质能力提升的有益指导，助您在创新创业的大潮中勇往直前，实现人生理想。

作　者

2024 年 3 月

目　录

第一章　创新创业背景分析

创新创业是现代社会经济发展的重要动力,也是培养未来企业家和创新人才的重要途径。它指通过创新的思维、技术和商业模式,将传统的行业或市场进行改造或颠覆,从而创造出新的价值、满足新的需求或解决现有问题。为了推动创新创业的发展,政府、高校、企业和社会各界可以采取一系列措施,为创业者提供良好的创业环境和条件,创业者也需要不断提升自身的创新能力和创业素质,以实现创业的成功。

第一节　创新创业的时代趋势

创新创业的时代趋势将围绕数字化转型、可持续发展、网络平台经济和科技创新展开。创业者需要不断学习和应用新技术,积极关注社会和环境问题,寻找商机并推动社会进步。

一、正在数字化转型

随着信息技术的快速发展,数字化转型成为企业实现创新和提高竞争力的关键。未来,创新创业将更加注重利用大数据分析、人工智能、物联网和云计算等技术,构建智能化的商业模式和运营管理。创新创业的数字化转型趋势体现在以下几个方面:

首先,数字化转型已经成为驱动自动化和扩展生产力的关键。随着企业应用数量的增加,API(应用程序接口)的安全性变得尤为重要,因为它涉及网络入侵的新途径。此外,微服务正成为企业快速建立新客户体验的关键,而服务网格功能则成为扩展微服务的必要工具。

其次，数据分析在数字化转型中发挥着关键作用。企业正试图通过数据分析释放数据的全部潜力，以提高运营效率、降低成本并发现新的商机。从20世纪90年代数字化开始形成以来，数据一直是一种未开发的资源，而现在，它已经成为数字化转型的主要趋势之一。

此外，物联网也是数字化转型的关键趋势之一。物联网设备可以收集大量的实时数据，并通过云计算和大数据分析技术进行处理和分析，从而为企业提供更加精准和高效的运营决策。

最后，数字化转型还涉及企业运营模式的改变。企业需要建立跨部门的协作机制，确保数字化转型能够得到各部门的全力支持和配合。同时，企业也需要注重变革管理的深化与拓展，从文化、组织结构和管理方式等多个方面进行全面升级。

二、关注可持续发展

随着全球环境问题的日益严重，可持续发展已经成为创新创业的重要方向之一。未来的创新创业将更加注重可持续发展，以解决全球性的环境、经济和社会问题。创新创业的可持续发展趋势体现在对环境保护、社会责任和经济效益的综合考虑。

首先，未来的创新创业将更加注重环境保护。创业者将致力于开发和应用可再生能源、减少排放、提高资源利用效率的技术和解决方案，以实现低碳经济和绿色发展。例如，新能源汽车、绿色建筑、循环农业等领域将成为创业热点。

其次，创新创业将更加注重社会责任。企业不仅要追求经济效益，还要关注自身对社会和环境的影响。创业者将致力于通过商业活动改善社会问题，如教育、公益、社区建设等。通过履行社会责任，企业可以增强社会信任和品牌忠诚度，赢得消费者的支持。

最后，创新创业将追求经济效益和社会价值的双重目标。创业者将寻找能够同时满足市场需求和社会需求的商业模式，以实现可持续发展。例如，共享经济、平台经济等新型商业模式，既能够提供便捷的服务，又能够减少资源浪费和环境污染。

三、重视网络平台经济

网络平台经济是近年来兴起的一个创业热点。

首先，网络平台经济提供了创新创业的广阔空间。通过构建在线平台,创业者可以将供应商和消费者联系起来,提供各种服务,如共享经济服务、在线购物等。这种创新模式不仅降低了创业门槛,还使得创业者能够更快速地触达用户,实现商业价值的最大化。

其次,网络平台经济促进了资源的优化配置和高效利用。通过大数据分析、人工智能等技术手段,网络平台可以实现供需双方的精准匹配,提高资源的利用效率。同时,网络平台还可以促进信息的共享和透明化,降低交易成本,提高市场效率。

此外,网络平台经济还推动了创新创业的全球化发展。通过互联网平台,创业者可以轻松地跨越地域限制,将产品和服务推向全球市场。这不仅拓展了创业者的商业空间,还促进了全球经济的互联互通。

最后,网络平台经济也带来了新的挑战和机遇。随着网络平台经济的快速发展,竞争也日益激烈。创业者需要不断创新和提升自己的竞争力,以在市场中脱颖而出。同时,网络平台经济也带来了新的商业模式和业态,为创业者提供了更多的机遇和发展空间。

四、不断探索科技创新

科技创新在创新创业中起着至关重要的作用。它不仅是推动社会进步和经济发展的关键动力,也是提升国家竞争力的核心要素。在创新创业的过程中,科技创新主要体现在以下几个方面:

第一,推动产业升级。通过科技创新,可以开发出更高效、更环保、更具竞争力的产品和服务,从而推动传统产业的升级和转型。例如,引入人工智能、大数据等技术可以提升制造业的自动化和智能化水平,提高生产效率和产品质量。

第二,创造新的商业模式。科技创新可以催生出新的商业模式和业态,为创新创业提供更多的机会和空间。例如,互联网、物联网等技术的发展使得共享经济、平台经济等新型商业模式得以兴起,为创业者提供了新的发展路径。

第三,提升竞争力。科技创新可以帮助企业在市场中获得竞争优势。通过研发新技术、新产品或新服务,企业可以满足消费者的新需求,提高市场份额和盈利能力。

第四,驱动可持续发展。科技创新在解决全球性的环境、经济和社会问题中发挥着关键作用。通过开发和应用清洁能源、循环经济等技术,可以实现经济、社会和环境的协调发展。

在创新创业的过程中,科技创新需要政府、企业、高校和研究机构等多方合作，共同投入资源和力量。同时，还需要建立完善的科技创新体系，包括政策支持、人才培养、资金投入等方面，以推动科技创新的持续发展。

第二节　创新与创业的内涵

一、创新概述

（一）创新的内涵

创新是指通过创造或引入新的技术、知识、观念或创意，创造出新的产品、服务、组织、制度等，并将之应用于社会以实现其价值的过程。这个过程涉及对现有事物的改革和革新，以及对不合理事物的扬弃和新事物的创造。它是以新思维、新发明和新描述为特征的一种概念化过程，它起源于拉丁语，原意包括更新、创造新的东西和改变等。创新是人类特有的认识能力和实践能力，是人类主观能动性的高级表现形式，是推动民族进步和社会发展的不竭动力。

创新在经济、技术、社会学以及建筑学等领域的研究中具有重要地位，它涉及创造、创业等多个方面。在21世纪初，创新的概念已经从单纯的经济学范畴演变为涵盖广泛领域的哲学概念，包括思想理论创新、科学技术创新、管理创新、经营创新、机制创新、制度创新、知识创新等。

（二）创新的特征

创新具有多种特征，这些特征共同体现了创新的本质和重要性。以下是创新的主要特征：

（1）目的性。任何创新活动都有一定的目的，这个特性贯彻于创新过程的始终。创新旨在满足人们的需求，解决现存的问题，或者实现特定的目标和愿景。

（2）变革性。创新是对已有事物的改革和革新，是一种深刻的变革。它打破了传统的思维模式和行为方式，引入了新的理念、技术或方法，从而推动社会、经济、科技等领域的进步。

（3）新颖性。创新是对现有的不合理事物的扬弃，革除过时的内容，确立新事物。这意味着创新必须具备新颖性，即创造出前所未有的事物或方法，或者在现有基础上进行显著的改进。

（4）超前性。创新以求新为灵魂，具有超前性。这种超前性是从实际出发、实事求是的超前，它要求创新者具备前瞻性的思维和视野，能够预测和把握未来的发展趋势。

（5）价值性。创新有明显、具体的价值，对经济社会具有一定的效益。创新的目的在于创造价值，包括经济价值、社会价值、文化价值等，从而推动社会的整体进步和发展。

除此之外，创新还具有风险性、不确定性、累积性、系统性、自主性、空间性和时间性等特征。这些特征反映了创新过程的复杂性和挑战性，也体现了创新在推动社会进步和发展中的重要作用。①

（三）创新的重要性

创新在推动社会进步和发展中发挥着至关重要的作用。它是引领发展的第一动力，是提升竞争力和解决社会问题的关键，也是促进文化繁荣和增强国家实力的重要途径。因此，我们应该高度重视创新，加大投入和支持力度，推动创新创业的深入发展。

1. 创新是面对时代变化的武器

创新确实是面对时代变化的武器。时代在不断发展，社会在不断进步，只有不断创新才能跟上时代的步伐，应对新的挑战和机遇。

首先，创新是推动社会进步的重要动力。每个时代都有其特定的社会问题和挑战，而创新则是解决这些问题和挑战的关键。通过创新，我们可以发明新的技术、创造新的产业、提出新的解决方案，从而推动社会的整体进步和发展。

其次，创新还能推动个人和组织的成长和发展。在快速变化的时代中，只有具备创新意识和能力的人和组织才能不断学习和进步。通过创新，我们可以不断提升自身的技能和知识，拓展新的领域和机会，实现个人和组织的持续发展。

---

① 田永伟，吴迪. 大学生职业发展指导 大学生生涯发展定位和职业生涯规划[M]. 北京：光明日报出版社，2019.

2. 创新可以应对多变的挑战

创新是应对多变挑战的关键。在当今快速发展的世界中,各种挑战和不确定性不断出现,如技术变革、市场竞争、环境变化等。面对这些挑战,创新成为解决问题和应对变化的重要手段。

首先,创新可以帮助我们找到新的解决方案。当面临困难和挑战时,通过创新可以开辟新的思路和方法,找到解决问题的新途径。这种创新可能涉及技术创新、商业模式创新、管理创新等多个方面,旨在打破传统的束缚,提出更加先进和有效的解决方案。

其次,创新可以提升竞争力。在多变的市场环境中,只有不断创新才能保持竞争优势。通过引入新技术、开发新产品或提供新服务,企业可以不断满足消费者的需求,赢得市场份额。同时,创新也可以帮助企业降低成本、提高效率,从而更好地应对市场竞争。

此外,创新还可以帮助我们适应环境的变化。随着全球化和数字化的发展,市场环境和社会环境都在发生深刻变化。通过创新,我们可以更好地适应这些变化,把握机遇,应对挑战。例如,在数字化转型的过程中,企业需要不断创新来适应数字化技术的变化,从而保持竞争力。

3. 创新是以开放面对变化和挑战

创新需要以开放的态度来面对变化和挑战。开放的心态和视野能够激发创新的潜力,帮助我们在变化的环境中找到新的机遇和解决方案。

首先,开放的态度能够促进跨界合作和知识交流。创新往往需要不同领域的知识和技能的融合,而开放的态度能够促进不同领域之间的合作和交流。通过与不同背景、不同专业的人进行交流和合作,我们可以获得更广阔的视野和更丰富的知识,从而激发创新的灵感和思路。

其次,开放的态度能够接纳新的想法和观点。在面对挑战和变化时,我们需要勇于尝试新的方法和思路。开放的态度能够帮助我们接纳和尝试新的想法和观点,不局限于传统的框架和思维。这种开放性的思维方式可以打破常规,推动我们超越现有的限制,找到创新的解决方案。

此外,开放的态度还能够促进持续学习和自我改进。在面对快速变化的时代,我们需要不断学习和提升自己的能力。开放的态度能够激发我们的好奇心和求知欲,促使我们保持持续学习的状态。通过不断学习和改进,我们能够更好地适应变化的环境,提升自己的竞争力。

4. 创新可以推动经济发展

创新是引领发展的第一动力，是建设现代化经济体系的战略支撑。通过创新，可以提高生产技术和方法的水平，提高生产效率和产品质量，推动产业升级和转型，从而促进经济增长和产业发展。

首先，创新可以提高生产效率。通过引入新技术、新设备和新的生产方式，创新可以优化生产流程，减少资源浪费，提高产品质量和生产速度。这不仅可以降低生产成本，提高企业盈利能力，还可以满足消费者的需求，促进市场的扩张。

其次，创新可以促进产业升级。随着科技的进步和市场的变化，传统产业面临着巨大的竞争压力。通过创新，企业可以开发新产品、拓展新市场，实现产业的升级和转型。这不仅可以提高企业的竞争力，还可以推动整个产业链的发展，促进经济的增长。

此外，创新还可以增强竞争力。在全球化的市场中，企业面临着来自世界各地的竞争。通过创新，企业可以形成自身的核心竞争力，提供独特的产品和服务，赢得市场份额。同时，创新也可以帮助企业应对市场变化，灵活调整战略，保持领先地位。

最后，创新可以创造就业机会。随着创新的推进，新产业、新业态和新模式不断涌现，为社会提供了更多的就业机会。这些就业机会不仅可以缓解就业压力，还可以提高人们的收入水平和生活质量，进一步推动经济的发展。

5. 创新可以解决社会问题

创新可以创造新的解决方案，解决社会面临的问题和挑战。例如，通过科技创新，可以解决能源、环境、医疗、教育等领域的难题，提高人们的生活质量和幸福感。以下是一些创新在解决社会问题方面的示例。

其一，技术创新。随着科技的进步，许多社会问题得到了更好的解决。例如，医疗技术的进步帮助人们更好地诊断和治疗疾病；清洁能源技术的创新有助于减少环境污染和气候变化；信息技术的发展使得信息传播更加迅速和广泛，促进了社会的透明度和公正性。

其二，商业模式创新。商业模式的创新也可以帮助解决社会问题。例如，共享经济模式通过共享资源，减少了浪费，提高了资源利用效率；社会责任型企业通过关注社会问题，推动可持续发展，为社区和环境作出贡献。

其三,政策创新。政府政策的创新也是解决社会问题的关键。例如,通过制订更加公平的社会保障政策,可以帮助弱势群体获得更好的生活;通过制订环保政策,可以促进企业减少污染,保护生态环境。

然而,创新并非万能。在解决社会问题时,还需要考虑到其他因素,如政策执行、资源配置、社会接受度等。此外,创新本身也可能带来新的问题和挑战。因此,在推动创新的同时,也需要进行全面的考虑和评估,确保创新的积极作用得到充分发挥。

6. 创新可以促进文化繁荣

创新对于促进文化繁荣具有关键作用。文化繁荣是指一个社会或国家中文化活动的丰富多样、文化成果的广泛传播以及文化影响力的增强。创新通过以下几个方面促进文化繁荣:

第一,推动文化创新。创新能够激发文化创造力和想象力,推动文化形式的多样化和新颖化。艺术家、作家、音乐家等创作者通过创新,能够创作出更多富有创意和内涵的作品,丰富文化市场,满足人们多样化的文化需求。

第二,促进文化交流与融合。创新能够促进不同文化之间的交流和融合,打破文化壁垒,增进文化间的相互理解和尊重。通过创新的方式,可以将不同文化的元素和特色融合在一起,形成新的文化形式和表达方式,推动文化的多元化发展。

第三,拓展文化传播渠道。创新技术如互联网、社交媒体等为文化的传播提供了更广阔的平台和渠道。通过这些创新手段,文化作品可以更快速、更广泛地传播到世界各地,增强文化的影响力和竞争力。

第四,培育文化产业发展。创新对于文化产业的发展具有推动作用。通过创新,可以开发新的文化产品和服务,推动文化产业的升级和转型。同时,创新也能够提高文化产业的竞争力,吸引更多的投资和资源,促进文化产业的繁荣和发展。

第五,增强文化自信。创新可以帮助塑造和推广一个国家的文化形象和品牌,增强文化自信。通过创新的方式,可以展示一个国家的文化魅力和独特性,提升国家文化软实力,促进文化在国际舞台上的传播和影响力。

（四）创新的影响因素

创新受到多种因素的影响，这些因素相互作用，共同决定了创新的成功与否。以下是影响创新的主要因素。

1. 内部因素

兴趣和好奇心。对事物的喜好和关注是推动创新的重要因素。兴趣和好奇心能够激发人们去探索和发现新的知识和技术，为创新提供源源不断的动力。

动手能力。实际操作和实践能力在创新过程中起着关键作用。通过动手实践，人们能够将理论知识转化为实际应用，推动创新的实现。

学习能力。获取知识、方法和经验的能力对于创新至关重要。持续学习可以帮助人们不断更新知识库，为创新提供新的思路和方法。

分析能力。将事物分解为若干部分进行研究的能力有助于深入理解问题的本质，为创新提供有效的解决方案。

综合能力。将研究对象的各个部分结合成一个有机整体进行考察和认识的能力有助于发现事物之间的内在联系和规律，为创新提供全面的视角。

2. 外部因素

资金投入。创新需要大量的资金支持，用于研究、开发和市场推广等各个环节。资金的充足与否直接影响到创新的规模和速度。

人才队伍。高素质的人才队伍是创新的核心。具备丰富专业知识和技能的人才能够为创新提供强大的智力支持。

技术水平。科技创新是推动社会进步的重要力量。先进的技术手段和设备为创新提供了必要的物质基础。

学术环境。良好的学术环境能够激发人们的创新思维和创造力，为创新提供良好的土壤。

政策支持。政府的政策支持对于创新具有重要推动作用。其主要包括税收优惠、资金扶持、知识产权保护等方面的政策，能够降低创新风险，提高创新成功率。

市场需求。市场需求是推动创新的重要因素。了解市场需求并针对性地开发新产品和服务可以帮助创新更好地满足人们的需求。

总之，创新受到多种内外因素的影响。为了促进创新的发展和应用，我们需要综合考虑这些因素，制订合适的策略和措施来推动创新的实现。

二、创业概述

（一）创业的概念

创业是一个广泛的概念，通常指的是个人或团队通过创新和努力，开创自己的事业或商业活动。创业不仅仅是开办一家公司或创立一个品牌，它涵盖了从构思、策划、执行到管理、运营和扩展的整个过程。

创业的核心在于创新，这可以表现为开发新的产品或服务，使用新的技术或方法，或者开拓新的市场。创业者需要具备创新思维、敏锐的市场洞察力、坚韧不拔的毅力和良好的管理能力。他们不仅要面对各种挑战和风险，还要抓住机遇，实现自己的商业目标。

创业通常涉及商业模式的构建、资金的筹集、团队的组织和管理、市场的推广和销售等方面。成功的创业需要艰苦努力、明智的决策、适应市场变化的能力和持续学习的态度。

创业对个人、社会和经济都有积极的影响。它不仅可以创造就业机会和财富，还可以推动社会进步、创新和技术发展。然而，创业也不是轻松的事情，需要付出大量的时间、精力和心血。因此，对于想要创业的人来说，他们需要充分了解市场需求、评估自身能力和资源，并制订合理的商业计划和战略。

（二）创业的特征

创业的特征是多方面的，涵盖了创新性、风险性、资源整合、团队合作等多个方面。

第一，创业具有创新性。创业的核心在于创新，通过引入新的产品、服务或商业模式，创造新的市场机会和价值。这种创新可以表现为技术创新、市场创新或商业模式创新等。创业者需要具备创新思维和敏锐的市场洞察力，发掘并满足消费者的新需求。

第二，创业涉及高风险性。创业过程中会遇到各种不确定性和风险，如市场风险、技术风险、财务风险等。创业者需要有足够的心理承受能力和应对策略，以应对这些风险。同时，创业者也需要学会规避风险，尽可能减少潜在损失。

第三，创业需要资源整合。成功的创业者需要具备资源整合能力，有效地利用和调配各种资源，包括人力、物力、资金和技术等。创业者需要寻找合适的投资者或合作伙伴，以获得所需的资源支持。

第四，团队合作是创业成功的重要因素。一个高效的团队可以实现共同的目标和信念，团队成员之间需要建立相互信任、协同工作的关系。创业者需要建立有效的团队管理和激励机制，以提高团队的执行力和创造力。

第五，创业还具有目的性和主动性。创业者通常有明确的目的和动机，如追求自由、实现个人价值或创造社会影响等。他们可以选择适合自己的行业和项目进行创业，并可以在适当的时候调整自己的创业策略和方向。

第六，创业还具有广阔性。创业的主体、类型、行业等都是多种多样的，不受性别、文化、民族、学历等限制。创业的机会和可能性是无穷无尽的，只要有创新的想法和勇气，就可以尝试创业。

创业的这些特征相互交织、相互影响，构成了创业这一复杂而富有挑战性的活动。

（三）创业的类型

创业的类型多种多样，根据不同的分类标准，可以有不同的分类方式。

1. 按创业动机不同来分类

（1）生存型创业

生存型创业是指创业者由于生活所迫或没有其他就业选择而进行的创业活动，主要目的是谋生和维持生计。这种创业类型通常发生在经济不景气、就业压力大的时期，或者创业者在技能、经验等方面存在不足，难以找到其他合适的就业机会。

生存型创业的特点包括：创业动机主要是为了生存和维持生计，而非追求个人梦想或实现社会价值；创业者通常缺乏足够的资金和资源，需要依靠自身的努力和积累来逐步发展；创业项目往往选择门槛较低、风险较小的行业，如餐饮、零售等；创业者通常面临较大的竞争压力和市场风险,需要具备较强的适应能力和创新能力来应对。

尽管生存型创业面临着诸多挑战和困难,但它对于缓解就业压力、促进经济发展等方面仍然具有一定的积极作用。同时,通过不断积累经验和提升能力,生存型创业者也有可能逐渐发展壮大,实现更高层次的创业目标。

(2)机会型创业

机会型创业与生存型创业不同,它是指创业者通过发现和抓住市场机遇,创造出新的商业模式或产品,从而追求商业成功的过程。机会型创业更加注重市场的需求和商业模式的创新,创业者通常拥有更多的创业资金,更关注新的市场机会,选择的行业也往往具有较高的技术含量和资金壁垒。

机会型创业的核心在于把握市场机会并创造出有价值的产品或服务。这需要创业者具备敏锐的市场洞察力、创新能力和风险意识。同时,机会型创业也需要创业者整合各种资源,包括人力资源、物质资源和财务资源等,以支持创新商业模式的实现。

机会型创业的优势在于,它不仅能解决自身的就业问题,还能为社会创造更多的就业机会,推动经济发展。此外,机会型创业通过创新商业模式和技术手段,有可能创造更大的经济效益,从而改善经济结构。

然而,机会型创业也面临着较高的风险和挑战。市场变化快速,技术更新换代迅速,创业者需要不断学习和适应新的市场环境。同时,资金压力、竞争压力以及管理压力等也是机会型创业者需要面对的问题。

总之,机会型创业是一个充满挑战和机遇的过程。它需要创业者具备敏锐的市场洞察力、创新能力和风险意识,同时也需要整合各种资源并持续学习以适应市场的变化。虽然风险较高,但机会型创业的成功也有可能带来巨大的商业价值和社会价值。

2. 按创业者数量不同来分类

(1)独立创业

独立创业是指创业者个人或创业团队独立进行创业活动,不依赖他人或外部机构的支持。这种创业形式的特点是创业者承担全部责任和风险,并享有全部的创业利益。独立创业需要创业者具备丰富的创业经验、技能和资源,同时要有强烈的独立性和自我驱动力。

独立创业的优势在于,创业者可以根据市场需求和自身能力,自由选择创业项目和发展方向。创业者可以充分展现自己的创意和想法,并通过努力实现自己的创业理想。此外,独立创业的成功将带来全部的经济利益,为创业者带来更大的经济回报。

然而,独立创业也面临着诸多挑战和风险。首先,创业者需要承担全部的责任和风险,如果创业失败,可能会面临巨大的经济损失和个人声誉的损害。其次,独立创业需要创业者具备丰富的创业经验、技能和资源,而这些往往不是轻易能够获得的。此外,市场竞争的激烈、法律法规的限制等因素也可能对独立创业造成一定的压力。

为了成功进行独立创业,创业者需要具备一定的条件。首先,创业者需要有一定的资金储备和投资能力,以应对创业过程中的各种需求和风险。其次,创业者需要具备独立性和自我驱动力,能够在困难和挫折面前坚持不懈。此外,创业者还需要具备坚韧不拔的斗志和健康的身体,以应对创业过程中的各种压力和挑战。

总之,独立创业是一个充满挑战和机遇的过程。它需要创业者具备丰富的经验、技能和资源,并要有强烈的独立性和自我驱动力。虽然风险较高,但成功的独立创业将带来巨大的经济利益和个人成就感。

(2)合伙创业

合伙创业是指两个或两个以上的人共同投入资源、资金、技能和经验,共同经营和管理一个企业或项目,并共同分享风险和收益。合伙创业是一种常见的创业形式,特别是在需要大量资金、技能和经验的项目中。

合伙创业的优势包括:

①资金和资源共享。合伙人可以共同出资和投入资源,从而减轻个人的财务压力,并提供更多的资金支持。

②技能和经验互补。合伙人可以各自擅长不同的领域,从而提供互补的技能和经验,共同推动企业的发展。

③风险共担。合伙人共同承担风险和责任,降低了个人承担全部风险的可能性。

④决策和监管。合伙人可以共同参与决策和监管过程,从而提高决策的透明度和公正性。

然而,合伙创业也面临一些挑战和风险,如合伙人之间的意见分歧、利益冲突、管理困难等。为了确保合伙创业的成功,合伙人之间需要建立良好的合作关系和信任机制,明确各自的责任和权益,并制订合理的合作协议和规章制度。

在选择合伙创业时,创业者需要仔细考虑潜在合伙人的能力、信誉、价值观和目标是否与自己的相匹配。此外,还需要明确合作协议中的关键条款,如投资额、股权分配、职责分工、利润分配、退出机制等,以避免未来的纠纷和冲突。

总之,合伙创业可以带来更多的资金、技能和经验,降低个人风险,但也需要建立良好的合作关系和信任机制,明确各自的责任和权益,以确保创业的成功。

3. 按创业起点不同来分类

(1)创建新企业

创建新企业,也被称为"初创企业"或"新创企业",是指一个从无到有、从零开始建立的企业。这通常涉及识别一个商业机会,制订商业计划,筹集资金,招募团队,以及开始运营。创建新企业通常需要高度的创新、决心和勇气,因为它涉及大量的不确定性和风险。

创建新企业的步骤可能包括:

第一步,选定商业概念和进行市场调研。首先,创业者需要确定他们的产品或服务是什么,以及它将如何满足市场需求。这涉及对市场进行深入的调研,以理解目标客户的需求和偏好,以及竞争对手的情况。

第二步,制订商业计划。一旦确定了商业概念,就需要制订一个详细的商业计划。这个计划应该包括企业的使命、目标、战略、市场分析、运营计划、财务预测等。

第三步,筹集资金。创建新企业需要资金来支持各种运营成本,包括研发、市场营销、人力资源等。创业者可能需要从各种来源筹集资金,包括个人储蓄、天使投资、风险投资、银行贷款等。

第四步,组建团队。除了资金,新企业还需要一个强大的团队来执行商业计划。这可能包括员工、顾问、合作伙伴等。

第五步,执行和运营。创业者需要开始执行他们的商业计划,运营他们的新企业。这涉及日常的运营活动,如生产、销售、市场营销等,以及长期的战略规划。

创建新企业是一项艰巨的任务,需要艰苦的工作、决心、创新以及良好的商业知识和技能。然而,成功的新企业有可能带来巨大的经济回报,同时也为社会创造新的价值和就业机会。

(2)企业内部创业

企业内部创业是指在现有企业内部进行的创业活动,也称为"公司内创业"或"内部创业"。这种创业形式是在企业内部孵化新的业务、项目或产品,通过利用企业的资源、技术和经验,实现企业的创新和增长。

企业内部创业的特点和优势包括：

①利用现有资源。企业内部创业可以利用企业的现有资源，如资金、技术、人才、市场渠道等，降低初始投入成本和风险。

②内部支持和协同。企业内部创业可以得到来自母公司的支持和协同，如技术支持、市场推广、人才培训等，加速新业务的成长和发展。

③创新和转型。企业内部创业有助于推动企业创新和转型，通过引入新的业务模式、产品或服务，增强企业的竞争力和适应能力。

④人才激励和留任。企业内部创业为内部员工提供了更多的发展机会和激励，有助于吸引和留任优秀人才，提高员工的工作满意度和忠诚度。

然而，企业内部创业也面临一些挑战和限制，如企业内部文化、组织结构、决策机制等可能对创业活动产生制约和影响。同时，企业内部创业也可能面临与母公司业务之间的竞争和冲突。

为了成功实施企业内部创业，企业需要建立合适的内部创业机制和文化，提供必要的支持和资源，同时保持足够的灵活性和创新性。创业者也需要具备独立思考、团队协作和市场洞察力等关键能力，以应对创业过程中的各种挑战和机遇。

4. 按创业项目性质不同来分类

（1）传统技能型项目

传统技能型项目是指基于传统手工艺、技术或服务等领域，进行个人或小规模企业经营的创业活动。这种创业形式不需要高科技支持，主要依赖于创业者或团队所掌握的传统技能、经验以及市场需求的敏感度。

传统技能型项目的例子包括但不限于：

①餐饮业。开设餐馆、小吃店、咖啡店等，提供特色美食或服务。

②工艺品制作。制作并销售手工艺品，如陶瓷、编织品、木工制品等。

③家庭维修服务。提供水电工、木工、油漆工等家庭维修服务。

④美容美发。开设美发店、美容院，提供美容、美发、美甲等服务。

⑤服装制作与销售。设计并制作特色服装，或开设服装店销售服装及配饰。

传统技能型项目的优势有以下几点：

传统技能型项目往往能够满足人们的日常生活需求，因此市场需求相对稳定；相对于高新技术型项目，传统技能型创业对技能的要求相对较低，更容易入门；由于不涉及高科技设备和研发，传统技能型创业的初始投入成本相对较低。

然而,传统技能型创业也面临一些挑战。例如,由于市场需求稳定,竞争也相对激烈,需要不断提升服务质量和产品品质以吸引客户;由于市场竞争和成本压力,传统技能型创业的利润空间相对有限;由于技术和服务领域的传统性,创新难度较大,需要不断探索新的商业模式和营销策略。

总之,传统技能型创业虽然面临一些挑战,但对于掌握传统技能、有市场敏锐度和创业热情的创业者来说,仍然是一个值得考虑的创业方向。

（2）高新技术型项目

高新技术型项目是指基于高新技术领域,如信息技术、生物技术、新材料等,进行创业活动。这种创业形式通常需要较高的科技投入,依赖于研发团队和科技创新,旨在开发新产品、新技术或新服务,以满足市场需求并获得商业成功。

高新技术型项目的特点包括:

①高投入。高新技术型项目通常需要大量的资金投入,用于研发、设备购置、人才引进等方面。

②高风险。由于技术的不确定性和市场变化,高新技术型项目面临较高的风险,包括技术失败、市场不接受等。

③高收益。如果创业成功,高新技术型项目通常能够带来较高的收益,因为新技术或产品往往具有竞争优势和市场空间。

④创新性强。高新技术型项目强调创新,需要不断研发新技术、新产品或新服务,以满足市场需求。

高新技术型项目的例子包括:

其一,信息技术领域。开发新的软件、硬件或互联网技术,如人工智能、云计算、物联网等。

其二,生物技术领域。研发新的药物、医疗设备或生物技术产品,如基因编辑、生物制药等。

其三,新材料领域。开发新型材料,如纳米材料、复合材料等,用于各种工业和应用领域。

高新技术型项目的优势在于:拥有先进的技术和创新能力,能够开发出具有竞争力的产品或服务;新技术或产品往往能够满足市场需求,具有广阔的市场前景;政府通常会对高新技术型项目给予政策支持,如税收优惠、资金扶持等。

然而,高新技术型项目也面临一些挑战。例如,技术研发的不确定性和风险性较高,可能导致创业失败;高新技术型项目需要大量的资金投入，对资金的需求较高；高新技术型项目需要高素质的研发团队和人才支持，对人才的需求较高。

总之，高新技术型项目是一个充满挑战和机遇的领域，需要创业者具备深厚的技术背景、市场敏锐度和创新精神。同时，也需要政府、社会等多方面的支持和合作，以促进高新技术型项目的健康发展。

（3）知识服务型项目

知识服务型项目，简单来说，就是通过运用和分享专业知识来为客户提供价值并创造商业机会的一种创业形式。这种类型的创业主要依赖于创业者或团队在某个领域内的专业知识和技能。

常见的知识服务型项目包括：

①咨询业项目。如设计师、策划师、心理咨询师、法律顾问、留学顾问等，他们通过提供专业的咨询服务来实现知识创业。

②问答类项目。通过专业的付费问答平台，解答客户在各个领域的问题，以此来实现创业。

③社群类项目。运营自己的社交圈子，当圈子发展成熟后，将其设定为付费加入的圈子，将内部资料设定为付费查看的内容，以此实现知识创业。

④直播类项目。例如在线教育平台上的老师，通过直播或录播的方式授课，分享专业知识，实现知识创业。

知识服务型项目的优势在于，它不需要大量的初始资金投入，更多地依赖于创业者的专业知识和技能。同时，随着知识付费时代的来临，人们对专业知识的需求越来越高，这为知识服务型创业提供了广阔的市场空间。

然而，知识服务型项目也面临一些挑战。例如，市场竞争激烈，需要不断提升自己的专业知识和技能，以吸引和留住客户。此外，还需要有效地推广自己的服务，提高知名度。

总的来说，知识服务型项目是一个充满机遇和挑战的领域。对于拥有专业知识和技能的人来说，这是一个值得考虑的创业方向。

5. 按创业内容不同来分类

（1）基于产品创新的项目

基于产品创新的创业是指通过开发具有创新性、实用性和市场竞争力的新产品来满足市场需求，从而实现商业价值的创业方式。这种创业方式强调通过产品创新来创造差异化和竞争优势，以吸引消费者并获得市场份额。

基于产品创新的创业通常涉及以下几个关键方面：

第一，市场调研与需求分析。创业者需要进行深入的市场调研，了解目标市场的需求和趋势，确定潜在消费者群体的需求和痛点。这有助于发现市场空白或改进现有产品的机会。

第二，技术研发与产品原型设计。在识别到市场机会后，创业者需要投入技术研发，开发出具有创新性和实用性的产品原型。这可能涉及新材料、新工艺、新技术等方面的应用。

第三，产品测试与优化。在产品开发过程中，创业者需要进行多轮产品测试，收集用户反馈，不断优化产品性能和用户体验。这有助于确保产品在推向市场时具备较高的竞争力。

第四，品牌建设与营销推广。一旦产品准备就绪，创业者需要关注品牌建设和营销推广。通过品牌故事、包装设计、广告宣传等手段，提升产品知名度和吸引力。同时，利用社交媒体、电商平台等渠道进行产品推广和销售。

基于产品创新的创业具有较高的风险性，因为产品创新涉及的技术和市场不确定性较大。然而，一旦成功，这种创业方式也能带来较高的收益和市场份额。因此，对于具备技术实力和市场洞察力的创业者来说，基于产品创新的创业是一个具有吸引力的选择。

需要注意的是，基于产品创新的创业需要关注知识产权保护和商业化策略。确保创新成果得到合理保护，并制订合适的商业模式以实现商业价值。此外，创业者还需要具备团队合作和资源整合能力，以应对创业过程中的各种挑战。

（2）基于营销模式创新的创业

基于营销模式创新的创业是指通过独特的营销策略和手段，打破传统营销模式的束缚，以更高效、更精准的方式推广和销售产品或服务，从而实现商业价值的创业方式。这种创业方式强调创新思维在营销中的应用，以创造竞争优势并吸引消费者。

基于营销模式创新的创业通常涉及以下几个方面：

①精准定位与目标市场选择。创业者需要精准地确定目标市场，并深入了解目标消费者的需求和偏好。通过精细化的市场细分，选择具有潜力的目标市场，并制订相应的营销策略。

②创新营销策略与手段。基于对传统营销模式的了解，创业者需要提出创新的营销策略和手段。这可能包括社交媒体营销、内容营销、影响力营销、数据驱动营销等。通过运用新兴的营销工具和平台，以更有趣、

更吸引人的方式传递产品或服务的价值。

③营销渠道拓展与优化。创业者需要积极拓展多元化的营销渠道，包括线上和线下的各种媒体和平台。同时，通过数据分析和市场反馈，不断优化渠道的选择和组合，提高营销效果和转化率。

④客户关系管理与品牌建设。基于营销模式创新的创业注重与消费者的互动和沟通。创业者需要建立完善的客户关系管理系统，提供个性化的服务和体验，以建立品牌忠诚度和口碑传播。同时，通过品牌故事、品牌形象等手段，塑造独特的品牌个性和价值观。

基于营销模式创新的创业需要创业者具备敏锐的市场洞察力和创新思维。通过不断尝试和优化营销策略，打破传统营销模式的束缚，以更高效、更精准的方式推广和销售产品或服务，从而实现商业成功。同时，创业者也需要关注市场变化和消费者需求的变化，及时调整和创新营销策略，以适应不断变化的市场环境。

（3）基于组织管理体系创新的创业

基于组织管理体系创新的创业，是指通过创建或优化组织管理体系，实现企业内部运营效率提升、团队协作加强以及资源有效配置，从而在市场竞争中获得优势的创业方式。这种创业方式强调通过组织管理体系的创新来增强企业的内部能力和竞争力。

基于组织管理体系创新的创业通常涉及以下几个方面：

①组织结构设计。创业者需要设计高效、灵活的组织结构，以适应快速变化的市场环境和业务需求。这可能包括扁平化管理、项目制管理、团队自治等不同的组织形式。

②流程优化与再造。通过梳理和优化企业的业务流程，消除冗余和低效环节，提高工作效率和响应速度。这可能涉及流程再造、引入先进的管理工具和技术等。

③人力资源管理。建立科学的人力资源管理体系，包括招聘、培训、绩效考核、激励等方面。通过提供良好的职业发展空间和福利待遇，吸引和留住优秀人才，激发团队的创新活力。

④企业文化建设。塑造积极向上、富有创新精神的企业文化，以激发员工的归属感和创造力。通过举办内部活动、分享会等方式，加强团队之间的沟通和协作，形成良好的工作氛围。

⑤数字化与智能化转型。利用信息技术和人工智能等先进技术，推动企业的数字化和智能化转型。通过数据分析和智能决策支持系统，提高管理效率和决策准确性。

基于组织管理体系创新的创业需要创业者具备深厚的管理理论和实

践经验。通过不断创新和优化组织管理体系，提高企业内部运营效率和团队协作能力，从而在市场竞争中获得优势并实现商业成功。同时，创业者也需要关注行业动态和市场需求的变化，及时调整和优化组织管理体系，以适应不断变化的市场环境。

6. 按照创业时间不同来分类

（1）在校创业

在校创业是指在大学期间，利用课余时间或结合所学专业知识进行的创业活动。与休学创业不同，在校创业允许学生在不影响学业的前提下，尝试将所学知识与实践相结合，培养创业精神和能力。

在校创业的优势有以下几点：

①在校创业允许学生在继续学习的同时，将所学知识和技能应用于实际创业项目中。这样既可以保持学业的连贯性，又能够积累实践经验，为未来的职业发展打下坚实基础。

②大学校园内通常拥有丰富的资源，包括图书馆、实验室、导师指导等。这些资源可以为在校创业者提供必要的支持和帮助，降低创业的风险和成本。

③在校创业可以吸引志同道合的同学一起合作，组建团队共同推进项目。通过与团队成员的协作，可以培养团队合作精神和领导能力。同时，在校园内还可以结识更多的创业者和行业专家，拓展社交圈子。

④在校创业具有较大的灵活性和创新性。学生可以根据市场需求和自己的兴趣选择创业方向，并尝试新的商业模式和创意。这种灵活性和创新性有助于培养学生的创业思维和创新能力。

然而，在校创业也面临一些挑战和限制。例如，在校创业需要学生在繁忙的学业之余，挤出时间来推进创业项目。因此，时间管理能力对于在校创业者来说至关重要。相对于休学创业或全职创业，在校创业者在资金和资源方面可能受到一定的限制。因此，需要善于利用校园资源，同时积极寻求外部支持和合作。虽然在校创业允许学生保持学业和创业的平衡，但学业压力仍然是一个不可忽视的问题。如果创业项目过于耗费时间和精力，可能影响到学业成绩和毕业要求。

总之，在校创业是一种既充满机遇又面临挑战的创业模式。对于有意向在校创业的学生来说，需要充分评估自己的学业状况、创业能力和市场需求等因素，并制订合理的创业计划和时间安排。同时，也需要善于利用校园资源、寻求外部支持和合作，以实现学业和创业的双重成功。

（2）休学创业

休学创业是指大学生为了将精力集中在创业活动上而向学校提出休学申请的一种创业模式。在休学期间，创业者可以全身心地投入到创业项目中，不受学校规定的时间限制，同时也可以在市场中磨炼自己，为未来的职业发展打下坚实基础。

休学创业的优势包括以下几点：

①休学创业允许创业者全身心地投入到创业项目中，不受学校课程的时间限制，可以更加专注于创业事务，加速项目的进展。

②休学创业为创业者提供了在市场中实践的机会，通过实际操作，创业者可以深入了解市场需求、竞争态势和商业模式，为未来的职业发展积累宝贵的经验。

③休学创业允许创业者在创业过程中根据市场变化和项目需求灵活调整自己的时间和精力，更加高效地推进创业计划。

然而，休学创业也存在一定的风险和挑战。例如，创业本身存在较大的不确定性，休学创业可能面临资金、市场、竞争等多方面的挑战，需要创业者具备较高的风险承受能力和应变能力。休学创业意味着暂时放弃学业，如果创业失败或无法按时完成学业，可能面临学业受损的风险。因此，在决定休学创业前，创业者需要充分评估自己的学业状况和创业计划的可行性。休学创业需要创业者具备良好的时间管理能力，以平衡创业和学业之间的关系。如果时间管理不当，可能导致两者都无法取得理想的成果。

对于有意向休学创业的学生，建议充分了解市场和竞争态势，制订详细的创业计划，并寻求专业人士的建议和指导。同时，在休学期间，也要保持与学校的联系，关注学业进展和政策变化，以便在需要时及时调整自己的创业计划。

（3）毕业即创业

毕业即创业是指大学生在毕业后立即投身于创业活动，将所学的知识和技能应用于实际商业运营中的一种模式。这种创业方式要求毕业生在毕业前做好充分的准备，包括市场调研、商业计划书撰写、资金筹备等，以便在毕业后能够迅速启动并运营自己的创业项目。

毕业即创业的优势在于：

①毕业生通常对创业充满热情，渴望将所学应用于实践，并通过创业实现个人价值。这种热情和动力有助于毕业生在创业初期克服各种困难，保持积极的心态。

②在大学期间，学生已经积累了一定的专业知识和技能，这些可以为

创业提供有力支持。毕业生可以运用所学专业知识分析市场、制订策略，提高创业项目的成功率。

③毕业生通常较为年轻，具有更强的适应能力和创新能力。他们可以迅速适应市场变化，调整创业策略，把握商业机会。

然而，毕业即创业也面临一些挑战和风险。例如，创业初期通常需要投入大量资金，而毕业生往往缺乏足够的资金储备。因此，他们需要通过各种渠道筹集资金，如亲友借款、天使投资等。毕业生对市场的了解可能还不够深入，容易受到市场波动的影响。因此，他们需要在创业过程中不断学习和了解市场，提高市场敏感度。毕业生在创业过程中可能面临管理和运营方面的挑战，如团队组建、财务管理、市场营销等。他们需要通过不断学习和实践来提升自己的管理和运营能力。

为了成功实现毕业即创业，毕业生需要做好以下几点准备：

第一，在大学期间积累实践经验。通过参加实习、兼职等方式，积累实践经验，提高自己的实际操作能力。

第二，制订详细的商业计划书。在毕业前制订详细的商业计划书，明确创业目标、市场定位、营销策略等关键要素。

第三，寻求专业指导与帮助。向导师、行业专家等寻求专业指导和帮助，了解行业动态和市场趋势，为自己的创业项目提供有力支持。

第四，筹集资金与资源。通过各种渠道筹集资金和资源，为创业项目提供必要的保障。

总之，毕业即创业是一种充满挑战和机遇的创业模式。毕业生需要在大学期间做好充分准备，积极寻求专业指导和帮助，以提高创业项目的成功率。同时，他们也需要保持热情和动力，不断学习和提升自己的管理和运营能力，以应对创业过程中的各种挑战。

（4）工作后创业

工作后创业是指在职场积累了一定的工作经验和资源后，选择离开原有工作岗位，利用自己的专业知识和实践经验，独立创办企业或开展新的商业项目。这种创业模式允许创业者将职场中学到的知识和技能应用于实际创业活动中，同时借助原有的职场人脉和资源，降低创业风险，提高成功率。

工作后创业的优势有以下几点：

①工作后的创业者通常已经在职场积累了一定的工作经验，对行业和市场需求有深入的了解。这种经验有助于他们在创业过程中更好地把握市场机会，制订合适的商业策略。

②在职场期间，创业者有机会结识众多同行和业界专家，建立广泛的

人脉关系。这些资源可以为创业项目提供有力支持，如合作伙伴、投资者、顾问等。

③相比于刚毕业的大学生或休学创业者，工作后创业者通常已经具备了一定的经济基础和稳定的资金来源。这有助于他们在创业初期更好地应对资金压力，降低财务风险。

④工作后创业者通常在创业前已经对自己的职业规划有了明确的认识，知道自己想要从事什么样的创业项目。这种明确的职业规划有助于他们在创业过程中保持专注和坚定。

然而，工作后创业也面临一些挑战和限制。例如，工作后创业者需要在职场和创业之间找到平衡点，确保两者之间的协调发展。这需要具备较强的时间管理和自我调控能力，以应对可能出现的冲突和矛盾。选择离开原有工作岗位进行创业，意味着创业者需要承担一定的离职风险和压力。这包括失去稳定的工作和收入来源，以及可能面临的家人和朋友的质疑和不理解。尽管工作后创业者已经具备了一定的职场经验，但他们在创业方面可能仍然缺乏足够的经验和管理能力。这需要在创业过程中不断学习和积累经验，提高自己的管理和运营能力。

为了实现工作后创业的成功，创业者需要做好以下几点准备：

第一，制订详细的职业规划。在离职前，制订详细的职业规划，明确自己的创业目标和发展方向。这有助于在创业过程中保持清晰的头脑和坚定的信念。

第二，积累职场经验和资源。在职场期间，努力提升自己的专业能力和综合素质，同时积极拓展人脉资源，为未来的创业项目打下坚实基础。

第三，做好资金准备与管理。在创业前，做好充分的资金准备，确保有足够的资金支持创业项目的启动和运营。同时，在创业过程中加强财务管理和风险控制，确保资金的安全和有效利用。

第四，寻求专业指导与帮助。在创业过程中，向导师、行业专家等寻求专业指导和帮助，提高自己的创业能力和管理水平。同时，积极参加各种创业培训和交流活动，拓宽视野和思路。

总之，工作后创业是一种具有挑战和机遇的创业模式。创业者需要充分利用在职场积累的经验和资源，做好充分的准备和规划，不断提高自己的管理和运营能力，以应对市场的竞争和挑战。同时，也需要保持坚定的信念和激情，不断追求创新和突破，实现自己的创业梦想。

（5）深造再创业

深造再创业是指大学生在完成学业后，选择继续深造学习，如攻读硕士、博士学位或参加专业培训等，以提升自己的专业知识、技能和综合素质,然后再进行创业活动。这种方式允许学生在创业前积累更多的学术和实践经验,提高自己的竞争力,为未来的创业之路打下坚实基础。

深造再创业的优势有以下几点:

① 深造学习可以让学生更深入地研究某一领域的知识,并将其与实践相结合。这种结合有助于学生在创业过程中更好地运用所学知识,解决实际问题。

②深造学习不仅关注学生的专业知识,还注重培养学生的综合素质,如创新思维、团队协作、领导力等。这些素质对于创业至关重要,能够帮助学生更好地应对创业过程中的各种挑战。

③在深造过程中,学生有机会结识更多志同道合的同学和导师,拓展人脉资源。这些资源可以为未来的创业项目提供有力支持,如技术合作、资金筹集等。

然而,深造再创业也面临一些挑战和限制。例如,深造学习需要投入大量的时间和精力。学生需要在保持学习进度的同时,兼顾创业项目的推进,因此需要具备较强的时间管理和自我调控能力。深造学习与创业活动在目标和要求上存在一定差异。学生需要找到平衡点,确保两者之间的协调发展,避免顾此失彼。深造再创业可能面临一定的资金压力。学生需要在筹集资金的同时,确保创业项目的顺利进行,这需要具备较强的财务管理和筹资能力。

为了实现深造再创业的成功,学生需要做好以下几点准备:

第一,制订明确的职业规划。在深造前,制订明确的职业规划,明确自己未来的职业方向和发展目标,以便有针对性地选择深造领域和课程。

第二,保持学习动力与激情。深造学习过程中可能遇到各种挑战和困难,学生需要保持坚定的学习动力和激情,不断提升自己的专业知识和技能。

第三,积极参与实践活动。在深造期间,积极参与各种实践活动,如科研项目、实习等,以积累实践经验,提高自己的综合素质。

第四,拓展人脉资源。利用深造期间的机会,结识更多志同道合的同学和导师,拓展人脉资源,为未来的创业项目提供支持。

总之,深造再创业是一种具有挑战和机遇的创业模式。学生需要在深造期间努力提升自己的专业知识和综合素质,积累实践经验,拓展人脉资源,为未来的创业之路做好充分准备。同时,也需要保持坚定的信念和激情,不断追求创新和突破,实现自己的创业梦想。

7. 按照创业模式来分类

（1）知识技术型创业模式

知识技术型创业模式代表着一种依赖于创业者的专业知识和技能的创业方式。在这种模式下，创业者将自己的创新、应用或开发的有价值技术或专利作为创业的基础，从而建立起自己的企业。这种创业模式的核心在于创业者的技术水平，以及他们所拥有的创新技术的独特性和可持续发展能力。相对于其他创业模式，知识技术型创业模式对创业者的技术含量和社会经验要求较高，适合那些在相关领域有一定实践经验的人士。

成功的知识技术型创业模式具有较强的技术创新性，如果创业者能够成功，他们的企业往往能在市场中创造出不可预估的价值。这种模式下的企业通常依赖于创业者所拥有的专业知识和技术，因此往往能够提供独特的产品或服务，从而在市场上脱颖而出。然而，与之相对应的是，知识技术型创业模式也伴随着较高的风险。由于技术投资的不确定因素较多，创业者面临着技术开发、市场推广等诸多挑战，因此风险相对较大。

成功的案例包括那些在技术领域取得突破的创业者，他们利用自己的专业知识和技术，创造了具有竞争优势的产品或服务，从而在市场上取得了成功。例如，一些科技公司通过持续的技术创新，成功地打造出了具有颠覆性的产品，改变了人们的生活方式和工作方式。这些公司依靠创始人或团队的技术专长，不断地推动技术的边界，并获得了巨大的商业成功。

要想在知识技术型创业模式下取得成功，创业者需要具备多方面的能力。除了技术水平之外，他们还需要具备商业洞察力、团队管理能力、市场营销技巧等，以应对日益激烈的竞争环境。此外，创业者还需要持续不断地投入时间和精力，不断地改进和优化自己的产品或服务，以适应市场的变化和需求的变化。

（2）“互联网 +”创业模式

随着互联网的普及，“互联网 +”创业模式正成为越来越多创业者的选择。这种创业模式主要涉及网站和网店、互联网金融等电子商务领域，其特点是不受时间和空间的限制，交易可以随时随地进行。这一模式的兴起，为创业者提供了全新的商业机遇和发展空间。

首先，“互联网 +”创业模式的突出之处在于其突破了传统的经营方式。传统的商业模式通常需要大量的资金投入，固定的实体店面和办公场所，以及大量的人力物力资源。而在“互联网 +”创业模式下，创业者可以通过建立网站、网店或参与互联网金融等方式，在网络空间中进行商业活动，大大降低了实体经营的成本，降低了创业门槛。

其次，这种创业模式的灵活性和便捷性也是其吸引人之处。在传统商业模式中，经营者需要考虑到店铺的位置、装修、人员管理等多方面的问题，而在“互联网+”创业模式下，创业者可以通过互联网平台轻松搭建自己的商务系统，管理起来更加便捷灵活。同时，网络交易的特点也使得交易可以随时随地进行，消费者不再受限于时间和地点，这为创业者带来了更广阔的市场。

尽管“互联网+”创业模式具有诸多优势，但也面临着一些挑战和风险。首先，网络安全和信息泄露等问题是互联网创业者必须面对的挑战，因此创业者需要投入更多的精力和资源来保障用户信息的安全。其次，随着竞争的加剧，互联网市场已经趋于饱和，如何在激烈的竞争中脱颖而出成为创业者需要思考的重要问题。

（3）模拟孵化模式

模拟孵化模式是一种源自大学生参与各类创新创业大赛以及校内创业基地和孵化园的影响和资助的创业模式。通过参与“全国大学生创新创业大赛”等比赛，学校和政府部门鼓励着大学生申报项目，为创业者提供了一个锻炼和展示自己创意的平台。在这一过程中，大学生不仅学到了丰富的创业知识，还通过与社会互动，积累了宝贵的创业经验。

大学校园内建立的创业基地和孵化园成为模拟孵化模式的核心支持。这些机构不仅为优秀的创业项目提供了场地，还可能提供一定的资金资助，同时为大学生创业者提供指导和服务。这种模式的优势在于创业者可以在相对安全、支持的环境中进行实践，有机会将创意转化为可行的商业模式。然而，与之相对应的是，模拟孵化模式也存在一些缺陷，其中一个主要问题是创业者缺乏对真实社会环境的深入了解。

模拟孵化模式的创新性主要表现在其培养创业者的过程中。通过参与创新创业大赛，大学生能够锤炼创意、完善商业计划，并与行业专业人士和企业家互动，获得实战经验。学校建立的创业基地和孵化园为这些优秀项目提供了孵化的机会，进一步促进了创业者的成长。

模拟孵化模式的一大缺陷在于创业者在校园环境中相对受限。由于缺乏真实社会竞争的冲击，创业者可能无法深刻了解市场的实际情况，对竞争对手和市场行情的了解相对不足。一旦创业者脱离校园进入真正的商业社会，他们可能面临更为激烈的竞争和更为复杂的市场状况，这也增加了创业的风险。

尽管模拟孵化模式存在一些局限性，但它仍然是培养大学生创业意识和能力的有效途径。通过这一模式，大学生创业者得以在相对安全和支持的环境中打磨自己的创意，积累经验，为日后的创业之路奠定坚实的基础。然而，创业者在实践中仍需不断提升自己的综合素质，以更好地适应真实商业环境的挑战。

（4）概念创业模式

概念创业模式在当今社会中正逐渐成为一种重要的创业方式，尤其是对大学生群体而言。这种创业模式指的是大学生凭借自己的创意或者想法进行创业活动，而非依托于已有的成熟业务或模式。虽然大学生在社会实践经验和资金方面相对不足，但是他们通过系统的知识教育，拥有着活跃的思维，具备了观察、思考的习惯，并且常常能够通过批判性的思维发现被他人忽视的商机。

概念创业模式的兴起与发展与大学生的特点和优势密不可分。大学生在校期间接受了系统的知识教育，拓展了思维的广度和深度，培养了解决问题的能力和创新意识。因此，即便缺乏社会实践经验，他们仍能凭借自身的专业知识和创意，探索并开拓新的商业领域。

与传统的创业方式相比，概念创业模式具有以下几个特点：

首先，它不依赖于大量的启动资金。许多创业者开始时可能并不具备丰富的资金积累，但是基于一个好的创意或者想法，他们可以通过创意的转化和实现，逐步获得收益并积累资金。

其次，概念创业模式更加灵活多变。大学生在创业初期可能还没有明确的经营计划或固定的商业模式，但正是由于这种灵活性，他们更容易适应市场的变化和需求的变化，及时调整自己的创业方向。

再者，概念创业模式激发了创新的活力。大学生的创业活动常常涌现出新颖的创意和独特的思路，为整个商业领域注入了新的活力和动力。

概念创业模式也面临一些挑战和困难。首先，创意的实现需要时间和精力，而大学生可能需要在学业和创业之间寻找平衡。其次，缺乏足够的社会经验可能使得创业者在市场竞争中处于劣势，需要通过不断学习和积累经验来提升自己的竞争力。

（5）代理销售创业模式

代理销售创业模式在大学校园里广泛流行，成为许多学生选择创业的首选模式。这种模式的魅力在于其低风险、低压力的特点，使得缺乏社会实践经验和资金支持的大学生能够轻松地开始自己的创业之旅。

与其他创业模式相比，代理销售模式无需学生投入大量时间和资源于产品的创意开发或生产过程。相反，他们只需专注于市场销售情况，成为厂家产品的代理商，将产品引入市场并推广销售。在这个过程中，学生们无需预付保证金或货款,因为他们只是代理商,负责销售,而不是产品的制造者或供应商。

一个显著的优势是,代理商无需决定产品的销售价格,而是由厂家来确定。这意味着代理商不必担心定价策略和市场竞争带来的压力,从而减轻了他们的经营负担。此外,代理商也不承担产品销售不畅的风险,因为他们只是负责代理销售,而不需承担产品库存成本或存货压力。

对于大多数大学生来说,代理销售创业模式是一种理想的选择,尤其是对于那些缺乏社会实践经验和资金支持的学生而言。这种模式为他们提供了一个低门槛的创业机会,让他们在校园环境中踏出创业的第一步。通过代理销售,他们可以积累销售经验、培养市场洞察力,并建立起自己的商业网络。

尽管代理销售模式具有诸多优势,但也并非没有挑战。代理商需要具备良好的销售技巧和市场分析能力,以确保产品能够在竞争激烈的市场中脱颖而出。此外,他们也需要与厂家保持良好的沟通和合作,以确保产品供应的稳定性和质量的可靠性。[①]

(四)创业需具备的条件

1.社会经济条件

社会经济条件对创业的影响是多方面的,它们为创业者提供了机遇,同时也带来了挑战。例如,市场需求、经济增长率、通货膨胀率、利率等,对创业活动有直接影响。当经济增长迅速时,市场需求增加,这为创业者提供了更多的商业机会。然而,通货膨胀和利率的波动也可能增加创业的风险和不确定性。同时,经济衰退可能导致市场需求减少,创业融资难度增加,政策变动也可能影响创业者的经营策略和市场定位。

因此,创业者需要密切关注社会经济条件的变化,灵活调整自己的创业策略。他们需要具备风险意识,制订应对各种风险的计划。同时,他们也需要充分利用社会经济条件带来的机遇,通过创新和差异化竞争来实现商业成功。

① 刘帆,李家华.高校创业教育目标和类型[J].中国大学生就业,2008(6):6.

2. 法律政策条件

法律政策条件对创业的影响也是不可忽视的。这些条件和规定为创业者提供了指导和框架,同时也带来了一定的限制和挑战。

首先,法律政策条件为创业提供了基本的保障和规范。例如,知识产权法律保护创业者的创新成果,防止他人非法使用或抄袭。公司法、合同法等法律则为创业者提供了组织和运营企业的基本框架,确保了企业的合法性和稳定性。

其次,政策环境对创业的影响也非常显著。政府制订的创业政策、税收优惠、补贴等措施可以降低创业门槛,减轻创业者的经济压力。例如,一些地方政府为了鼓励创新创业,提供了租金减免、贷款担保等优惠政策,吸引了更多的创业者。

然而,法律政策条件也可能带来一定的挑战。例如,一些行业的准入门槛较高,需要满足特定的法律和政策要求才能获得经营许可证。此外,法律政策的变动也可能影响创业者的经营策略和市场定位。如果政策发生不利变动,创业者可能需要及时调整自己的业务模式以适应新的环境。

因此,创业者在创业过程中需要密切关注法律政策条件的变化,确保自己的创业活动符合法律法规的要求。同时,他们也需要充分利用政策环境带来的机遇,合理规划自己的创业路径。在应对法律政策带来的挑战时,创业者需要具备灵活性和适应性,及时调整自己的策略以应对不断变化的市场环境。

3. 知识科技条件

知识科技条件对创业的影响是深远的,它们为创业者提供了创新的动力和工具,同时也带来了新的市场机遇和挑战。

首先,知识是创业活动的基础。在知识经济时代,知识和信息的获取、处理和应用能力成为创业成功的关键。创业者需要具备丰富的行业知识、市场洞察力和创新思维,才能发现市场机会、制订有效的商业计划并推动企业的发展。同时,知识的积累和应用也可以帮助创业者提升自身的竞争力,实现差异化竞争。

其次,科技的发展为创业提供了强大的支持。互联网、人工智能、大数据等技术的广泛应用为创业者提供了更多的创新机会和工具。这些技术可以帮助创业者提高生产效率、降低成本、优化用户体验并拓展市场。

例如,通过互联网技术,创业者可以轻松实现线上销售、营销推广和客户服务;通过人工智能技术,创业者可以开发智能化的产品和服务以满足消费者的个性化需求。

然而,知识科技条件的变化也可能带来挑战。技术的更新换代速度很快,创业者需要不断学习和掌握新技术以保持竞争力。同时,随着技术的普及和应用范围的扩大,市场竞争也可能变得更加激烈。因此,创业者需要具备持续学习和创新的能力,以适应不断变化的市场环境。

4. 心理条件

心理条件对创业的影响是至关重要的,它们塑造了创业者的心态、决策过程和应对挑战的能力。以下是一些心理条件对创业的影响:

(1)自信心。自信心是创业成功的重要因素之一。创业者需要有足够的自信来面对各种挑战和不确定性。他们需要相信自己的决策和能力,以便在困难时保持冷静和坚定。自信心可以帮助创业者克服恐惧和犹豫,推动他们勇往直前。

(2)冒险精神。创业本身就是一种冒险行为,需要创业者具备冒险精神。这种精神可以驱使创业者抓住机遇,勇于尝试新的商业模式、市场策略和技术创新。虽然冒险可能会带来风险,但这也是实现突破和成功的关键。

(3)韧性。创业过程中会遇到各种挫折和困难,需要创业者具备强大的韧性来应对。韧性可以帮助创业者在面对失败和逆境时保持积极的心态,从中吸取教训并调整策略。这种心理条件对于长期、持续的创业活动至关重要。

(4)乐观态度。乐观的创业者更容易看到市场中的机遇和可能性,而非困难和风险。这种态度可以激发创业者的创造力和创新精神,推动他们不断前进。同时,乐观态度也有助于缓解创业过程中的压力和焦虑。

(5)自我驱动力。创业者需要有强烈的自我驱动力来实现他们的愿景和目标。这种驱动力可以促使创业者不断学习、成长和超越自我,为企业的成功付出持续的努力。

为了培养这些有利的心理条件,创业者可以通过心理训练、自我反思和寻求专业支持等方式来提升自己的心理素质。同时,他们也需要学会如何管理压力和情绪,以保持最佳的心理状态来应对创业过程中的各种挑战。

5. 高等教育条件

高等教育条件对创业的影响是多方面的,涵盖了知识、技能、人脉、创新思维等多个方面,为创业者提供了坚实的基础和有力的支持。

首先,高等教育为创业者提供了系统的知识体系。在大学或研究所接受的高等教育,使创业者具备了扎实的专业基础知识和广泛的相关知识领域。这些知识为他们在创业过程中解决问题、创新产品或服务提供了理论支撑。

其次,高等教育培养了创业者的技能和能力。通过课程学习、实践项目和学术研究等活动,创业者可以提升自己的沟通能力、团队协作能力、创新思维和解决问题的能力等。这些技能和能力对于创业活动的成功至关重要。

此外,高等教育还为创业者提供了丰富的人脉资源。在大学或研究所中,创业者可以结识来自不同领域和背景的同学、老师和校友。这些人脉资源可以为他们在创业过程中提供合作机会、建议和支持。

同时,高等教育还注重培养创业者的创新思维和创业精神。通过创业教育、创业比赛和实践活动等方式,高等教育机构鼓励并支持学生开展创业活动,培养他们的创业意识和实践能力。

然而,高等教育条件对创业的影响也存在一定的局限性。一方面,高等教育注重理论知识和学术研究,可能缺乏对实际商业环境和市场需求的深入了解。因此,创业者需要结合实际情况,不断学习和适应市场变化。另一方面,高等教育并不能保证创业成功,成功的创业还需要创业者具备其他素质和能力,如市场洞察力、领导力和执行力等。

(五)创业的本质

1. 以价值为取向

创业以价值为取向,意味着创业活动的核心目的是创造价值。这种价值可以是经济价值,如创造利润、增加就业、推动经济增长等;也可以是社会价值,如解决社会问题、推动社会进步、改善人们的生活质量等。

以价值为取向的创业活动,通常会关注以下几个方面:

其一,市场需求。创业者需要深入了解市场需求,发现消费者的痛点和需求缺口，提供满足市场需求的产品或服务。通过解决市场问题，创造价值，实现商业成功。

其二，创新。创新是创业活动的核心驱动力。通过技术创新、商业模式创新、管理创新等方式，创业者可以打破旧有的市场格局，创造新的商业机会和价值。

其三，社会责任。创业者需要关注社会责任，考虑自己的创业活动对社会和环境的影响。通过推动可持续发展、关注社会公益等方式，创业者可以创造社会价值，实现商业和社会的双赢。

总之，创业以价值为取向，意味着创业者需要关注市场需求、创新和社会责任等方面，通过创造价值来实现商业成功和社会价值。这种价值取向不仅有助于推动经济的发展，也有助于促进社会的进步和改善人们的生活质量。

2. 创新性与风险性并存

创业同时具有创新性和风险性，这两者构成了创业活动不可分割的两个方面。

创新性是创业活动的核心驱动力。它要求创业者具备前瞻性的思维，能够发现市场中的新机会、新需求，或者通过技术手段改进现有产品或服务。创新可以是产品、服务、营销策略、商业模式等多个方面的创新。创新能够帮助创业者在竞争激烈的市场中脱颖而出，实现差异化竞争，从而创造更多的商业价值。

风险性也是创业活动中不可忽视的一部分。创新往往伴随着不确定性，这些不确定性可能来自市场需求的变化、技术实现的难度、资金链的紧张等多个方面。创业者需要承担这些风险，并在风险中寻找机会，不断调整和优化自己的创业策略。

正因为创业具有创新性和风险性，所以创业者需要具备敏锐的洞察力、强大的执行力和风险意识。他们需要在创新中寻找机会，在风险中保持冷静，不断调整和优化自己的创业计划，以实现创业成功。

同时，创新性和风险性也是创业者在制订创业战略时需要重点考虑的因素。他们需要根据自己的资源和能力，评估创新的潜力和风险的大小，选择适合自己的创业战略，以最大程度地实现创新并控制风险。

总之，创业具有创新性和风险性，这两者相互依存、相互促进。创业者需要在创新和风险之间找到平衡点，通过创新创造价值，通过风险管理保障企业的稳健发展。

3. 具有机遇性

创业确实具有机遇性，这意味着创业活动往往与抓住和利用机遇紧密相关。这些机遇可能来源于市场变化、技术进步、消费者需求变化等多个方面。

（1）市场变化。市场变化为创业者提供了许多机遇。例如，新的消费趋势、政策调整、行业变革等都可能带来新的商业机会。创业者需要敏锐地洞察市场变化，及时调整自己的创业策略，抓住这些机遇。

（2）技术进步。技术进步为创业活动带来了源源不断的机遇。例如，互联网、人工智能、大数据等技术的发展，为许多行业带来了颠覆性的变革。创业者需要关注技术发展趋势，利用技术创新来推动自己的创业项目。

（3）消费者需求变化。消费者需求的变化也是创业机遇的重要来源。随着人们生活水平的提高和消费观念的转变，消费者对产品和服务的需求也在不断变化。创业者需要关注消费者需求变化，提供满足新需求的产品或服务。

当然，抓住机遇并不意味着创业就能成功。创业者还需要具备识别机遇、评估机遇、利用机遇的能力，同时还需要有应对挑战和风险的准备。

总之，创业具有机遇性，但也需要创业者具备敏锐的洞察力、创新能力和风险意识，才能抓住机遇，实现创业成功。

三、创新与创业

（一）创新与创业有着本质上的契合

创新与创业之间存在着本质上的契合。这种契合主要体现在以下几个方面：

（1）创新是创业的基础。创新是创业活动的核心驱动力。创业者通过创新来发现新的市场机会、创造新的产品或服务，并以此来满足消费者的需求。创新不仅为创业提供了动力，还为创业提供了方向和目标。

（2）创业是创新的载体。创业活动为创新提供了实践的平台。通过创业，创新者可以将自己的创新想法转化为实际的产品或服务，并通过市场验证其价值和可行性。创业活动不仅推动了创新的实现，还为创新提供了反馈和改进的机会。

（3）创新与创业相互促进。创新和创业之间存在相互促进的关系。一方面，创新不断推动创业活动的发展，为创业提供了源源不断的动力和支持；另一方面，创业活动也为创新提供了实践的机会和平台，推动了创新的不断发展和完善。

（4）创新与创业共同推动社会进步。创新和创业都是社会进步的重要推动力量。通过创新和创业，社会可以获得更多的新产品、新服务和新技术，从而推动经济、文化和社会的发展。同时，创新和创业也为社会创造了更多的就业机会和财富，提高了人民的生活水平。

（二）创新是创业的源泉

创新在创业过程中扮演着至关重要的角色，为创业者提供了源源不断的动力和机会。

首先，创新为创业提供了市场机会。通过创新，创业者可以发现并满足消费者的新需求，创造新的市场机会。这些新的市场机会可以为创业者带来竞争优势，使他们在市场中脱颖而出。

其次，创新为创业提供了产品或服务的差异化。在竞争激烈的市场中，产品或服务的差异化是吸引消费者的关键。通过创新，创业者可以开发出独特的产品或服务，满足消费者的特定需求，从而在市场中获得竞争优势。

此外，创新还为创业提供了技术和流程的优化。通过创新，创业者可以改进生产流程、降低成本、提高效率，从而提升企业的竞争力。这些技术和流程的优化可以帮助创业者在市场中获得更大的份额，实现企业的快速发展。

综上所述，创新是创业的源泉。它为创业者提供了市场机会、产品或服务。

第三节 影响创新创业的因素

概括来说,影响大学毕业生创业的因素主要包括以下几方面。

一、学校因素

在学校,影响创新创业的因素主要涉及学校的环境、教育资源和教学方法等方面,这些因素共同作用于学生的创新创业意识和能力的培养。以下是一些主要的学校因素:

(1)创业教育课程。学校是否提供创业教育课程,以及这些课程的质量和覆盖范围,都会对学生的创新创业意识产生影响。创业教育课程可以帮助学生了解创业的基本知识和技能,激发他们的创业兴趣和热情。

(2)实践教学机会。学校提供的实践教学机会,如实验室、实践基地、创业孵化器等,可以让学生有机会亲身参与创新创业实践,从而培养他们的创新创业能力。

(3)师资力量。教师的创新创业经验和能力对学生的影响也不容忽视。具有创新创业经验和能力的教师可以为学生提供更具体、更实用的指导和建议,帮助学生更好地应对创新创业过程中的挑战。

(4)学校文化氛围。学校的文化氛围是否鼓励创新、容忍失败,也会影响学生的创新创业意愿。一个开放、包容、鼓励创新的学校文化氛围可以激发学生的创新思维和创业精神。

(5)学校资源与支持。学校提供的资源和支持,如创业基金、创业指导服务等,可以为学生提供更多的机会和资源去实现他们的创业梦想。

(6)学校与社会的联系。学校与社会的联系程度也会影响学生的创新创业。如果学校能够与社会企业、研究机构等建立紧密的联系,学生可以从中获得更多的实践机会和资源,有助于他们更好地了解市场需求和行业动态。

教育环境在塑造大学生创业意愿和能力方面具有至关重要的作用。学校因素主要包括创业氛围、创业教育和帮扶措施,这些因素共同促进了学生的创业发展，为他们提供了实现创业梦想的平台和支持。

首先，学校创业氛围的营造对于激发大学生的创业热情至关重要。通过举办创业讲座、创业比赛等活动，学校可以营造出浓厚的创业氛围，使学生处于一个充满创新和创业机会的环境中。这种氛围激发了学生的创业热情，让他们更加积极地探索和实践创业的可能性。

其次，创业教育在培养学生创业意识和创业能力方面起着至关重要的作用。学校开设创新创业课程，为学生提供系统的创业知识和技能培训，帮助他们了解创业的基本概念、方法和流程。通过创业教育，学生不仅可以提升自己的创业素质，还可以更好地把握创业机遇，增强创业成功的可能性。

另外，学校提供的创业帮扶措施也对大学生的创业意向和能力产生着积极影响。学校的创业基地和创业孵化园为学生提供了必要的场地、技术指导甚至是资金支持，为他们的创业实践提供了良好的条件和支持。这些帮扶措施不仅提升了学生的创业动力，也降低了他们创业的风险，促进了创业项目的顺利开展。

总之，学校因素对大学生创业意识和能力的培养起着至关重要的作用。创业氛围的营造、创业教育的开展以及创业帮扶措施的提供，都为学生提供了丰富的创业资源和支持，激发了他们的创业热情，培养了他们的创业能力，为他们实现创业梦想奠定了坚实的基础。因此，学校应该重视创业教育，加强创业氛围的建设，完善创业帮扶措施，为学生提供更加优质的创业支持和服务，推动大学生创业教育的深入发展，培育更多的创业人才。

二、家庭因素

家庭环境在塑造大学生自主创业意愿和行为中扮演着重要的角色。社会学理论认为，环境可以通过观察性学习来影响个人的发展和行为，而父母不仅影响着子女的个性发展，也对子女的职业偏好产生影响。因此，不同家庭环境下的大学生在人生观、世界观、性格、能力等方面存在明显差异，这直接影响着他们的创业意愿和能力。

（1）家庭背景与教育。家庭的教育背景、职业背景以及经济状况都会对孩子的创新创业意识产生影响。如果家庭成员中有从事创新或创业活动的先例，孩子可能更容易对创新创业产生兴趣。此外，家庭经济状况良好也可能为孩子提供更多的资源和机会去尝试创新创业。

（2）家庭氛围与支持。家庭氛围对孩子的成长和创新创业意愿有着深远的影响。如果家庭氛围鼓励自由思考、探索和尝试，孩子可能更倾向于具有创新思维和创业精神。此外，家庭成员的支持和理解也是孩子能否勇敢追求创新创业的重要因素。

(3)家庭期望与压力。家庭对孩子的期望和压力也会影响其创新创业的意愿。如果家庭期望孩子追求稳定的职业和生活，孩子可能会在选择创新创业时面临更大的压力和阻碍。相反，如果家庭能够理解并支持孩子的创新创业梦想，他们可能会更有可能实现这些梦想。

(4)创业经验与指导。如果家庭成员有创业经验，他们可能会为孩子提供宝贵的指导和建议，帮助他们更好地应对创业过程中的挑战。此外，家庭成员的创业经验也可能激发孩子的创业意愿和热情。

(5)家庭资源与支持网络。家庭资源如资金、人脉等可以为孩子的创新创业提供重要支持。此外，家庭成员的社会关系网络也可能为孩子提供更多的创业机会和资源。

三、社会因素

影响创新创业的社会因素有很多，主要包括以下几个方面：

(1)国家政策。政策因素在推动大学生创新创业方面起着至关重要的作用。为了鼓励大学生积极投身创业，国家和地方政府纷纷出台了一系列的优惠政策和支持措施。这些政策包括但不限于创业补贴、税费减免、小额担保贷款等，旨在降低创业风险、减轻创业成本，从而吸引更多的大学生加入创业行列。然而，尽管政策的出台对于创业氛围的营造和大学生创业的促进起到了积极的作用，但如果大学生对这些政策了解不足，或者政策的执行力度不够，就可能影响到创业环境的良好程度，使创业者面临更多的困难和挑战。

(2)社会经济环境。社会经济环境的好坏直接影响到创新创业的发展。经济发展稳定、市场需求旺盛、资源配置合理等有利因素可以为创新创业提供良好的发展环境。相反，经济衰退、市场萎靡、资源紧张等不利因素则可能制约创新创业的发展。

(3)文化氛围。创新创业的文化氛围也是影响创新创业的重要因素。一个鼓励创新、容忍失败的文化氛围可以激发人们的创业热情，促进创新创业的发展。相反，一个保守、封闭的文化氛围则可能抑制人们的创新精神和创业意愿。

(4)教育因素。教育对于创新创业的影响也不可忽视。大学教育中的课程设置、创业教育、实践机会等都会对学生的创新创业能力产生影响。良好的教育可以为创新创业提供人才支持和技术储备。

（5）社会信任。社会信任是创新创业发展的重要推动因素之一。在一个具有高社会信任度的社会中，人们更愿意与他人合作，接受新的想法和创新。相反，在社会信任度低的环境中，人们可能害怕风险，对创新创业持保守态度。

（6）市场需求。市场需求的变化直接影响着创新创业的发展方向和机会。社会环境的变化会带来新的需求和新的机会，这为创新创业提供了发展空间。

四、自身因素

大学生创业是一个充满挑战和机遇的过程，而自身因素在这一过程中扮演着至关重要的角色。性别、家庭所在地、所学专业、学习成绩等因素都对大学生的创业积极性有一定的影响，同时也会影响到其创业的发展路径和成功概率。

首先，性别在大学生创业中扮演着一定的角色。尽管现代社会越来越强调男女平等，但在创业领域，男性创业者仍然占据着相对较大的比例。这部分原因可能是因为传统社会观念中对男性更多的创业期望，或者是由于创业过程中所需的冒险精神和竞争意识对于某些女性来说可能是一种挑战。然而，随着社会观念的改变和女性创业者的崛起，越来越多的女大学生也在勇敢地踏入创业的领域。

其次，家庭所在地也会对大学生创业产生一定的影响。城市和农村的创业环境存在着差异，城市通常拥有更为完善的商业资源和创业生态，而农村则可能面临着资源匮乏和市场相对狭窄的挑战。然而，随着信息技术的发展和政府政策的扶持，一些农村地区也正在逐渐成为创业的热点地区，为大学生提供了更多的创业机会。

此外，所学专业对大学生的创业方向和能力也有一定的影响。一些专业，如管理、市场营销、信息技术等，更容易培养出具有创业精神和商业意识的学生，而一些理论性较强的专业则可能对创业准备不足。然而，创业并不是完全依赖于所学专业，很多成功的创业者都是跨领域创新的典范，他们能够将不同领域的知识和技能结合起来，创造出新的商业价值。

最后，学习成绩虽然在一定程度上反映了学生的学习能力和勤奋程度，但并不是创业成功的唯一因素。有时候，创业所需的是敢于冒险、善于创新的精神，而学习成绩并不一定能够直接反映这些特质。因此，即使学习成绩不是最优秀的，只要具备足够的创业意识和实践能力，大学生依然有机会在创业领域取得成功。

第四节　高校创新创业教育研究

一、高校创新创业教育的主要内容

高校创新创业教育是指通过教育和培训，培养学生的创新创业思维、能力和精神，使他们具备在未来职业生涯中开展创新活动和创办企业的基本素质和能力。其主要包括以下几个方面：

（1）创新创业知识教育。涵盖专业知识与技能、创新思维与方法、企业经营与管理的相关知识等，使学生掌握创新创业的基本理论和知识。

（2）创业意识与能力培养。注重培养学生的创业意识、创业精神、创业能力和创业素质，如企业内部市场开拓的能力、沟通的能力、团队管理的能力等。

（3）创业实践。通过实践活动，如创业竞赛、创业项目、创业实践基地等，让学生体验创业过程，提高其创业实践能力。

二、高校创新创业教育的现状与问题

高校创新创业教育呈现出蓬勃发展的态势。越来越多的高校开始重视创新创业教育，将其纳入人才培养体系，通过开设相关课程、建立实践平台、加强师资队伍建设等方式，推动创新创业教育的深入发展。同时，各种创新创业竞赛和活动也层出不穷，为学生提供了展示才华和实现梦想的机会。

然而，高校创新创业教育也存在一些问题。首先，一些高校对创新创业教育的认知存在误区，认为其只是就业指导的一个分支，缺乏对其重要性和价值的认识。这导致创新创业教育在课程设置、教学方法等方面存在不足，难以达到预期的效果。

其次，高校创新创业教育的师资力量相对薄弱。虽然一些高校开始引进具有创业经验和创新能力的教师，但整体上仍缺乏足够的优秀教师资源。同时，一些教师的创业实践经验不足，难以为学生提供有效的指导和建议。

此外,高校创新创业教育的实践环节也有待加强。虽然一些高校建立了创业实践基地和孵化器等平台,但实践机会和资源仍然有限,难以满足所有学生的需求。同时,一些实践环节缺乏真实的市场环境和商业氛围,难以让学生真正体验到创业的挑战和乐趣。

最后,高校创新创业教育与社会需求之间存在一定的脱节。一些高校的创新创业教育过于注重理论知识的传授,而忽视了市场需求和行业动态的变化。这导致学生的创业项目缺乏实际应用价值,难以得到社会的认可和支持。

三、高校创新创业教育的创新与实施路径

高校创新创业教育的创新与实施路径可以从以下几个方面进行。

(一)创新教育理念

高校应转变传统的教育观念,将创新创业教育作为人才培养的重要组成部分,贯穿于整个教育过程中。要鼓励学生勇于尝试、敢于创新,培养他们的创业意识和创业精神。同时,要注重学生的个性化发展,尊重他们的兴趣和特长,为他们提供多样化的创新创业机会和资源。

(二)完善课程体系

高校应构建完善的创新创业课程体系,包括创新创业理论课程、实践课程、选修课程等。课程内容要注重理论与实践的结合,引入案例研究、模拟创业等教学方法,增强学生的实际操作能力。同时,要不断更新课程内容,紧跟行业发展和市场需求的变化。

(三)加强师资队伍建设

高校应加大对创新创业教育师资的投入,引进具有创业经验和创新能力的优秀教师。同时,要加强教师培训,提高教师的创新创业教育能力。鼓励教师参与创业实践,积累创业经验,为学生提供更加贴近实际的指导。

（四）强化实践环节

高校应建立多样化的实践平台，如创业实践基地、创业园、孵化器等，为学生提供实践机会和资源支持。同时，要与政府、企业、社会组织等合作，共同推动创新创业实践的发展。在实践过程中，要注重学生的参与和体验，让他们真正感受到创业的挑战和乐趣。

（五）建立激励机制

高校应建立完善的激励机制，鼓励学生参与创新创业活动。可以设立创业奖学金、创业基金等，对优秀的创业项目进行资助和奖励。同时，要为学生提供创业指导和咨询服务，帮助他们解决创业过程中遇到的问题和困难。

（六）加强与社会的联系

高校应加强与政府、企业、社会组织等的联系和合作，共同推动创新创业教育的发展。可以与企业合作开展实习实训、项目合作等活动，为学生提供更多的实践机会和就业渠道。同时，要关注行业动态和市场需求的变化，及时调整创新创业教育的方向和内容。

综上所述，高校创新创业教育的创新与实施路径需要从教育理念、课程体系、师资队伍、实践环节、激励机制和社会联系等方面进行综合改革和探索。只有不断创新和完善，才能培养出更多具有创新创业意识和能力的高素质人才，推动经济社会的发展。

第二章　大学生职业生涯规划理论分析

大学生职业生涯规划是指大学生在大学期间，通过自我评估、职业探索、目标设定和计划制订等步骤，对自己的未来职业发展进行全面的规划和设计。这个过程旨在帮助大学生明确自己的职业目标和发展方向，提升职业竞争力和实现个人价值。大学生职业生涯规划的重要性在于，它可以帮助大学生更好地了解自己，包括自己的兴趣、优势、价值观等，从而找到适合自己的职业领域。同时，通过职业生涯规划，大学生可以明确自己的职业目标和发展路径，有针对性地提升自己的职业能力和技能，为未来的职业发展打下坚实的基础。

第一节　职业生涯规划的内涵

一、职业生涯与职业生涯规划

（一）职业生涯

生涯通常指的是一个人从出生到死亡的整体生活过程，包括学习、工作、休闲、社交等各个方面。它关注的是一个人在不同阶段所扮演的角色、所追求的目标以及所面临的发展任务。生涯是一个长期的过程，涵盖了个人生活的方方面面，是一个综合性的概念。而职业生涯侧重于个人在工作和职业发展方面的经历和规划。它涵盖了个人从初次进入职场到退休的整个工作历程，包括职业选择、职业发展、职业转换等方面。职业生涯关注的是个人在职业领域中的成长、进步和成功，以及与职业相关的各种挑战和机遇。

生涯和职业生涯之间存在紧密的联系。一个人的职业生涯是生涯中的一个重要组成部分,它影响着个人的整体生活质量和幸福感。同时,个人的职业生涯也需要与生涯中的其他领域(如家庭、社交、休闲等)相协调,以实现个人的全面发展和生活平衡。

职业生涯的特征包括以下几个方面:

(1)方向性。职业生涯具有明确的方向性,它基于个体的自我认知、兴趣、特质、能力等方面共同决定。这个方向性是指引个体内心中去往未来的一个路径,它帮助个体在职业发展中保持目标清晰,避免盲目行动。

(2)时间性。职业生涯具有时间性,它纵贯人的一生,是一个连续不断的过程。职业生涯的发展可以分为不同的阶段,每个阶段都有特定的目标和任务。个体需要根据自己的年龄、经验和能力等因素,合理规划自己的职业生涯,不断追求自我成长和发展。

(3)空间性。职业生涯具有空间性,它涵盖了不同的职业领域和岗位。个体在职业生涯中可能会经历多个职业和岗位,需要在不同的空间范围内不断学习和适应。同时,职业生涯也需要考虑个体在家庭、社交等其他领域的发展,以实现整体生涯的平衡和协调。

(4)独特性。每个人的职业生涯都是独一无二的,因为每个人的性格、兴趣、能力等方面都有所不同。即使在相同的职业领域和岗位上,每个人的职业发展路径和经历也会有所不同。因此,个体需要根据自己的实际情况和目标,制订符合自己特点的职业生涯规划。

(5)现象性。职业生涯只有在个体意识到或寻找的时候才会存在。这意味着个体需要对自己的职业生涯进行积极的思考和规划,不断寻找适合自己的职业机会和发展方向。同时,个体也需要不断反思和调整自己的职业生涯规划,以适应不断变化的市场需求和职业发展要求。

(6)主动性。职业生涯需要个体主动塑造和管理。个体需要积极寻找职业机会和发展方向,同时也需要主动学习和提升自己的能力,以应对职业发展中的挑战和机遇。个体还需要对自己的职业生涯进行定期评估和调整,以确保自己的职业发展与整体生涯规划相协调。

这些特征共同构成了职业生涯的复杂性和多样性,需要个体在职业生涯规划和管理中综合考虑和应对。

(二)职业生涯规划

职业生涯规划是指个人在职业发展过程中,根据自身兴趣、能力、价值观以及市场需求等因素,制订并实施一系列有计划、有目标的职业发展行动。这些行动旨在帮助个人实现职业目标，提升职业技能，增强职业竞争力，最终实现个人价值和成就感。

1.职业生涯规划的特征

职业生涯规划的特征可以总结为以下几个方面：

（1）个性化。职业生涯规划是个性化的过程，每个人的职业规划都需要根据自己的兴趣、能力、价值观等因素进行定制。每个人的职业路径都是独特的，因此，职业生涯规划需要具有个性化的特点，以满足个人的职业发展需求。

（2）可行性。职业生涯规划必须是可行的，即规划的目标和行动方案需要考虑到个人的实际情况和外部环境的限制。制订过于理想化或不切实际的职业规划，只会让人感到沮丧和失望，无法起到指导职业发展的作用。

（3）灵活性。职业生涯规划需要具有一定的灵活性，因为职业发展是一个动态的过程，个人的兴趣和能力可能会随着时间的推移而发生变化。因此，职业生涯规划需要能够适应这些变化，做出相应的调整。

（4）系统性。职业生涯规划是一个系统的过程，需要考虑到个人的职业发展的各个方面，包括职业定位、目标设定、通道设计、技能提升、实践经验积累等。这些方面需要相互协调，形成一个完整的职业规划体系。

（5）目标导向。职业生涯规划需要明确的目标导向，即个人需要清楚地知道自己想要实现什么职业目标，以及如何实现这些目标。这些目标需要具有明确性、可衡量性和可实现性，以便个人能够有针对性地进行职业规划。

（6）社会性。职业生涯规划还具有社会性的特征。个人的职业发展不仅受到自身因素的影响，还受到社会环境、行业趋势等外部因素的影响。因此，职业生涯规划需要考虑到这些因素，以便个人能够更好地适应社会环境，把握行业趋势，实现职业发展。

总之，职业生涯规划是一个复杂而系统的过程，需要综合考虑个人的兴趣、能力、价值观等因素，以及外部环境的限制和机会。一个有效的职业生涯规划应该具有个性化、可行性、灵活性、系统性、目标导向和社会性等特征，以指导个人实现职业成功和满足感。

2. 职业生涯规划分为认知、设计、行动三大部分

职业生涯规划通常可以分为认知、设计和行动三大部分。这三部分相互关联，层层递进，共同构成了职业生涯规划的完整过程。

首先是认知部分。在这个阶段，个人需要对自己进行深入的了解和评估，包括了解自己的兴趣、能力、价值观、性格特点以及职业倾向等。同时，还需要对外部环境进行调研，了解职业市场的发展趋势、行业特点以及就业机会等。通过全面的认知，个人可以更加清晰地认识自己的职业优势和劣势，以及职业发展的机会和挑战。

其次是设计部分。在认知的基础上，个人需要制订具体的职业发展规划。这个规划应该包括职业目标、职业路径、职业发展计划以及所需的技能和经验等。职业目标应该具有明确性、可衡量性和可实现性，以便个人能够清晰地了解自己的职业发展方向。职业路径则需要考虑个人的实际情况和市场需求，选择适合自己的职业领域和岗位。同时，还需要制订具体的职业发展计划，包括学习计划、实践计划、人际关系建立计划等，以便个人能够有条不紊地推进自己的职业发展。

最后是行动部分。在这个阶段，个人需要将职业发展规划付诸实践。这包括提升自己的职业技能和知识水平、积累实践经验、建立人脉关系等。个人需要积极参加各种培训和学习活动，不断提升自己的能力和素质。同时，还需要通过实习、兼职等方式积累实践经验，增强自己的职业竞争力。在行动过程中，个人还需要不断反思和调整自己的职业规划，以确保自己的职业发展路径符合自身实际和市场需求。

总之，认知、设计和行动是职业生涯规划的三个核心部分。通过全面的自我认知和外部环境调研，制订具体的职业发展规划，并付诸实践行动，个人可以更加有效地推进自己的职业发展，实现自己的职业目标和人生价值。

3. 职业生涯规划深受客观条件的影响

职业生涯规划深受客观条件的影响。这些客观条件包括但不限于个人的背景、家庭环境、经济状况、教育程度、社会关系，以及更广泛的社会、经济和政治环境等。以下是一些主要的客观条件及其对职业生涯规划的影响：

（1）个人背景与家庭环境。个人的成长背景和家庭环境对职业生涯

规划有着深远的影响。例如,家庭的经济状况可能决定了一个人能够接受的教育水平和职业选择的范围。家庭的职业传统和期望也可能影响个人的职业选择。

（2）教育程度。教育是职业生涯规划中的关键因素。个人的学历、专业选择以及所接受的教育质量都会影响其未来的职业发展和就业机会。

（3）经济条件。经济状况对职业生涯规划的影响不容忽视。宏观经济环境的好坏、行业的兴衰、就业机会的多少等都会直接影响个人的职业选择和职业发展。

（4）社会关系与网络资源。个人的社会关系和网络资源也会对职业生涯规划产生影响。拥有良好的人际关系和广泛的社交网络可能会为个人提供更多的职业机会和信息。

（5）社会文化与价值观。社会的文化价值观也会对个人的职业生涯规划产生影响。例如,某些文化可能更强调个人的成就和成功,而另一些文化则可能更注重团队合作和社区服务。

（6）政策法规。政府的政策法规也会对职业生涯规划产生影响。例如,某些政策可能会鼓励或限制某些行业的发展,从而影响个人的职业选择。

（7）技术进步与创新。科技的快速发展和创新也会对职业生涯规划产生影响。新的技术和行业不断涌现,为个人提供了更多的职业选择和发展机会。

因此,在制订职业生涯规划时,个人需要充分考虑这些客观条件的影响,并根据实际情况进行调整和适应。同时,个人也需要不断提升自己的能力和素质,以应对不断变化的职业环境和市场需求。

4. 职业生涯规划以职业实现和职业维持为中心

职业生涯规划确实以职业实现和职业维持为中心。这意味着职业生涯规划的主要目标是帮助个人找到适合自己的职业,并在该职业中取得成功和满足感,同时保持职业的稳定性。

以职业实现为中心,意味着职业生涯规划需要关注个人的职业兴趣、能力和价值观,以及市场需求和就业机会。通过深入的自我评估和外部环境调研,个人可以了解自己的职业优势和劣势,以及职业发展的机会和挑战。在此基础上,个人可以制订具体的职业目标和发展计划,并通过提升技能、积累经验、建立人脉等方式,逐步实现自己的职业理想。

以职业维持为中心,则意味着职业生涯规划需要关注个人在职业中的长期发展和稳定性。个人需要不断学习和提升自己的能力,以适应职业市场的变化和挑战。同时,个人还需要建立良好的职业声誉和人际关系,以维持职业的稳定性和持续性。这包括与同事、上级、客户等建立良好的关系,积极参与团队合作和社区活动,以及不断提升自己的职业形象和价值观。

5. 职业生涯规划包含对非职业因素的规划

职业生涯规划不仅仅关注职业本身,它还包含了更广泛的内容,其中包括对性情培养、家庭角色扮演、生活方式和状态等非职业因素的规划。这些因素对于个人的整体幸福感和生活质量至关重要,也是实现职业成功和满足感的重要支撑。

首先,性情培养是职业生涯规划中的重要方面。一个人的性格、情绪和态度对于职业发展有着深远的影响。通过培养积极、乐观、坚韧的性格,个人可以更好地应对职业中的挑战和困难,保持积极的心态和高效的工作状态。此外,情绪管理和沟通技巧的培养也是职业生涯规划中不可忽视的部分,它们有助于个人在职场中建立良好的人际关系,提升团队合作和领导能力。

其次,家庭角色扮演也是职业生涯规划中需要考虑的因素。家庭是个人的重要支撑和依靠,处理好家庭与工作之间的关系对于职业发展和个人幸福感至关重要。在职业生涯规划中,个人需要思考如何在家庭和工作之间取得平衡,扮演好家庭成员的角色,承担起应有的责任和义务。

此外,生活方式和状态也是职业生涯规划中不可忽视的部分。健康的生活方式、良好的心态和积极的休闲活动有助于个人保持身体和心理的健康状态,从而更好地应对职业挑战和享受生活。在职业生涯规划中,个人需要关注自己的生活方式和状态,培养良好的生活习惯,提升自己的生活质量。

二、大学生职业生涯规划的意义

(一)有利于促进个人努力工作

大学生职业生涯规划通过明确目标导向、提升自我认知、增强学习动力、促进个人成长以及培养责任感和自律性等方面的作用,促进个人努力工作。因此,高校应该重视大学生的职业生涯规划教育,帮助他们制订合理的职业规划，为未来的职业发展奠定坚实的基础。

（1）明确目标导向。职业生涯规划帮助大学生明确自己的职业目标和发展方向。当个人有了清晰的目标时，他们会更有动力去努力实现这些目标。明确的目标导向能够激发大学生的内在动力，促使他们更加努力地学习、实践和提升自己的能力。

（2）提升自我认知。职业生涯规划要求大学生对自己进行深入的了解和评估，包括兴趣、能力、价值观等。通过自我认知，大学生能够更准确地认识自己的优势和劣势，从而有针对性地制订学习计划和发展策略。这种自我认知的过程有助于大学生更加明确自己的努力方向，提升学习效果。

（3）增强学习动力。职业生涯规划使大学生更加明确学习与未来职业发展的关系。当个人意识到所学知识和技能对于实现职业目标的重要性时，他们会更愿意投入时间和精力去学习。因此，职业生涯规划有助于增强大学生的学习动力，促使他们更加努力地学习。

（4）促进个人成长。职业生涯规划鼓励大学生不断提升自己的能力和素质，以适应职业市场的需求。通过参加培训课程、实习实践、志愿服务等活动，大学生可以不断提升自己的专业技能、沟通能力、团队合作能力等。这些成长经历不仅有助于大学生实现职业目标，还能够促进他们的个人成长和全面发展。

（5）培养责任感和自律性。职业生涯规划要求大学生对自己的职业发展负责，制订并实施具体的发展计划。这种责任感会促使大学生更加自律地管理自己的时间和行为，努力实现自己的职业目标。通过职业生涯规划，大学生可以培养自己的责任感和自律性，为未来的职业发展打下良好的基础。

（二）有助于个人抓住工作的重点

大学生职业生涯规划对于个人抓住工作的重点具有重要的作用。以下是几个方面的原因：

（1）明确职业方向。职业生涯规划帮助大学生明确自己的职业方向和发展目标。在明确职业方向的基础上，大学生可以更加专注于与职业目标相关的学习和实践，避免盲目地追求各种机会而分散精力。这样，他们就能够更加准确地抓住工作的重点，将有限的时间和精力投入到最关键的任务上。

（2）提升工作效率。通过职业生涯规划，大学生可以了解自己的职业兴趣和能力优势,从而找到最适合自己的工作领域和岗位。在适合自己的领域和岗位上工作,大学生能够更快地适应工作环境,熟悉工作流程,提升工作效率。这样,他们就能够更好地抓住工作的重点,高效地完成工作任务。

(3)培养职业素养。职业生涯规划鼓励大学生提升自己的职业素养,包括专业技能、沟通能力、团队合作能力、解决问题的能力等。这些职业素养是抓住工作重点的关键。通过培养这些素养,大学生能够更好地理解工作需求,把握工作重点,有效地应对工作中的挑战和问题。

(4)增强目标意识。职业生涯规划使大学生更加明确自己的职业目标和发展方向。这种目标意识能够帮助大学生时刻保持对工作的关注和热情,促使他们更加专注于实现职业目标的相关工作。在这种目标意识的引导下,大学生能够更加准确地抓住工作的重点,为实现职业目标而努力工作。

综上所述,大学生职业生涯规划通过明确职业方向、提升工作效率、培养职业素养以及增强目标意识等方面的作用,有助于个人抓住工作的重点。因此,大学生应该重视职业生涯规划,明确自己的职业目标和发展方向,努力提升自己的职业素养和工作能力,以更好地应对未来的职业挑战和机遇。

(三)有助于个人评估自己的工作成绩

大学生职业生涯规划对于个人评估自己的工作成绩具有重要的促进作用。以下是几个方面的原因:

(1)量化工作成果。职业生涯规划鼓励大学生将目标分解为具体的任务和指标。这样,大学生可以更加明确地量化自己的工作成果,如完成的任务数量、项目的完成度、销售额等。通过量化工作成果,大学生可以更加准确地评估自己的工作表现,了解自己的工作效率和质量。

(2)激发自我激励。职业生涯规划为大学生提供了明确的职业目标和发展方向,这有助于激发他们的自我激励。当大学生意识到自己的工作成绩与职业目标密切相关时,他们会更加努力地工作,以取得更好的成绩。这种自我激励的状态能够使大学生更加积极地评估自己的工作表现,不断寻求提升和进步的机会。

(3)促进反馈与调整。职业生涯规划是一个动态的过程,需要大学生不断地对自己的职业发展进行评估和调整。通过定期评估自己的工作成绩,大学生可以及时发现自己在工作中的问题和不足,进而制订调整计划,改进自己的工作表现。这种反馈与调整的过程有助于大学生不断提升自己的工作能力和职业素养,实现更好的职业发展。

(四)促进人全面发展的重要手段

大学生职业生涯规划是促进人全面发展的重要手段,主要体现在以下几个方面:

(1)培养多元能力。职业生涯规划鼓励大学生全面发展自己的多元化能力,包括学术能力、实践能力、社交能力等。通过参加各种学术活动、社会实践和社团活动,大学生可以培养自己的综合素质,为未来的职业发展打下坚实的基础。

(2)提升心理素质。职业生涯规划要求大学生面对职业发展的挑战和困难时保持积极的心态和情绪。通过培养自信心、抗挫折能力和适应能力等心理素质,大学生可以更好地应对未来的职业挑战和变化。

(3)增强社会责任感。职业生涯规划鼓励大学生关注社会需求和发展趋势,将自己的职业发展与国家和社会的发展紧密结合起来。通过参与社会实践和志愿服务等活动,大学生可以培养自己的社会责任感,为社会做出积极贡献。

(五)帮助大学生提升自身的价值

大学生职业生涯规划在帮助大学生提升自身价值方面发挥着至关重要的作用。以下是几个关键的理由:

(1)明确个人定位。通过职业生涯规划,大学生能够更深入地了解自己的兴趣、优势和价值观,从而明确自己在社会和个人生活中的定位。这种明确的定位有助于大学生在职业选择和发展中做出更加明智的决策,实现个人价值的最大化。

(2)挖掘潜力与提升能力。职业生涯规划鼓励大学生充分挖掘自身的潜力,并通过学习、实践和培训等方式不断提升自己的能力。通过持续的努力和投入,大学生可以在职业生涯中取得更好的成绩,实现个人价值的提升。

(3)增强自信与自尊。一个明确的职业生涯规划可以帮助大学生建立自信心,认识到自己的独特之处和优势。这种自信会促使大学生更加积极地面对挑战和困难,实现自我价值的提升。同时,通过实现职业目标,大学生可以获得成就感,进一步增强自尊心。

（4）实现个人与社会的和谐统一。职业生涯规划鼓励大学生关注社会需求和发展趋势，将个人职业发展与国家和社会的发展紧密结合。通过为社会作出贡献，大学生可以实现个人价值与社会价值的和谐统一，进一步提升自身的价值。

（六）帮助大学生立足现有成就确定崇高奋斗目标

大学生职业生涯规划在帮助大学生立足现有成就并确定崇高奋斗目标方面扮演着重要角色。以下是几个关键的理由：

（1）认识现有成就。职业生涯规划鼓励大学生对自己的学业、技能和经验进行全面的评估。通过深入了解自己的现有成就，大学生可以更好地认识自己的优势和不足，为未来的职业发展打下坚实的基础。

（2）树立长远目标。在评估现有成就的基础上，职业生涯规划帮助大学生树立长远的目标。这些目标不仅与大学生的职业兴趣和能力相匹配，而且具有挑战性和可实现性。通过努力追求这些目标，大学生可以不断提升自己的职业水平和社会地位。

（3）激发进取心。职业生涯规划鼓励大学生保持积极向上的心态，不断追求进步和发展。通过设定崇高的奋斗目标，大学生可以激发自己的进取心和动力，不断超越自我，实现个人价值的最大化。

（4）规划发展路径。职业生涯规划帮助大学生制订实现目标的具体路径和计划。这些计划包括学习、实践、培训等多个方面，旨在帮助大学生逐步提升自己的能力和素质，为实现崇高的奋斗目标奠定坚实的基础。

第二节　大学生职业生涯规划存在的问题

大学生职业生涯规划存在的问题主要包括缺乏职业生涯规划意识、职业目标不明确、缺乏实际经验和技能、职业路径不清晰以及缺乏社会资源和支持等。

（1）缺乏职业生涯规划意识。许多大学生缺乏对职业生涯规划的认识和意识，没有意识到职业生涯规划对于个人职业发展的重要性。他们往往只是盲目地追求热门行业和高薪职位，缺乏对自己职业兴趣、能力和发展方向的深入思考。

（2）职业目标不明确。一些大学生在职业生涯规划中缺乏明确的职业目标，只是笼统地表示想要在某个领域发展，但没有具体的目标和计划。这导致他们在学习和实践中缺乏针对性和方向性，难以有效地提升自己的职业能力和竞争力。

（3）缺乏实际经验和技能。大学生在职业生涯规划中往往只关注理论和学术方面的提升，忽视了实际经验和技能的培养。他们缺乏实践机会和实践经验，导致在求职时难以展示自己的实际能力和优势。

（4）职业路径不清晰。一些大学生在职业生涯规划中缺乏明确的职业路径和计划，只是盲目地追求各种证书和学位，希望通过这些来证明自己的能力和价值。然而，这种做法往往会导致职业路径不清晰，难以确定自己的职业发展方向和未来职业目标。

（5）缺乏社会资源和支持。大学生在职业生涯规划中往往缺乏社会资源和支持，如职业导师、职业规划师等。他们缺乏与职业界的联系和交流，难以了解职业发展的最新趋势和市场需求，也难以获得有效的职业指导和建议。

为了解决这些问题，大学生应该加强对职业生涯规划的认识和意识，明确自己的职业目标和计划，积极参与实践和技能培训，寻求社会资源和支持，以更好地实现自己的职业规划和发展目标。同时，高校和社会也应该加强对大学生职业生涯规划的指导和支持，提供更多的实践机会和资源，帮助大学生更好地实现自己的职业发展。

第三节　大学生职业生涯规划的影响因素

影响职业生涯规划的因素有很多，概括来说主要包括以下几方面。

一、健康因素

健康因素对大学生职业生涯规划具有显著的影响。以下是健康因素对大学生职业生涯规划的几个主要影响：

（1）影响学业成绩和学术发展。大学生的健康状况直接影响他们的学业成绩和学术发展。如果大学生身体状况不佳,可能会导致注意力不集中,学习效率下降,甚至可能无法完成学业任务。长期下来,这可能会对他们的学术成就和未来的职业发展产生负面影响。

（2）影响实践能力和社交活动。健康的大学生通常更有可能积极参与各种实践活动和社交活动,这有助于他们提升实践能力和扩展人际关系网络。相反,身体状况不佳的大学生可能会因为缺乏精力和体力而无法充分参与这些活动,从而限制了他们的职业发展机会。

（3）影响职业选择和就业竞争力。大学生的健康状况也可能影响他们的职业选择和就业竞争力。一些需要较高身体素质或长时间工作的职业可能不适合健康状况不佳的大学生。此外,如果大学生在求职过程中因为健康问题而表现不佳,可能会降低他们的就业竞争力。

（4）影响心理健康和情绪状态。健康状况不佳的大学生可能会面临心理压力和情绪问题,这可能会进一步影响他们的职业生涯规划。心理健康问题可能会导致大学生缺乏自信和动力,难以应对职业发展的挑战。

因此,大学生在规划职业生涯时应该充分考虑健康因素。他们应该保持良好的生活习惯,加强锻炼和休息,以提高身体素质和免疫力。同时,他们也应该关注自己的心理健康状况,及时寻求帮助和支持。通过这些措施,大学生可以确保自己的健康状况不会对职业生涯规划产生负面影响。

二、年龄因素

年龄因素对大学生职业生涯规划具有显著的影响,主要体现在以下几个方面:

（1）就业机会与限制。年龄对大学生的就业机会产生直接影响。在某些行业和职位中,如空乘人员或军人,年龄可能是一个严格的限制因素。此外,一些体力劳动职位也可能对年龄有所限制。这些限制可能要求大学生在特定的年龄段内规划自己的职业生涯。

（2）职业发展与经验积累。年龄与职业发展和经验积累密切相关。随着年龄的增长,大学生可能会从基层职位逐渐晋升到更高层次的职位,同时积累更多的经验和知识。这种经验和知识的积累可能对大学生的职业生涯规划产生积极的影响。

（3）学习能力与适应能力。年龄也影响大学生的学习能力和适应能力。年轻的大学生通常更容易接受新的技能和知识,并具备更高的灵活性。然而,随着年龄的增长,学习和适应能力可能会有所下降,这要求大学生在规划职业生涯时充分考虑自己的学习能力。

(4)职业稳定性。随着年龄的增长,大学生的职业稳定性可能会增加。年轻的大学生可能更容易换工作或转换职业,而年龄较大的大学生可能更注重长期的职业发展和稳定性。这种职业稳定性的变化可能对大学生的职业生涯规划产生影响。

然而,需要注意的是,年龄并不是职业生涯规划中唯一的决定性因素。其他因素如个人能力、经验、学历、性格等同样重要。因此,大学生在制订职业生涯规划时,应该综合考虑各种因素,并根据自己的实际情况和目标做出明智的决策。同时,他们也应该认识到,年龄只是一个方面,通过不断提升自己的能力和技能,积极适应职业发展的变化,他们仍然可以在任何年龄段实现自己的职业目标。年龄对职业生涯规划的影响也不容忽视。对工作的态度和看法、对机会尝试的勇气、完成任务的能力和经验,不同年龄的人表现都有所不同。古人所谓"三十而立,四十而不惑,五十而知天命,六十而耳顺"是有深刻道理的。

三、性格因素

性格因素对大学生职业生涯规划具有显著的影响。每个人的性格都是独一无二的,它影响着我们的行为方式、决策过程以及与他人交往的方式。以下是性格因素对大学生职业生涯规划的几个主要影响:

(1)职业兴趣与偏好。大学生的性格特点往往决定了他们对职业的兴趣和偏好。例如,外向的人可能更喜欢与人打交道的工作,如销售或公关;而内向的人可能更适合研究或技术类工作。了解自己的性格有助于大学生找到与之匹配的职业领域,从而提高工作满意度和成就感。

(2)职业适应与发展。性格也影响着大学生在职业中的适应和发展。某些性格特质,如坚韧不拔、乐观向上或团队合作能力等,有助于大学生更好地应对工作中的挑战和压力。同时,性格也会影响大学生与同事和上级的关系,进而影响职业发展的机会和空间。

(3)职业决策与风险承受。大学生的性格在职业决策过程中起着重要作用。不同性格类型的人对风险的承受能力和决策风格有所不同。例如,冒险型性格的人可能更愿意尝试新的职业机会或创业;而稳健型性格的人可能更倾向于选择稳定的职业道路。了解自己的性格有助于大学生做出更符合自己特点和偏好的职业决策。

(4)自我认知与职业发展。性格因素还有助于大学生形成自我认知,从而更好地规划职业发展路径。通过了解自己的性格优势和局限性,大学生可以更好地认识自己在职业中的定位和发展方向。同时，他们也可以通过培养和发展自己的性格特质来提升自己的职业竞争力。

综上所述，性格因素对大学生职业生涯规划具有重要影响。因此，大学生在规划职业生涯时应该充分考虑自己的性格特点，了解自己的优势和局限性，并找到与之匹配的职业方向和发展路径。这有助于他们在未来的职业道路上更好地发挥自己的潜力并实现个人价值。性格在我们的职业乃至一生中都会起到很大的作用，我们也会常常听到性格决定命运这样的话，但是我们又有几个人真正了解自己的性格呢？每个人都会有自己独特的个性，所以每个人的职业和人生也就不同，正是因为性格不同也就造就了形形色色的人。

四、兴趣因素

兴趣因素对大学生职业生涯规划具有深远的影响。以下是兴趣因素如何影响大学生职业生涯规划的几个方面：

（1）职业兴趣的选择。大学生对于特定职业或领域的兴趣会直接影响他们的职业选择。如果一个人对某个领域有浓厚的兴趣，他们更有可能选择与之相关的专业或职业。这种兴趣导向的选择有助于大学生在学习和工作中保持热情和动力，从而提高他们的职业满意度和成就感。

（2）学习动力与投入。兴趣是激发学习动力的重要因素。当大学生对某个领域或专业感兴趣时，他们更有可能投入更多的时间和精力去学习和探索。这种强烈的学习动力有助于他们深入理解和掌握知识，为未来的职业发展奠定坚实的基础。

（3）职业发展与创新能力。兴趣能够激发大学生的创新精神和探索欲望。当他们对某个领域有浓厚的兴趣时，他们更可能在该领域中提出新的想法和解决方案，从而推动职业发展。此外，兴趣还能帮助大学生在职业生涯中保持持续的学习和成长，适应不断变化的市场需求。

（4）工作满意度与稳定性。从事与兴趣相关的职业往往能带来更高的工作满意度。当大学生能够根据自己的兴趣选择职业时，他们更可能在工作中找到乐趣和价值，从而保持对工作的热情和投入。这种满意度和稳定性有助于他们在职业生涯中取得长期的成功。

（5）职业适应与拓展。兴趣也能帮助大学生更好地适应职业变化和挑战。当他们对某个领域有浓厚的兴趣时，他们更可能主动寻求新的机会和挑战，拓展自己的职业领域。这种适应性和拓展性有助于他们在职业生涯中保持竞争力。

综上所述，兴趣因素对大学生职业生涯规划具有显著的影响。因此，大学生在规划职业生涯时应该充分考虑自己的兴趣特点和偏好，选择与之相关的专业或职业。同时，他们也应该通过培养和发展自己的兴趣来提升自己的职业竞争力和适应能力。这将有助于他们在未来的职业道路上更好地实现个人价值和目标。

第四节　大学生职业生涯规划的原则与方法

一、职业生涯规划的原则

职业生涯规划的原则是指导个人在规划职业生涯时应遵循的基本准则。这些原则共同构成了职业生涯规划的基础，帮助个人在职业发展中保持明确的方向和动力。遵循这些原则，个人可以更加有效地规划自己的职业生涯，实现个人和组织的共同发展。

（一）实用性原则

实用性原则主要强调规划的实际应用价值和可操作性。以下是几个与实用性原则相关的重要方面：

（1）市场需求导向。职业生涯规划应紧密结合市场需求和行业发展趋势。大学生在规划职业时，应关注所在专业或领域的就业市场，了解用人单位的需求和偏好，以便调整自己的职业目标和计划，使之更符合市场需求。

（2）能力提升与技能培养。实用性原则要求大学生在职业生涯规划中注重自身能力和技能的提升。这包括通过课程学习、实习实践、参加培训等方式，不断提高自己的专业素养和实践能力，以增强就业竞争力。

（3）实践经验积累。职业生涯规划应强调实践经验的积累。大学生应积极参与实习、兼职、志愿服务等实践活动，通过亲身体验了解职业环境和工作要求，为未来的职业发展打下坚实基础。

（4）资源利用与网络建设。大学生在职业生涯规划中应充分利用各种资源，包括学校资源、社会资源和个人资源等。同时，积极建立和维护人脉关系，为自己的职业发展搭建良好的网络平台。

（5）定期评估与调整。职业生涯规划是一个动态的过程，需要定期进行评估和调整。大学生应根据自身发展和市场变化，及时调整自己的职业目标和计划，以确保职业生涯规划的实用性和有效性。

（6）个人特点与兴趣的结合。虽然市场需求和技能提升很重要，但大学生在规划职业时也应考虑自己的个人特点和兴趣。选择与自己兴趣相符的职业方向，有助于保持工作的热情和动力，从而在职业生涯中获得更多的成就感和满足感。

总之，实用性原则要求规划应具有实际的应用价值和可操作性，紧密结合市场需求和个人特点，注重能力提升、实践经验积累和资源利用，以实现个人的职业发展和就业目标。

（二）可行性原则

可行性原则强调规划的可实现性和可操作性。在制订职业生涯规划时，大学生需要确保所设定的目标和所采取的措施是符合自身实际情况、能力范围和市场需求的，同时也需要考虑到时间和资源的限制。以下是几个与可行性原则相关的重要方面：

（1）自我认知。首先，大学生需要对自己进行深入的了解和评估，包括自己的兴趣、能力、价值观等。通过自我认知，可以确定自己的优势和劣势，从而设定符合自身实际情况的职业目标。

（2）目标设定。在设定职业目标时，大学生需要确保目标是具体、可衡量和可实现的。目标过于高远或不切实际可能会导致挫败感和失望，而过于简单或模糊的目标则可能无法提供足够的挑战和成就感。因此，大学生应根据自身实际情况和市场需求，设定既具有挑战性又可实现的目标。

（3）计划制订。为了确保职业生涯规划的可行性，大学生需要制订详细的行动计划。这包括制订学习计划、提升技能、积累实践经验、建立人脉关系等。计划应该具有可操作性和可调整性，以适应时间和资源的限制以及职业市场的变化。

（4）资源与时间管理。在实施职业生涯规划时，大学生需要合理安排时间和资源。这包括合理安排学习时间和实践时间，充分利用学校和社会资源等。通过有效的时间和资源管理，可以确保职业生涯规划的顺利实施。

（5）风险评估与应对。职业生涯规划中可能会遇到各种风险和挑战，如市场需求变化、个人能力不足等。大学生需要对这些风险进行评估，并制订相应的应对措施。这有助于降低职业生涯规划的风险,提高其实施的可行性。

总之,大学生职业生涯规划的可行性原则要求规划应具有可实现性和可操作性。在制订和实施规划时,大学生需要充分考虑自身实际情况、市场需求、时间和资源限制等因素,确保所设定的目标和所采取的措施是切实可行的。通过合理的自我认知、目标设定、计划制订、资源与时间管理、风险评估与应对,可以提高职业生涯规划的可行性,为未来的职业发展奠定坚实基础。

(三)针对性原则

大学生职业生涯规划的针对性原则强调规划要紧密结合个人的实际情况和市场需求,确保规划具有明确的目标和针对性的措施。以下是几个与针对性原则相关的重要方面:

(1)个人特点与优势分析。大学生在制订职业生涯规划时,应深入分析自己的个人特点和优势,包括兴趣、性格、能力等方面。通过深入了解自己,可以更准确地确定适合自己的职业方向和发展路径,避免盲目跟从他人或随意选择职业。

(2)市场需求与趋势分析。大学生需要密切关注职业市场的需求和趋势,了解不同职业领域的就业前景、行业发展趋势以及用人单位的需求偏好。通过对市场的深入了解,可以更有针对性地制订职业规划和求职策略,提高就业竞争力。

(3)明确职业定位。在职业生涯规划中,大学生应明确自己的职业定位,即希望从事什么样的职业、在什么样的行业或领域发展。明确的职业定位有助于大学生更加精准地制订目标、选择课程和实践机会,为未来的职业发展奠定坚实基础。

(4)个性化发展路径。每个大学生的个人情况和发展需求都不同,因此职业生涯规划应是个性化的。大学生应根据自己的实际情况和目标,制订符合自己发展需求的个性化路径,包括选择适合自己的课程、参与实践项目、积累工作经验等。

总之,大学生职业生涯规划的针对性原则要求规划应紧密结合个人的实际情况和市场需求,确保规划具有明确的目标和针对性的措施。通过深入分析个人特点与优势、了解市场需求与趋势、明确职业定位、制订个性化发展路径以及定期回顾与调整,可以提高职业生涯规划的针对性和实效性,为个人的职业发展提供有力支持。

（四）阶段性原则

大学生职业生涯规划的阶段性原则指的是在规划过程中，要考虑到不同阶段的特点和需求，分阶段制订目标和行动计划。这样可以更好地适应大学生涯的发展阶段，确保规划的可操作性和有效性。以下是几个与阶段性原则相关的重要方面：

（1）明确阶段目标。大学生应根据自己的长期职业目标，将规划分为不同的阶段，并为每个阶段设定明确的目标。这些目标应该具有可操作性和可衡量性，以便大学生能够清晰地了解自己在每个阶段需要完成的任务和达到的标准。

（2）适应阶段性特点。大学生在不同阶段面临着不同的学习和生活挑战，如大一适应期、专业学习期、实习实践期、就业准备期等。在规划过程中，大学生需要充分考虑到每个阶段的特点和需求，制订相应的目标和行动计划，以适应不同阶段的挑战和机遇。

（3）合理安排时间与资源。阶段性原则要求大学生在规划过程中要合理安排时间和资源。每个阶段的任务和目标都需要相应的时间和资源支持，大学生需要根据自己的实际情况和计划，合理分配时间和资源，确保每个阶段的目标都能够顺利实现。

（4）逐步推进与调整。职业生涯规划是一个动态的过程，大学生需要根据实际情况和市场需求的变化，逐步推进规划的实施，并在每个阶段结束后进行评估和调整。这样可以确保职业生涯规划始终与个人的实际情况和市场需求保持高度一致，同时也能够让大学生不断积累经验、提升能力，为未来的职业发展奠定坚实基础。

总之，大学生职业生涯规划的阶段性原则强调规划的分阶段性和可操作性。通过明确阶段目标、适应阶段性特点、合理安排时间与资源以及逐步推进与调整，可以确保职业生涯规划更好地适应大学生涯的发展阶段，提高规划的有效性和可操作性。这有助于大学生在不同阶段有针对性地提升自己的能力和竞争力，为未来的职业发展做好充分准备。

（五）独立性原则

大学生职业生涯规划的独立性原则强调个体在规划过程中的自主性和独立性。这意味着大学生应该主导自己的职业生涯规划，根据自己的兴趣、能力和市场需求，制订符合自己实际情况的职业目标和发展路径。

以下是几个与独立性原则相关的重要方面：

（1）自主决策。大学生在职业生涯规划过程中应该具备自主决策的能力。这意味着他们需要独立思考、自主分析市场需求和个人能力，制订适合自己的职业目标和发展计划。在决策过程中，大学生可以咨询他人的意见，但最终决策应该由自己负责。

（2）自我管理与自我负责。在职业生涯规划的实施过程中，大学生需要具备良好的自我管理能力，对自己的学习和职业发展负责。这意味着他们需要制订合理的学习计划、时间管理策略，并自我监督、自我评估规划的实施情况。同时，大学生也需要对自己的职业发展负责，积极寻求机会、提升能力，并勇于面对挑战和困难。

（3）独立思考与自我评估。在职业生涯规划过程中，大学生需要独立思考和评估自己的能力和潜力。他们应该了解自己的优势和不足，并根据市场需求和个人目标，制订适合自己的发展计划。同时，大学生也需要不断自我评估，了解自己的职业发展情况，及时调整规划，确保自己的职业目标得以实现。

总之，大学生职业生涯规划的独立性原则强调个体在规划过程中的自主性和独立性。通过自主决策、个性化规划、自我管理与自我负责以及独立思考与自我评估，大学生可以更好地掌控自己的职业生涯，实现个人的职业梦想和目标。这有助于培养他们的自主性和责任感，为未来的职业发展奠定坚实的基础。

（六）明确性原则

大学生职业生涯规划的明确性原则是指规划过程中需要具有清晰、明确的目标和行动计划。明确性原则是确保职业生涯规划有效实施的关键，它能够帮助大学生更好地了解自己的职业方向和发展路径，从而有针对性地提升自己的能力和竞争力。以下是几个与明确性原则相关的重要方面：

（1）明确职业目标。大学生在职业生涯规划过程中应该明确自己的职业目标。这意味着他们需要清晰地了解自己想要从事什么样的职业，以及在职业发展中追求的具体成果。明确的职业目标有助于大学生在学习和实践中保持方向性，避免盲目努力或浪费时间。

（2）具体可行的计划。为了实现明确的职业目标，大学生需要制订具体可行的计划。这些计划应该包括短期和长期的目标，以及实现这些目标所需的步骤和行动。计划应该具有可操作性，考虑到时间和资源的限制,并且需要不断地进行评估和调整。

(3)清晰的职业发展路径。在职业生涯规划中,大学生应该明确自己的职业发展路径。这意味着他们需要了解自己所学专业的发展前景和行业趋势,以及在不同阶段需要达到的职业能力和资格要求。清晰的职业发展路径有助于大学生在学业和实践中做出明智的选择,为未来的职业发展打下坚实的基础。

(4)明确的评估标准。为了确保职业生涯规划的有效性,大学生需要设定明确的评估标准。这些标准应该与职业目标相一致,包括学术成绩、实践经验、技能提升等方面的指标。通过定期评估自己的表现和进展,大学生可以及时发现问题并采取相应的措施进行调整。

总之,大学生职业生涯规划的明确性原则要求规划过程中具有清晰、明确的目标和行动计划。通过明确职业目标、制订具体可行的计划、明确职业发展路径以及设定明确的评估标准,大学生可以更加清晰地了解自己的职业方向和发展路径,有针对性地提升自己的能力和竞争力,为未来的职业发展奠定坚实的基础。这也有助于培养大学生的目标意识和计划能力,提高他们的自我管理和决策能力。

二、职业生涯规划的方法

大学生职业生涯规划是一个系统性的过程,旨在帮助大学生明确自己的职业目标、制订实现这些目标的计划,并不断提升自己的职业竞争力。以下是大学生职业生涯规划的一些方法:

(1)自我评估。首先,大学生需要对自己进行深入的了解和评估。这包括了解自己的兴趣、价值观、技能、特长和个性特点。通过自我评估,可以确定自己适合从事哪些职业领域。

(2)职业研究。在了解自己之后,大学生需要对职业市场进行研究。这包括了解不同职业领域的就业前景、薪资水平、工作内容和发展趋势等。通过职业研究,可以筛选出符合自己兴趣和能力的职业方向。

(3)设定职业目标。基于自我评估和职业研究的结果,大学生可以设定明确的职业目标。这些目标应该是具体、可衡量和可实现的,如在未来五年内成为某个领域的专家或获得某个职位。

(4)制订行动计划。为了实现职业目标,大学生需要制订详细的行动计划。这包括制订学习计划、提升技能、积累实践经验、建立人脉关系等。行动计划应该具有可操作性和可调整性,以适应职业市场的变化。

(5)实施与调整。制订好行动计划后,大学生需要积极实施并不断调整。在实施过程中，可能会遇到一些挑战和困难，需要及时调整计划并寻求帮助。同时，也要保持对职业市场的关注，以便及时调整自己的职业规划和目标。

（6）寻求专业指导。大学生在职业生涯规划过程中，可以寻求专业人士的指导。例如，可以咨询职业规划师、导师或行业内的专家，以获取更具体的建议和指导。

总之，大学生职业生涯规划是一个持续的过程，需要大学生不断地自我评估、研究职业市场、设定目标、制订计划并实施调整。通过这个过程，大学生可以明确自己的职业方向，提升自己的职业竞争力，为未来的职业发展打下坚实的基础。

第三章　大学生职业生涯规划中的自我认知分析

几千年前，古希腊有一座著名的建筑，门楣上写道："认识你自己。"这句话提醒人们，最难认识的就是自己。直到现在，这句话还留在那里，成为警醒世人的一句著名箴言。它向世人昭示，对自我的认知是一件很重要的事情，不能正确认知自我的人是难以成功的。本章主要从兴趣、性格、能力、价值观几个方面入手对自我认知进行分析，对这几个方面的科学认知也是制订科学职业生涯规划方案的前提。

第一节　自我认知的内涵

一、自我认知的内容

自我的内容十分丰富，此处主要对生理我、心理我、社会我、家庭我，以及本我、自我与超我进行简要阐述，并介绍探索自我的橱窗分析法。

（一）生理我

生理我指的是个体的生理特征和身体状态。这包括身高、体重、外貌、健康状况等。生理我是自我认知的基础部分，因为它直接关联到我们如何与世界互动和如何被他人看待。例如，一个人的身体健壮可能会使其更有自信，而身体的不适可能会影响情绪和行为。

(二)心理我

心理我指的是个体的思维、情感、意志等心理活动和特征。心理我是自我认知中较为复杂的部分,因为它涉及我们如何理解自己、如何做出决策和如何与他人建立关系。

在自我认知的框架中,"心理我"指的是个体的内心世界,包括价值观、性格、气质、兴趣以及能力等。以下是对"心理我"中的价值观、性格、气质等方面的简要阐述。

1. 价值观

价值观是个体对事物价值的根本看法和评价标准,它指导着我们的行为和决策。每个人的价值观都是独特的,它受到文化、教育、家庭、社会经历等多种因素的影响。例如,有些人可能重视个人自由和独立,而另一些人可能更强调家庭和社会的和谐。

价值观不仅影响我们对事物的看法,还影响我们的人际关系和职业选择。当我们与他人共享相似的价值观时,我们更容易建立亲密的关系;而当我们的价值观与职业要求相契合时,我们更容易在工作中找到满足感和成就感。

2. 性格

性格是个体对现实世界的稳定态度和习惯化的行为方式。它是个体心理特征的核心部分,决定了个体如何感知、思考、情感反应以及行为表现。

性格具有稳定性和独特性。稳定性意味着个体的性格特征在时间和情境上保持相对一致;独特性则意味着每个人的性格都是独一无二的。例如,有些人可能天性乐观开朗,而另一些人可能相对内向沉静。

性格的形成受到遗传和环境等多种因素的影响。虽然基因对性格有一定的决定作用,但环境和经历也对性格的塑造起着重要作用。例如,童年的家庭环境、教育方式以及社交经历等都会对个体的性格产生影响。

在自我认知的过程中,了解自己的价值观和性格是非常重要的。这有助于我们更好地理解自己的行为和决策模式,以及更好地管理自己的情绪和人际关系。同时,通过了解自己的价值观和性格,我们还可以更好地规划自己的职业发展和个人成长路径。

3. 气质

气质是个体生来就具有的心理活动的动力特征,它影响着个体的行为方式、情绪表达以及与人交往的方式。古希腊医生希波克拉底提出了体液说,认为人体内的血液、黏液、黄胆汁和黑胆汁这四种体液的不同比例,形成了人的不同气质。后来,这一理论经过不断演化,形成了现代的气质类型划分,包括多血质、胆汁质、黏液质和抑郁质。

(1)多血质

特点:活泼好动,反应迅速,喜欢与人交往,但注意力容易转移,兴趣和情感易变换,具有外向性。

表现:这类人在社交场合中占优势,他们善于沟通,热情洋溢,但可能缺乏持久性和深度。

(2)胆汁质

特点:直率热情,精力旺盛,情绪易于冲动,心境变化剧烈,具有外向性。

表现:胆汁质的人行动果断,有时甚至显得鲁莽,他们在面对挑战时充满斗志,但可能缺乏耐心和细致。

(3)黏液质

特点:安静稳重,反应缓慢,沉默寡言,情绪不易外露,注意力稳定且难于转移,善于忍耐,具有内向性。

表现:这类人通常显得沉稳可靠,他们做事有条不紊,能够持之以恒,但可能缺乏灵活性和创新性。

(4)抑郁质

特点:对事物和他人羞怯,孤僻内向,敏感多疑,情绪上悲哀消沉,且不易变化,具有内向性。

表现:抑郁质的人往往对创造性思维和自我表达有很高的天赋,他们情感细腻,善于察觉别人的情绪和需求,但可能过于敏感而容易受伤。

需要注意的是,气质类型没有好坏之分,每种气质都有其独特的优点和缺点。了解自己的气质类型有助于更好地认识自己,发挥自己的长处,同时改进自己的不足。此外,气质并不决定一个人的性格和命运,后天的环境和教育同样对个人的发展有着重要影响。

4. 兴趣

兴趣是指个人对特定事物、活动或知识领域产生的积极的、持久的关注和心理倾向。它通常伴随着愉悦的情感体验，并激发个体去探索、学习和参与相关活动。兴趣可以是广泛的，也可以是特定的，它们在很大程度上塑造了个体的行为、职业选择和生活方式。

兴趣的形成受到多种因素的影响，包括遗传、环境、教育、文化和个人经历等。例如，一个人可能因为遗传因素而对音乐有天赋和兴趣；另一方面，环境和教育经历也可能培养或激发个体对某一领域的兴趣。

了解个人的兴趣对于个人发展和职业规划至关重要。兴趣可以激发个人的动力和创造力，提高学习和工作效率，同时也是个体获得满足感和幸福感的重要来源。在教育和职业选择中，根据自己的兴趣来选择专业和职业，通常能够带来更好的工作表现和职业满足感。

兴趣也是人际交往和社交活动的重要基础。共同的兴趣可以成为人们建立友谊和联系的纽带，促进个体与他人的交流和合作。

因此，了解和培养自己的兴趣是个人成长和发展的重要方面。通过参与各种活动、尝试新事物、学习和探索知识领域，个体可以发现自己的兴趣所在，并在此基础上发展自己的技能和才能。

5. 能力

能力是指个体在完成某种活动或任务时所展现出来的心理特征，它直接影响活动的效率和质量。能力通常包括已经表现出来的实际能力和潜在能力（即尚未表现，但通过学习或训练后可能具备的能力）。

能力可以分为多个类型，如一般能力和特殊能力。一般能力是指在不同种类的活动中都会表现出来的能力，如观察力、记忆力、抽象概括力、想象力、创造力等，这些能力是完成任何活动都不可或缺的。特殊能力则是指在某种专业活动中表现出来的能力，如数学能力、音乐能力、绘画能力等，它们是顺利完成某种专业活动的心理条件。

此外，能力还可以分为认知能力、操作能力和社交能力。认知能力是指个体接收、加工、储存和应用信息的能力，它是人们成功完成各种认知活动（如感知、记忆、思维等）的基础。操作能力是指个体通过手或身体其他部位完成特定任务的能力，如手工制作、体育运动等。社交能力则是指个体在人际交往中表现出来的能力，如沟通能力、合作能力、领导能力等。

能力的形成和发展受到多种因素的影响，包括遗传、环境、教育和实践等。遗传因素对能力的影响主要体现在个体的天赋和潜能上，而环境和教育则通过提供学习和发展的机会来塑造个体的能力。实践是个体能力提升的重要途径，通过不断的练习和反思，个体可以逐渐提高自己在某一领域的能力水平。

了解和发展自己的能力对于个人的成长和成功至关重要。通过评估自己的优势和不足，制订合理的学习和发展计划，个体可以不断提升自己的能力水平，从而更好地应对生活中的挑战和机遇。

（三）社会我

社会我指的是个体在社会中的角色和身份。这包括职业、社会地位、文化背景、社交圈子等。社会我是自我认知中与外界联系最紧密的部分，因为它反映了我们如何被社会定义和如何看待自己在社会中的位置。

（四）家庭我

家庭我指的是个体在家庭中的角色和身份。这包括作为子女、父母、配偶等角色时的行为和态度。家庭我是自我认知中较为私密的部分，因为它涉及我们与家人之间的情感联系和责任。

（五）本我、自我与超我

这三个概念来自弗洛伊德的精神分析理论。本我是原始的、冲动的、非理性的部分，追求即时的满足；自我是意识的部分，起到调节本我和外部世界之间关系的作用；超我是内化的社会规范和道德标准，对本我和自我进行监督和评判。这三者之间的平衡和冲突构成了个体内部的心理动力。

（六）探索自我的橱窗分析法

橱窗分析法是一种自我认知工具，它通过将自我分为四个部分（公开我、隐私我、潜在我、背脊我）来帮助人们更全面地了解自己。公开我是自己知道且他人也知道的部分；隐私我是自己知道但他人不知道的部分；潜在我是自己不知道但他人知道的部分；背脊我是自己不知道且他人也不知道的部分。通过这种方法，人们可以更清晰地看到自己的盲点和潜力，从而制订更有效的自我提升计划。

这些不同的“我”构成了我们复杂而多维的自我认知体系。了解并平衡这些不同的方面有助于我们形成更健康、更完整的自我认知。

二、职业生涯规划过程中自我认知的误区

在职业生涯规划过程中，自我认知的误区可能会导致个体做出错误的决策，从而影响其职业发展。以下是一些常见的自我认知误区。

（一）过度自信或自卑

在职业生涯规划过程中，过度自信或自卑都是常见的自我认知误区。

过度自信的人可能会对自己的能力、技能和潜力产生过高的评价，从而忽视了自己的不足和需要改进的地方。这种自我认知误区可能导致他们在选择职业或制订职业目标时过于乐观，忽视了现实的挑战和困难。当面临挫折或失败时，他们可能会感到震惊和失望，甚至对自己的能力产生怀疑。

另一方面，自卑的人可能会对自己的能力、价值和潜力产生过低的评价，从而缺乏自信和动力去追求自己的职业目标。他们可能会害怕尝试新事物或接受挑战，担心自己的表现不如他人。这种自我认知误区可能导致他们错失了发展机会，限制了自己的职业发展。

为了克服这些自我认知误区，个体需要保持一种客观、平衡的自我认知。他们可以通过自我反思、寻求他人反馈和参加职业发展课程等方式来增强自我认知的准确性和深度。同时，他们也需要学会接受自己的不足和失败，从中吸取教训，不断提升自己的能力和技能。

（二）刻板印象

人们往往会受到社会和家庭对某种职业的刻板印象或传统观念的影响，认为某些职业更适合男性或女性，或者某些职业需要特定的性格特征或能力。这些刻板印象可能导致个体在职业选择时忽视了自己的兴趣、天赋和潜力，而盲目追求所谓的“理想职业”。

例如，有些人可能认为女性更适合从事护理、教育等行业，而男性则更适合从事工程、技术等领域。然而，这些观念并不总是准确的，也不应该成为限制个体职业选择的唯一因素。每个人的兴趣、能力和潜力都是独特的，应该根据自己的实际情况来做出职业选择。

为了克服这种自我认知误区，个体需要保持开放和包容的心态，不要受到刻板印象的束缚。他们可以通过探索不同的职业领域、了解不同职业的要求和特点，以及参加职业咨询和评估等方式来增强自我认知的准确性和深度。同时，他们也需要学会倾听自己的内心声音，根据自己的兴趣和天赋来做出职业选择，而不是盲目追求所谓的“理想职业”。

此外，个体还可以寻求他人的帮助和支持，如家人、朋友、导师等，他们的意见和建议可能会帮助他们更全面地认识自己，并做出更明智的职业选择。最重要的是，个体需要保持一种积极、主动的态度，不断学习和提升自己的能力，以应对职业生涯中的各种挑战和机遇。

（三）认知方式的单一化

在职业生涯规划过程中，认知方式的单一化通常表现为个体在评估自己时，只采用一种或少数几种固定的方式，而忽视了其他可能的评价角度和维度。例如，有些人可能过于依赖他人的评价来定义自己，认为只有得到他人的认可才能证明自己的价值。然而，这种过度依赖外部评价的认知方式可能会导致他们忽视自己的内在需求和动力，甚至为了迎合他人的期望而牺牲自己的职业目标。

另外，有些人可能只关注自己的优点和长处，而忽视了自己的不足和需要改进的地方。这种自我认知的片面性可能会使他们在面对挑战和困难时感到无助和沮丧，因为他们没有意识到自己可以通过努力和成长来克服这些难题。

为了克服认知方式的单一化，个体需要尝试采用多种评价角度来全面评估自己。他们可以通过自我反思、寻求他人反馈、参加职业发展课程等方式来拓宽自己的认知视野。同时，他们也需要学会接受自己的不足和失败，从中吸取教训，并努力提升自己的能力和技能。

通过多样化的认知方式，个体可以更加全面地认识自己，发现自己的潜力和优势，并制订出更加符合自己实际情况的职业规划。这将有助于他们在职业生涯中更好地应对挑战和机遇，实现自我价值的最大化。

（四）忽视潜在能力

在职业生涯规划过程中，忽视潜在能力是一个常见的自我认知误区。许多人往往只关注自己当前已经表现出来的能力，认为这些就是他们能力的全部，而忽视了通过学习和训练可以发展的潜在能力。这种忽视可能导致个体错过了一些需要一定学习但更符合其兴趣和长期目标的职业机会。

每个人的潜能都是无限的，通过不断的学习和实践，我们可以发掘并提升自己的潜能。然而，如果我们只关注当前已经表现出来的能力，就可能会错过一些能够激发我们潜能的职业机会。这些机会可能需要我们付出一些努力去学习新的技能或知识，但长远来看，这些努力将会带来更大的回报和满足感。

为了克服这个自我认知误区，个体需要学会关注并发掘自己的潜在能力。这可以通过自我反思、寻求他人反馈、参加职业发展课程等方式来实现。同时，个体也需要保持一种开放和进取的心态，勇于尝试新的技能和领域，不断提升自己的能力和竞争力。

此外，个体还需要学会将潜在能力与职业目标相结合。在制订职业规划时，不仅要考虑当前的能力状况，还要考虑通过学习和训练可以发展的潜在能力。这样可以帮助个体找到更符合自己兴趣和长期目标的职业方向，实现职业生涯的持续发展。

总之，忽视潜在能力是一个常见的自我认知误区，可能导致个体错过一些重要的职业机会。为了克服这个误区，个体需要学会关注并发掘自己的潜在能力，将其与职业目标相结合，以实现职业生涯的持续发展。

（五）认知内容的片面化

在职业生涯规划过程中，认知内容的片面化也是一个常见的自我认知误区。这通常表现为个体在评估自己时，只关注某一方面的特质或能力，而忽视了其他同样重要的方面。

例如，有些人可能过分强调自己的专业技能和知识，认为只要掌握了这些就能在职场中取得成功。然而，他们可能忽视了人际关系、领导力、创新思维等其他同样重要的能力。这些能力对于职业发展同样至关重要，有时甚至能起到决定性的作用。

此外，有些人还可能只关注自己的短期目标或成就，而忽视了长期规划和个人成长。他们可能为了追求眼前的利益而牺牲了自己的长远发展和幸福感。这种短视的行为可能会导致他们在职业生涯中错失重要的机遇。

为了克服认知内容的片面化，个体需要努力拓宽自己的认知视野，关注多个方面的特质和能力。他们可以通过参加职业培训、阅读相关书籍、寻求导师指导等方式来提升自己的认知深度和广度。同时，他们也需要学会平衡短期目标和长期规划，确保自己的职业发展既有眼前的利益也有长远的考虑。

总之，在职业生涯规划过程中，个体需要全面、客观地评估自己，避免陷入认知方式的单一化和认知内容的片面化等误区。只有这样，他们才能制订出更加合理、有效的职业规划，实现自己的职业目标和人生价值。

（六）忽视情绪和性格因素

在职业生涯规划过程中，忽视情绪和性格因素是一个关键的自我认知误区。许多人在选择职业时，主要关注技能和知识的要求，却忽略了职业对个人情绪和性格的影响。然而，职业与个体的情绪和性格是否匹配，对于工作满意度、职业发展和个人幸福感都有着深远的影响。

例如，一个性格内向的人可能在社交场合中感到不自在，如果强迫他们从事需要频繁社交的销售或公关工作，他们可能会感到压力巨大，难以胜任。相反，如果他们选择从事研究或分析性工作，这种性格特质可能会转化为专注、细致和深入思考的优势。

为了克服这个误区，个体在职业生涯规划中需要深入了解自己的情绪和性格特点，包括自己的喜好、价值观、动机等。这可以通过自我反思、心理测试、职业咨询等方式来实现。同时，个体也需要了解不同职业对情绪和性格的要求，以便做出更明智的职业选择。

此外，个体还可以通过培训和实践来提升自己的情绪管理和人际交往能力，以适应某些需要一定社交技巧的职业。然而，这并不意味着需要完全改变自己的性格，而是要学会在不同的职业环境中灵活应对。

总之，情绪和性格因素在职业生涯规划中起着至关重要的作用。忽视这些因素可能会导致职业选择失误，影响个人的工作满意度和职业发展。因此，个体需要充分了解自己的情绪和性格特点，并将其与职业选择相结合，以实现职业生涯的成功和幸福。

(七)认知结果的静态化

在职业生涯规划的语境中,认知结果的静态化指的是将自我认知、职业兴趣、能力和价值观等看作是一成不变的固定状态,而忽视了它们实际上是随着时间和经历而不断发展和变化的。这种静态化的观点可能会导致个体在职业规划中做出僵化和不适应变化的决策。

然而,人类是不断从事认知活动的生物,我们的心理特质和能力在整个生命过程中都在以重要的方式发生着变化。因此,与生涯决策相关的自我认知不应该被视为一个静态的结果,而应该是一个持续不断的发展过程。

每个人的成长过程中都蕴藏着尚未被开发的潜能。每一种生活经历,无论当时看起来是否成功,都有可能为我们的价值观、兴趣和技能增添新的信息。从长远来看,即使是那些最初被认为是失败的经历,也可能成为个人职业旅程中宝贵的经验来源。

大学生的职业生涯规划尤其不能被视为一个写在纸上就一成不变的静态计划。它应该是一个为实现目标而不断调整和适应的动态过程。这个过程不仅涉及职业目标的选择,更包括一套实现自我价值和职业成功的方法体系。它不仅仅关注当前的人职匹配,更重要的是指向未来,构建一个良性、动态的循环过程,使个体能够在不断变化的环境中保持适应性和成长性。

综上所述,为了避免这些误区,个体在进行职业生涯规划时应该保持开放和客观的态度,多渠道收集信息(如职业咨询、心理测试、实践经验等),并持续反思和调整自己的自我认知。同时,也可以寻求专业人士的帮助和指导,以确保做出更明智的职业选择。

第二节 兴趣与职业选择

一、兴趣的概念

兴趣是人们探索未知、追求自我实现和享受生活的重要途径。当个体对某一领域或活动产生兴趣时,他们往往愿意投入更多的时间和精力去深入了解、探索和实践。

兴趣可以是天生的,也可以是后天培养的。天生的兴趣通常与个体的天赋和性格有关,而后天的兴趣则更多地受到环境、教育和经历的影响。无论是天生的还是后天培养的,兴趣都是个体发展的重要驱动力。

在职业生涯规划中,了解自己的兴趣是非常重要的。通过对自己兴趣的认知,个体可以更准确地定位自己的职业方向和发展目标,从而做出更明智的决策。同时,兴趣也是激发个体创造力和创新精神的重要因素,有助于个体在职业发展中取得更好的成就。

因此,兴趣的概念不仅仅是一个简单的喜好或偏好,它更是个体内心深处的一种需求和追求。了解并发展自己的兴趣,对于个人的成长和职业发展都具有重要的意义。

二、兴趣的分类

我们可以将兴趣分为三个层次:有趣、乐趣和志趣。这三个层次代表了兴趣的深度和广度,也反映了个人对某一活动或领域的投入程度和情感认同。

(一)有趣

有趣是兴趣的最基础层次。当我们说某件事"有趣"时,通常意味着它引起了我们的好奇心,让我们觉得新鲜、好玩或者吸引人。在这个层次,我们可能会尝试各种新的事物,探索不同的领域,但这种兴趣往往是短暂的,可能随着新鲜感的消失而减弱。

(二)乐趣

比"有趣"更高一级的是"乐趣"。在这个层次,我们不再只是被新鲜感所吸引,而是真正享受做某件事的过程,并从中获得快乐和满足感。乐趣通常与技能的提升和成就的取得相伴相随。当我们在某项活动上投入更多时间,并取得一定进步时,我们会感受到更大的乐趣。

(三)志趣

志趣是兴趣的最高层次,也可以被视为一种人生追求或价值观的体现。当我们说某件事是我们的“志趣”时,意味着它不仅仅是我们喜欢或享受的事情,更是我们愿意为之付出长期努力,甚至牺牲个人利益的目标或使命。志趣往往与我们的职业选择、人生目标和社会责任感紧密相连。在这个层次上,我们的兴趣已经超越了个人的快乐和满足,而是与更广阔的社会价值和意义相联系。

了解这三个层次的兴趣有助于我们更深入地认识自己,明确自己的职业方向和发展目标。同时,它也提醒我们要保持对新事物的好奇心和探索精神,不断追求更高层次的兴趣满足。

三、兴趣的影响因素

兴趣的形成和发展受到多种因素的影响,这些因素可以分为内部因素和外部因素两大类。

(一)内部因素

1. 个人特质和天赋

每个人的天赋和个性特质不同,对不同类型的活动和领域有不同的偏好和倾向。例如,有些人天生对音乐敏感,容易对音乐产生兴趣;而有些人则更擅长逻辑思维,可能对数学或科学更感兴趣。

2. 情感和动机

个人的情感和动机状态也会影响兴趣的形成。如果一个人在某个领域取得了成功或受到了他人的赞赏,他可能会因此产生积极的情感体验,进而对该领域产生兴趣。相反,如果一个人在某方面遭遇了失败或负面评价,他可能会对该领域产生抵触情绪。

3. 认知和价值观

个人的认知水平和价值观念也会对兴趣产生影响。例如,一个人如果认为某个领域的知识对自己有重要意义,或者符合自己的价值观,他可能会更倾向于对该领域产生兴趣。

（二）外部因素

1. 家庭环境

家庭是个体成长的最初环境，家庭氛围、父母的教育方式和兴趣爱好都可能对孩子的兴趣产生影响。例如，如果父母热爱音乐并经常在家里播放音乐，孩子可能会对音乐产生兴趣。

2. 学校教育

学校教育是个人兴趣形成和发展的重要场所。学校的课程设置、教师的教学方式、同伴的影响等都可能对学生的兴趣产生影响。例如，一个优秀的教师可以激发学生的学习兴趣，引导他们深入探索某个领域。

3. 社会文化

社会文化环境也会对个体的兴趣产生影响。不同的社会文化背景和价值观可能会导致人们对不同类型的活动和领域有不同的兴趣和偏好。例如，在某些文化中，艺术和文学可能更受重视，而在其他文化中，科学和技术可能更受推崇。

4. 媒体和社交网络

现代媒体和社交网络对个体兴趣的影响也不容忽视。电影、电视、网络等媒体平台为人们提供了接触各种信息和文化的机会，同时也可能成为个体兴趣的激发点。例如，通过观看某部科幻电影，一个人可能会对科学或太空探索产生兴趣。

综上所述，兴趣的形成和发展是一个复杂的过程，受到多种内外因素的影响。了解这些因素有助于我们更好地认识自己和他人的兴趣来源和发展趋势，为个人成长和职业发展提供指导。

四、发现兴趣的方法

兴趣的发现是一个自我认知和探索的过程，可以通过多种方法来实现。以下是一些常用的兴趣发现方法。

（一）多尝试和体验

尝试新的事物和活动是发现兴趣的最直接方式。可以参加各种兴趣小组、社团或活动，接触不同的领域和人群。通过亲身体验，可以更好地了解自己的喜好和兴趣所在。

（1）广泛阅读。阅读各种类型的书籍、杂志和文章，不仅可以扩大知识面，还可以帮助你发现自己对某些领域或主题的兴趣。

（2）参与活动。加入俱乐部、社团或参与社区活动，可以让你接触到新的技能和兴趣。通过亲身参与，你可以更好地了解自己喜欢什么。

（3）探索课程。在线或线下尝试各种课程，如烹饪、摄影、编程等。这些课程可以帮助你发现新的兴趣，也可能培养你未曾注意到的技能。

（4）旅行和探险。旅行可以让你接触到不同的文化、风景和生活方式。新的体验和见闻可能会激发你的兴趣。

（5）尝试新事物。不要害怕尝试新的事物，即使你从未接触过。新的体验可能会让你发现新的兴趣。

总之，多尝试和体验是发现兴趣的关键。通过广泛的阅读、参与活动、探索课程、旅行和探险、尝试新事物，可以更好地了解自己，发现自己的兴趣和激情。

（二）自我反思

自我反思是探索自我、理解内心感受的一个重要手段，它能帮助我们更深入地了解自己，并发现那些让我们感到快乐、满足和成就感的兴趣点。回顾自己的经历，思考哪些时刻或活动让自己感到快乐、满足和成就感。这些感觉通常与兴趣相关。可以记录自己的感受和想法，帮助自己更清晰地认识兴趣所在。以下是关于如何通过自我反思来发现兴趣的一些具体步骤。

1. 回顾经历

尝试回顾自己的生活经历。这包括你的童年记忆、学校生活、工作经历，以及任何你觉得有意义的时刻。思考哪些时刻或活动让你感到特别快乐、满足或有所成就。

2. 记录感受

当你找到这样的时刻或活动时，尝试记录下你的感受和想法。你可以写日记、写博客，或者使用其他任何你觉得合适的方式来记录。这样做可以帮助你更清晰地认识到自己的兴趣和感受。

3. 分析模式

在你记录的信息中，寻找模式和趋势。你可能会发现自己经常在某些类型的活动中感到快乐，或者对某些主题特别感兴趣。这些模式和趋势就是你潜在的兴趣所在。

4. 接纳和探索

当你发现自己对某些事物感兴趣时，尝试接纳这些感觉，并探索这些兴趣。你可以阅读相关书籍、参加相关活动，甚至尝试一些新的技能或爱好。这样做可以帮助你更深入地了解自己的兴趣，并找到满足这些兴趣的方式。

5. 持续反思

兴趣可能会随着时间和经历的变化而变化，所以持续反思是非常重要的。定期回顾你的记录，看看自己的兴趣是否有所变化，或者是否有新的兴趣出现。

通过自我反思，你可以更深入地了解自己的内心感受，发现自己的兴趣所在，并找到满足这些兴趣的方式。这是一个持续的过程，需要耐心和勇气，但最终的收获将是巨大的，你将更清楚地认识自己，更有目的地生活。

(三)询问他人

询问他人是另一种非常有效的发现兴趣的方法。身边的人,如家人、朋友、同事或导师,他们可能从不同的角度观察你,注意到你自身没有意识到的兴趣或潜力。以下是如何通过询问他人来发现兴趣的步骤。

1. 选择合适的交流对象

首先,选择那些与你亲近且了解你的人进行交流,如家人、亲密的朋友或长期合作的同事。此外,如果你正在学习或工作,你的导师或上级也可能为你提供有价值的建议。

2. 交流时使用开放性问题

在与周围人交流时,使用开放性问题,让他们有机会详细回答。例如,你可以问:"你觉得我擅长什么?"或"你觉得我对哪些事情比较感兴趣?"这样的问题可以引导他们分享他们的观察和看法。

3. 倾听并思考

在与周围人交流的过程中,耐心倾听他们的观点和建议。他们可能会提到你曾经表达过的兴趣,或者你在特定场合下展现出的热情和才能。同时,也要思考他们提到的观点是否与你的自我认知相符。

4. 整合反馈

将收集到的反馈进行整合,看看是否有一些共同的主题或建议。这些可能就是你潜在的兴趣或优势所在。同时,也要保持理性和客观,因为每个人的观点都可能带有一定的主观性。

5. 进一步探索

对于那些被多次提及的兴趣或建议,不妨进一步探索。你可以尝试阅读相关书籍、参加相关活动或寻求专业人士的指导,以帮助你更深入地了解这些兴趣,并确定它们是否真正符合你的内心期望。

通过询问他人,你可以获得来自不同角度的反馈和建议,从而更全面地了解自己的兴趣和潜力。这是一个非常有价值的自我认知过程,可以帮助你更好地规划自己的生活和职业发展。

(四)心理测试

心理测试或职业兴趣测试是一种评估个人兴趣、能力和潜在职业偏好的工具。这些测试通常基于心理学理论和研究,通过一系列问题和评估来提供有关个人兴趣和职业倾向的反馈。以下是关于如何通过心理测试来发现兴趣的一些要点。

1. 选择合适的测试

市面上有许多不同的心理测试和职业兴趣测试,如霍兰德职业兴趣量表、MBTI(迈尔斯－布里格斯类型指标)等。在选择测试时,请确保它们是基于可靠的心理学理论和研究,并且与你想要探索的兴趣或职业领域相关。

2. 认真参与测试

心理测试通常需要你回答一系列问题,这些问题可能涉及你的兴趣、价值观、偏好和行为模式。在参与测试时,请认真阅读每个问题,并尽可能准确地回答。诚实和真实的回答将有助于获得更准确的测试结果。

3. 解读结果

测试结果通常会提供一个或多个维度的反馈,如你的兴趣类型、职业偏好、价值观等。认真阅读测试结果,并思考它们与你的自我认知和期望是否相符。同时,也可以咨询专业人士或职业顾问来帮助你解读和理解测试结果。

4. 利用测试结果

心理测试的结果可以为你提供一些关于自己兴趣和职业倾向的线

索。你可以利用这些结果来更好地了解自己,规划职业发展,或者选择适合的学习和培训课程。同时,也要保持理性和客观,因为测试结果只是提供参考,最终的决定仍然取决于你自己的意愿和目标。

需要注意的是,心理测试并不是万能的,它们的结果可能受到多种因素的影响,如个人状态、文化背景和测试质量等。因此,在利用心理测试来发现兴趣时,请保持开放和批判性思维,将其结果作为自我认知的一部分,而不是唯一的依据。

总之,通过参加心理测试或职业兴趣测试,你可以获得有关自己兴趣和职业倾向的反馈,从而更好地了解自己并规划未来。这是一个有助于自我认知和职业发展的有效方法。

(五)探索职业

职业探索是一种深入了解各种工作领域,并发现潜在兴趣的方法。通过研究不同的职业和工作内容,可以发现自己对哪些领域感兴趣。通过了解不同职业的工作内容、要求和环境,我们可以对自身的兴趣、能力和价值观有更清晰的认知。以下是关于如何通过探索职业来发现兴趣的做法。

1. 研究职业

首先,投入时间去研究不同的职业和行业。这可以通过阅读行业报告、工作描述、职业指南和招聘广告来实现。同时,可以访问在线职业数据库或咨询职业顾问,以获取更多关于不同职业的信息。

2. 了解职业环境

除了了解职业的具体工作内容和要求外,还需要了解这些职业所在的工作环境和行业趋势。这有助于你了解是否喜欢某个行业的工作氛围和未来的发展前景。

3. 实习和工作经验

通过实习或工作经验,你可以亲身体验不同的职业,并更深入地了解它们。这将使你更清楚地了解自己喜欢和擅长的工作类型，以及可能感兴趣的领域。

4. 尝试职业测试

职业测试通常涉及一系列问题，旨在评估你的兴趣、能力和职业倾向。这些测试的结果可能为你提供了一些关于潜在职业兴趣的线索。

5. 寻求他人意见

与已经在不同职业领域工作的人交流，了解他们的经验和建议。这可以帮助你更全面地了解不同职业，并可能激发你对某些领域的兴趣。

6. 反思和调整

随着时间和经验的积累，你可能会发现自己的兴趣和偏好有所变化。因此，保持反思和调整非常重要。定期回顾自己的职业探索过程，并根据实际情况调整自己的职业目标和兴趣方向。

总之，通过探索职业，你可以更全面地了解不同的工作领域，并发现潜在的兴趣所在。这将有助于你更明确地规划自己的职业道路，实现个人发展和职业满足。

（六）持续学习和培养

发现兴趣只是第一步，真正的兴趣培养需要时间和持续的投入。一旦你确定了某个领域或主题的兴趣，接下来就是通过持续的学习和实践来深化和发展这种兴趣。以下是一些关于如何持续学习和培养兴趣的建议：

（1）深入学习。选择一本或几本与你兴趣相关的经典书籍，从头到尾阅读。这有助于你建立坚实的基础，并更全面地了解该领域。

（2）参与实践。理论学习是必要的，但实践是巩固和拓展兴趣的关键。你可以尝试参与相关的项目、活动或课程，通过亲身体验来深化对该领域的理解。

（3）持续投入。培养兴趣是一个长期的过程，需要持续的投入和努力。即使有时你觉得进步缓慢或遇到困难，也不要轻易放弃。保持耐心和热情，继续前进。

（4）多元化学习。除了专注于你的主要兴趣领域，也要保持对其他领域的兴趣和好奇心。多元化的学习可以帮助你开阔视野，激发新的创意和灵感。

总之，持续学习和培养是使兴趣得以发展和提升的关键。通过深入学习、实践，以及持续投入，你可以将潜在的兴趣转化为真正的热情和专业能力。

（七）关注内心感受

我们的内心感受是反映我们真实兴趣和喜好的镜子。在日常生活中，我们经常会遇到各种各样的事物和情境，而我们的内心感受则是对这些事物的直接反应。通过关注内心感受，我们可以更加准确地发现自己的兴趣所在。

1. 留意日常反应

在日常生活中，要时刻保持对自己内心感受的警觉。当你遇到某个事物或活动时，注意你的情绪反应。你是否感到兴奋、好奇、满足或愉悦？这些感受都是你的内心在告诉你，你对这个事物或活动有一定的兴趣。

2. 记录感受

为了更好地了解自己的内心感受，你可以尝试记录自己的日常感受。每当遇到某个引起你注意的事物或活动时，不妨停下来，深呼吸，并认真感受自己的情绪。然后，将这些感受记录下来。这样做可以帮助你更加清晰地了解自己的兴趣所在。

3. 分析感受与兴趣

回顾你所记录的感受，分析它们与你的兴趣之间的关系。你会发现，某些事物或活动总是能引起你特定的情绪反应，这些情绪反应就是你的兴趣所在。通过深入分析这些感受，你可以更加明确自己的兴趣方向和偏好。

4. 信任自己的感受

有时候，我们可能会因为外界的压力或期望而忽视或否认自己的内心感受。然而，只有真正信任自己的感受，我们才能更好地发现自己的兴趣所在。因此，不要害怕或回避自己的内心感受，要勇敢地面对它们，并相信它们所传达的信息。

总之，关注内心感受是发现兴趣的重要途径。通过留意日常反应、记录感受、分析感受与兴趣以及信任自己的感受，我们可以更加准确地发现自己的兴趣所在，从而更好地追求自己真正喜欢的事物和活动。

（八）创造和表达

创造和表达是发现兴趣的重要途径之一。通过艺术创作、写作、音乐、舞蹈等创造性活动，我们可以将自己的想法、情感和想象转化为具体的作品，从而更深入地了解自己的兴趣和才能。例如，可以尝试参与各种艺术活动，如绘画、雕塑、摄影、戏剧等。通过亲手创作，你可以发现自己在哪些艺术领域最为投入和享受。这些艺术活动不仅可以培养你的审美能力，还可以激发你的创造力和想象力。写作是一种表达自我和发现兴趣的有效方式。你可以尝试写日记、诗歌、小说或散文等不同类型的作品。通过文字表达，你可以更好地整理自己的思绪，并发现自己在哪些主题或题材上最为感兴趣。

在完成创造性活动后，反思自己的过程和作品。思考你在创作过程中感到兴奋和满足的时刻，以及你希望进一步探索的领域。同时，与他人分享你的作品，听取他们的反馈和建议。这将有助于你更全面地了解自己的兴趣和才能。

通过创造和表达，你可以发现自己独特的兴趣和才能。这些创造性活动不仅可以为你带来乐趣和满足感，还可以培养你的创造力和表达能力。因此，不妨多尝试不同的创造性活动，探索自己的兴趣和潜力。

总之，发现兴趣是一个渐进的过程，需要耐心和开放的心态。不要害怕尝试新事物或接受挑战，因为这些经历可能会带来新的发现和成长。同时，保持灵活性和适应性，因为兴趣可能会随着时间的推移而演变和变化。

五、兴趣与职业生涯发展的关系

兴趣与职业生涯发展之间存在着密切的关系。兴趣不仅是我们选择职业的重要参考因素，也是我们在职业生涯中取得成功和满足感的关键因素。

（一）兴趣是我们选择职业的重要导向

当我们对某个领域或活动感兴趣时，我们更愿意投入时间和精力去学习和探索。这种投入和热情往往使我们在该领域取得更好的成绩和进步。因此，在选择职业时，考虑自己的兴趣是非常重要的，它可以帮助我们找到与自己天赋和激情相匹配的工作领域。

（二）兴趣可以增强我们在职业生涯中的适应性和创新能力

当我们对工作充满兴趣时，我们更愿意面对挑战和困难，积极寻找解决问题的方法。这种积极态度和探索精神使我们在职业生涯中更具竞争力，能够适应不断变化的工作环境和需求。

（三）兴趣可以提高我们的工作满意度和幸福感

当我们从事自己感兴趣的工作时，我们更容易感受到工作的意义和价值，从而获得成就感和满足感。这种积极的心态有助于我们在职业生涯中保持积极向上的态度，面对挫折和困难时更有韧性。

总之，兴趣与职业生涯发展密不可分。了解自己的兴趣并将其融入职业选择中，可以帮助我们找到适合自己的工作领域并取得成功。同时，不断培养和发展自己的兴趣，可以增强我们的职业适应性和创新能力，提升工作满意度和幸福感。因此，在职业生涯规划中，重视并发展自己的兴趣是至关重要的。

六、职业兴趣的内涵

职业兴趣的内涵主要指的是个人在职业选择上所表现出的对某种活动或职业类型的喜爱，它是人们选择职业的重要依据和驱动力。具体来说,职业兴趣的内涵包括以下几个方面。

(一)倾向性

职业兴趣是人们对某种职业活动具有的比较稳定而持久的心理倾向,这种倾向使得个人在职业选择上优先注意和选择某些特定的活动或领域。

(二)动力性

职业兴趣是一种无形的动力,能够推动个人在职业发展中不断前进。当个人对某种职业活动感兴趣时,他们会更加积极地投入时间和精力,不断学习和探索,从而在该领域取得更好的成绩。

(三)适应性

职业兴趣还能够增强个人在职业生涯中的适应能力。因为对某种职业活动的兴趣,个人可能更愿意面对该领域的挑战和变化,积极寻找解决问题的方法,从而更好地适应工作环境和需求的变化。

(四)价值体现

拥有职业兴趣可以增加个人的工作满意度、职业稳定性和职业成就感。当个人从事自己感兴趣的工作时,他们更容易感受到工作的价值和意义,从而获得满足感和幸福感。这种积极的心态也有助于个人在职业生涯中取得更好的成就。

总的来说,职业兴趣是个人在职业选择和发展中的重要因素,它不仅影响着个人的职业方向和发展目标,还通过影响个人的动力、适应性和价值体现等方面,对个人的职业生涯产生深远影响。因此,了解和培养自己的职业兴趣是每个人在职业规划中不可忽视的重要任务。

七、六种职业兴趣类型

霍兰德(John L. Holland)是一位美国心理学家,他提出了著名的职业兴趣理论。该理论将人的职业兴趣划分为六种类型,并与相应的职业环境类型相匹配。这六种类型分别是现实型(Realistic)、研究型(Investigative)、艺术型(Artistic)、社会型(Social)、企业型(Enterprising)和常规型(Conventional),它们也被简称为"RIASEC模型"。

(1)现实型。现实型的人喜欢具体、实用的工作,他们善于处理事务,通常具有手工或机械技能。典型职业包括技术工人、农民、机械师、电工等。

(2)研究型。研究型的人喜欢思考、观察和分析问题,他们具有抽象思维能力,善于解决复杂问题。典型职业包括科学家、研究员、教师、医生等。

(3)艺术型。艺术型的人具有创造力和想象力,他们善于表达自己的情感和思想,通常通过艺术作品来实现自我表达。典型职业包括艺术家、音乐家、舞蹈家、作家等。

(4)社会型。社会型的人善于与人交往,关心他人,通常具有出色的沟通能力和服务意识。他们喜欢从事帮助他人、教育、咨询等工作。典型职业包括教师、社会工作者、心理咨询师等。

(5)企业型。企业型的人喜欢领导他人,具有决策能力和商业头脑,他们善于规划、组织和管理。典型职业包括企业家、经理、市场营销人员等。

(6)常规型。常规型的人喜欢按照既定的规则和程序工作,他们注重细节和精确性,通常具有良好的组织能力和记忆力。典型职业包括秘书、会计、行政助理等。

这些职业兴趣类型并不是绝对的,人们的兴趣可能会跨越多个类型。了解自己的职业兴趣类型有助于选择适合自己的职业和发展方向。

霍兰德认为,当个人的职业兴趣与职业环境类型相匹配时,他们更可能在该职业中获得满足感和成功。以下是这六种职业环境类型的简要描述:

(1)现实型环境(R)。这种环境强调手工操作、工具使用、与物体打交道等具体活动。它通常包括机械、农业、技术等领域的工作。

(2)研究型环境(I)。这种环境注重观察、思考、分析和解决问题。它涉及科学研究、实验室工作、学术研究等领域。

(3)艺术型环境(A)。这种环境鼓励创造性表达、艺术设计和对美的追求。它涵盖音乐、艺术、设计、写作等创意领域。

(4)社会型环境(S)。这种环境侧重于帮助他人、提供服务和促进社会福利。它通常包括教育、心理咨询、社会工作等职业。

(5)企业型环境(E)。这种环境强调领导、说服、管理和销售等技能。

它涉及商业管理、市场营销、政治等领域。

(6)常规型环境(C)。这种环境注重细节、规则、组织和效率。它通常包括秘书、会计、行政管理等职业。

通过了解个人的职业兴趣类型,并将其与霍兰德的职业环境类型相匹配,可以帮助个人做出更明智的职业选择,找到最适合自己的工作领域。这种匹配有助于提高工作满意度和职业成就感。

八、职业兴趣的培养

职业兴趣的培养是一个持续的过程,涉及自我认知、实践体验、学习与发展以及环境与资源的利用。以下是一些关于如何培养职业兴趣的建议。

(一)自我认知

首先,深入了解自己的兴趣、价值观、优势和弱点是至关重要的。通过反思自己的过往经历、成就感和满足感,可以更清晰地识别自己的潜在兴趣领域。同时,诚实地评估自己的技能和能力,以便找到与之匹配的职业方向。

(二)实践体验

(1)尝试与探索。积极参与各种与潜在兴趣相关的活动、项目或实习机会。通过亲身体验,可以更准确地判断自己是否真正喜欢某个领域,并发现新的兴趣点。

(2)设定短期目标。为自己设定一系列短期目标,这些目标应该既具有挑战性又可实现。通过不断实现这些目标,可以增强自信心和动力,从而更深入地探索和发展职业兴趣。

(三)学习与发展

(1)持续学习。通过课程、书籍、在线资源等途径,不断学习与潜在兴趣相关的知识和技能。保持对新事物的好奇心和求知欲,有助于不断拓展自己的兴趣领域。

（2）寻求反馈。与他人交流自己的兴趣和职业目标，并寻求他们的建议和反馈。这些反馈可以帮助你更全面地了解自己的优势和不足，从而调整职业兴趣的发展方向。

（四）环境与资源

（1）利用现有资源。充分利用身边的资源，如学校、社区、网络等，寻找与潜在兴趣相关的机会和信息。这些资源可以帮助你更快地了解自己的兴趣所在，并提供实践和发展的平台。

（2）创造支持性环境。与志同道合的人建立联系，加入相关的社群或组织。这些环境可以为你提供情感支持、信息共享和职业发展机会，有助于你更坚定地追求自己的职业兴趣。

总之，培养职业兴趣需要时间和努力。通过自我认知、实践体验、学习与发展以及环境与资源的利用，你可以逐渐明确自己的职业兴趣方向，并为实现职业目标奠定坚实的基础。

第三节　性格与职业选择

一、性格的概念

性格是一个人对现实的稳定的态度，以及与这种态度相应的、习惯化了的行为方式中表现出来的人格特征。它不同于气质，更多体现了人格的社会属性，个体之间的人格差异的核心是性格的差异。性格具有稳定性，但并非一成不变，而是可塑的。性格的构成要素包括情感性、意志力、社交性、适应性和开放性等。性格的发展受遗传、环境、社会学习、文化等多种因素的影响，是一个从出生起就开始并持续发展的过程。

二、性格的分类

性格的分类有多种方式，以下是一些常见的分类方法：

根据心理活动的倾向性，可分为内倾型和外倾型。内倾型的人通常沉静、谨慎、多思、孤僻、反应缓慢、适应性差，但做事较有计划性；外倾型的人则开朗、活泼、善于交往、富于表情、反应迅速、适应性强，但有时做事轻率。

根据个体独立性程度，可分为独立型、顺从型、反抗型。独立型的人善于独立思考，不易受外来因素的干扰，能够独立地发现问题和解决问题；顺从型的人则容易接受别人的影响，不加分析地按照别人的指示办事；反抗型的人则表现为明显的叛逆性，喜欢与人对着干。

根据人的社会生活方式以及由此而形成的价值观，可分为理论型、经济型、审美型、社会型、权力型和宗教型。这种分类方法强调了人的社会性和价值观对性格的影响。

根据人际关系，可分为A型、B型、C型、D型、E型。A型性格情绪急躁，社会适应性差，常表现为争强好胜；B型性格则心平气和，社会适应性较好，但往往缺乏进取心；C型性格情绪稳定，社会适应性良好，能与人融洽相处；D型性格情绪稳定，社会适应性强，人际关系较好，有组织领导能力；E型性格则表现为孤僻，不合群，社会适应性差。

此外，还有按照理智、意志、情绪三者哪个占优势来划分的理智型、情绪型和意志型；按照人的心理活动在何种机能上占优势来划分的思维型、情感型和意志型；按照思想行为的独立性来划分的独立型、顺从型和矛盾型等等。

请注意，以上分类并非绝对，人的性格可能介于多种类型之间，或者同时具有多种类型的特征。每个人的性格都是独特的，没有绝对的标准可以完全定义。

三、性格与职业的关系

性格与职业之间存在着密切的关系，一个人的性格特点往往会影响其职业选择和工作表现。以下是对性格与职业关系的详细分析：

第一，不同的职业需要不同的性格特点。例如，销售人员需要善于沟通、外向、乐观和自信，以便与客户建立良好的关系并推销产品；而研究人员则需要细心、耐心、有创造力和独立思考能力，以便进行深入的研究和分析。因此，在选择职业时，了解自己的性格特点并找到与之匹配的职业是非常重要的。

第二，性格也会影响一个人在职业中的表现。例如，一个性格内向的人可能更适合从事独立的研究或分析工作，而不太适合需要频繁与人打交道或领导团队的工作。相反，一个外向的人可能更擅长在团队中工作，并能够鼓励团队成员发挥出他们的最佳能力。因此，了解自己的性格特点并找到适合自己的工作方式也是非常重要的。

第三,职业本身也会影响一个人的性格发展。长期从事某种职业的人,往往会形成与该职业相关的性格特点。例如,从事医护工作的人员通常需要有同情心、责任感和耐心,这些特点也会逐渐成为他们性格中的一部分。同样地,从事领导工作的人员也需要有决断力、自信和沟通能力等性格特点。

最后,需要注意的是,性格并不是一成不变的,它可以通过个人的努力和环境的影响而发生改变。因此,即使一个人当前的性格特点与某种职业不太匹配,他也可以通过学习和自我调整来改变自己的性格特点,并逐渐适应职业的要求。

综上所述,性格与职业之间存在着相互影响的关系。在选择职业时,需要了解自己的性格特点并找到与之匹配的职业;在工作中,也需要根据自己的性格特点找到适合自己的工作方式,并不断调整自己的性格以适应职业的要求。

四、了解性格的方法—MBTI

MBTI(Myers-Briggs Type Indicator)是一种广泛应用于人格分类的方法,由美国心理学家卡尔·荣格和伊莎贝尔·布里格斯·迈尔斯创立。它基于瑞士心理学家荣格的人格类型理论,通过评估个人在不同心理维度上的偏好,将人群划分为16种不同的性格类型。每个性格类型由四个字母代表,分别对应四个维度:能量来源(E-I)、信息收集(S-N)、决策方式(T-F)和应对外部世界的方式(J-P)。

(一)MBTI四个维度的解释

1. 外向(E)- 内向(I)维度

这一维度描述了个体获取能量的方式。外向者倾向于从外部世界中获取能量,他们喜欢与人交往、活跃参与社交活动,并通过与他人互动来充电。而内向者则倾向于从内部世界中获取能量,他们更喜欢独自思考、反思和内省,通过个人时间来充电。外向者通常更善于表达自己、喜欢交流和社交,而内向者则更善于倾听、思考和观察。

2. 感觉（S）－直觉（N）维度

这一维度描述了个体获取信息和处理信息的方式。感觉者更注重实际和细节，他们善于通过五官感知具体的事物，关注现实和实用性。而直觉者则更注重整体和抽象，他们喜欢思考未来的可能性和发现隐藏的意义，更关注潜在和抽象的概念。感觉者通常更重视现实和事实，而直觉者则更注重创新和理论。

3. 思考（T）－情感（F）维度

这一维度描述了个体做出决策的方式。思考者倾向于逻辑和理性，他们注重逻辑合理性、分析能力和批判性思维。而情感者则倾向于同情和体谅，他们更关注情感需求、人际关系和对他人的关怀。思考者更偏向于事实性、科学性的思维过程，而情感者则更致力于保护他人的感受，关注个体的情感。

4. 判断（J）－知觉（P）维度

这一维度描述了个体处理外部世界的方式。判断者喜欢有规律、守秩序、定计划，他们注重结构化思维，做事目的性强，通常比较守规矩、重视时间管理。而知觉者则倾向于灵活和开放，他们喜欢探索、适应环境和保持开放的心态，更加自由，比较善于适应不同的环境和变化。

（二）MBTI 的 16 种人格类型及其适合的领域

（1）ISTJ（检查员型）。适合在需要逻辑和条理清晰的领域工作，如政府机构、医疗领域和金融银行业。他们善于组织和管理，注重规则和程序。

（2）ISFJ（照顾者型）。适合从事需要照顾和关心他人的职业，如行政管理人员、护士和秘书。他们重视和谐、合作和家庭价值。

（3）INFJ（博爱型）。适合在需要深度思考和情感共鸣的领域工作，如心理咨询师、教育顾问和哲学家。他们善于理解和帮助他人，具有强烈的同理心。

（4）INTJ（专家型）。适合在需要战略规划和独立思考的职业中发展，如科学家、研究人员和各类咨询顾问。他们聪明、独立，善于分析和解决问题。

（5）ISTP（冒险家型）。适合从事需要机械、电气等技术能力的职业，如技术工程师和证券分析师。他们喜欢分析事物，注重逻辑和实用性。

（6）ISFP（艺术家型）。适合在需要创造力和艺术感的领域发展，如时装设计师、画家和舞蹈演员。他们注重个人表达和情感传递。

（7）INFP（哲学家型）。适合从事需要创造力和同理心的职业，如艺术家、作家和社会工作者。他们善于思考和理解他人，关注个人成长和内心世界。

（8）INTP（学者型）。适合在需要理论性和抽象性思维的领域工作，如软件开发工程师、大学教授和经济学家。他们善于分析和思考，注重逻辑和理性。

（9）ESTP（挑战者型）。适合从事需要灵活性和适应性的职业，如销售人员、自由职业者和娱乐节目主持人。他们善于应对挑战和变化，注重实际效果。

（10）ESFP（表演者型）。适合在需要社交和表现能力的领域发展，如各类销售人员、创意人员和节目主持人。他们善于表达和沟通，注重人际关系。

（11）ENFP（公关型）。适合从事需要创造力和人际交往能力的职业，如广告创意、营销策划和公关人员。他们热情、充满活力，善于影响和激励他人。

（12）ENTP（智多星型）。适合在需要创新思维和战略规划的领域工作，如投资顾问、广告创意和政治家。他们聪明、机智，善于发现问题和提出解决方案。

（13）ESTJ（管家型）。适合在需要组织和管理的职业中发展，如各大中型企业的员工、基层管理者和生产制造型企业的中基层管理者。他们注重秩序和效率，善于规划和执行。

（14）ESFJ（主人型）。适合从事需要关心和服务他人的职业，如秘书、总经理助理、服务业从业人员和项目经理。他们热情、友善，注重合作和和谐。

（15）ENFT（教导型）。适合在需要教育和培训他人的领域工作，如培训师、心理咨询师和大学教授。他们善于传授知识和经验，注重个人成长和发展。

（16）ENTJ（统帅型）。适合在需要领导力和战略眼光的职业中发展，如企业创始人或高管、财务顾问和企业战略顾问。他们果断、有远见，善于规划和决策。

需要注意的是，这些人格类型和适合的领域只是一种倾向和参考，并不意味着每个人都必须完全符合这些描述。个人的兴趣、能力和经验等因素也会对职业选择产生影响。因此，在选择职业时，还需要综合考虑自己的实际情况和目标。

(三)16种MBTI人格类型及其适合的典型职业

(1)ISTJ（检查员型）。适合从事需要逻辑和条理清晰的职业，如审计员、后勤经理、信息总监、预算分析员、工程师、计算机程序员、证券经纪人、地质学者、医学研究者、会计、文字处理专业人士等。

(2)ISFJ（保护者型）。典型的职业包括护士、社会工作者、教师、家庭主妇、心理咨询师、人力资源经理等，这些职业都强调关心他人、注重细节和秩序。

(3)INFJ（咨询师型）。适合从事需要深度思考和情感共鸣的职业，如心理咨询师、教育顾问、哲学家、作家等。

(4)INTJ（智多星 / 科学家型）。适合从事需要战略规划和独立思考的职业，如科学家、经济学家、哲学家、金融规划师、研究开发专员等。

(5)ISTP（操作者型）。适合从事需要机械、电气等技术能力的职业，如技术工程师、电工、计算机维修员等。

(6)ISFP（艺术家型）。适合从事需要创造力和艺术感的职业，如艺术家、设计师、摄影师、厨师等。

(7)INFP（治疗师 / 导师型）。适合从事需要同理心和创造力的职业，如心理咨询师、教师、作家、艺术家等。

(8)INTP（建筑师 / 设计师型）。适合从事需要理论性和抽象性思维的职业，如建筑师、设计师、软件工程师、经济学家等。

(9)ESTJ（督导型）。适合从事需要组织和管理的职业，如管理顾问、设计工程师、活动策划者、产品经理、人力资源经理等。

(10)ESFJ（供给者型）。适合从事需要关心和服务他人的职业，如护士、社会工作者、教师、人力资源专员、客户服务代表等。

(11)ENFJ（教师 / 外交家型）。适合从事需要教育和指导他人的职业，如教师、心理咨询师、培训师、公关人员等。

(12)ENFP（倡导者 / 激发者型）。适合从事需要创新思维和人际交往能力的职业，如广告创意、营销策划、公关人员、社会工作者等。

（13）ESTP（发起者 / 创设者型）。适合从事需要灵活性和适应性的职业，如销售人员、自由职业者、创业者、体育教练等。

（14）ESFP（表演者 / 示范者型）。适合从事需要社交和表现能力的职业，如销售人员、演员、模特、导游等。

（15）ENTJ（统帅型）。适合从事需要领导力和战略眼光的职业，如企业创始人或高管、财务顾问、企业战略顾问等。

（16）ENTP（发明家型）。适合从事需要创新思维和战略规划的职业，如发明家、科学家、研究人员、投资顾问等。

需要注意的是，这些人格类型和适合的职业只是一种倾向和参考，并不意味着每个人都必须完全符合这些描述。个人的兴趣、能力和经验等因素也会对职业选择产生影响。因此，在选择职业时，还需要综合考虑自己的实际情况和目标。同时，MBTI 并不是唯一决定职业选择的因素，其他因素如教育背景、技能、兴趣和市场需求等也同样重要。

综上，MBTI 可以帮助个人更深入地了解自己的性格特点、优点和潜在盲点，从而更好地认识自己。通过了解自己的性格类型，个人可以更清晰地认识自己的职业倾向和发展方向，从而做出更明智的职业选择。例如，某些性格类型可能更适合从事创造性工作，而另一些则可能更适合从事组织和管理工作。

此外，MBTI 还可以用于改善人际关系。通过了解他人的性格类型，个人可以更好地理解他人的行为方式和决策过程，从而减少误解和冲突。这在职场合作、团队协作以及人际交往中都非常有用。

然而，需要注意的是，MBTI 只是一种工具，它提供的结果并不是绝对准确的。个人的性格特点可能介于多种类型之间，或者同时具有多种类型的特征。因此，在使用 MBTI 时，应保持开放和灵活的态度，将其结果作为参考而非绝对标准。

总之，MBTI 是一种有用的性格分类工具，可以帮助个人更好地了解自己和他人的性格特点。但在使用过程中，应保持客观和谨慎的态度，结合其他因素进行综合分析。

五、当代大学生的性格特点

当代大学生的性格特点是一个多元化和复杂的现象，很难简单地用几个词语来概括。然而，根据一些研究和观察，我们可以发现当代大学生在性格方面可能具有以下几个特点。

（一）独立性

当代大学生普遍具有较强的独立性和自主性，他们更倾向于独立思考、独立行动，不愿意受到过多的束缚和限制。这种独立性不仅表现在日常生活和学习中，也体现在职业选择和人生规划上。

（二）开放性

当代大学生生活在一个信息爆炸的时代，他们更容易接受新事物、新观念和新文化，更具有开放性和包容性。这种开放性使他们在面对不同文化和价值观时能够保持平和、理性的态度。

（三）创新性

当代大学生普遍具有较高的创新意识和创新能力，他们善于发现问题、解决问题，并敢于尝试新的方法和思路。这种创新性不仅有助于他们在学业上取得更好的成绩，也有助于他们在未来的职业生涯中获得更多的机会和成功。

（四）自信心

当代大学生普遍具有较强的自信心和自尊心，他们相信自己有能力实现自己的目标，并愿意为此付出努力。这种自信心不仅有助于他们在学习和生活中取得更好的表现，也有助于他们在面对挑战和困难时保持积极的心态。

（五）社交性

当代大学生生活在一个高度社交化的环境中，他们普遍具有较强的社交能力和沟通技巧。他们善于与他人合作、交流，能够建立广泛的人际关系网络。这种社交性不仅有助于他们在学习和生活中获得更多的支持和帮助，也有助于他们在未来的职业生涯中拓展人脉和资源。

需要注意的是，以上特点并不是所有当代大学生都具备的，也不是一成不变的。不同的个体和不同的环境可能会导致不同的性格特点。因此，我们应该以开放、包容的心态来看待当代大学生的性格特点，尊重他们的个性差异，同时也应该关注他们的成长和发展，帮助他们更好地适应社会和实现自己的人生价值。

六、良好性格的培养

（一）常见的良好性格特征

良好的性格特征多种多样，这些特征共同构成了一个人的个性魅力。以下是一些常见的良好性格特征：

自信：对自己有充分的信心和认识，相信自己有能力和价值，能够应对各种挑战和困难。

乐观：对生活充满希望和信心，即使面对挫折和困难，也能保持积极的心态和情绪。

坚韧：有毅力和恒心，能够坚持不懈地追求自己的目标和理想，不轻易放弃。

独立：能够独立思考和决策，不依赖他人，有自己的主张和见解。

开放：对不同的观点和文化持开放态度，愿意接受新的信息和经验，不固执己见。

善良：具有同情心和爱心，关心他人，愿意帮助他人，有良好的人际关系。

正直：坚持原则，诚实守信，不欺骗他人，有高尚的道德品质。

积极：对生活充满热情和活力，愿意尝试新事物，追求进步和成长。

自律：能够自我约束和管理，有良好的生活习惯和行为规范，不轻易受外界干扰。

感恩：珍惜生活中的点滴，感恩他人的帮助和支持，有感恩之心。

这些良好的性格特征不仅有助于个人的成长和发展，也有助于建立良好的人际关系和社会和谐。然而，每个人的性格都是独特的，这些特征并不是一成不变的，需要在日常生活和实践中不断培养和提升。

（二）当代大学生如何培养良好的性格

当代大学生要培养良好的性格，可以结合多种途径和方法。以下是一些具体的建议：

（1）积极参与校园活动。参加各种校园活动，如学术讲座、社团活动、志愿者服务等，可以培养社交技巧、领导能力和同理心。这些活动不仅有助于个人成长，还能拓宽视野，增加与他人的交流机会。

（2）树立积极的人生态度。保持乐观、积极的心态，面对困难和挑战时保持坚韧不拔的精神。相信自己有能力攻克难关，积极寻求解决问题的办法。

（3）培养批判性思维。学会独立思考，不盲目跟从他人观点。通过批判性思维分析问题，形成自己的见解和主张。这有助于培养自信和果断的性格特质。

（4）学会情绪管理。掌握有效的情绪管理技巧，如深呼吸、冥想等。在面对压力和挫折时，能够冷静应对，避免冲动行为。同时，积极寻求解决问题的方法，而不是沉溺于负面情绪中。

（5）建立良好的人际关系。与同学、老师和校友建立良好的人际关系，尊重他人，关心他人。通过积极的互动和合作，培养友善、谦逊和包容的性格特质。

（6）注重自我反思与成长。定期回顾自己的行为和态度，识别并改进不足之处。通过自我反思，不断完善自己的性格特质，成为更加成熟、稳重的人。

（7）保持积极的学习态度。珍惜大学时光，努力学习专业知识和技能。同时，保持对新事物的好奇心，不断拓展自己的知识领域。积极的学习态度有助于培养开放、进取的性格特质。

（8）寻求专业帮助。如果觉得自己在性格培养方面存在困难或问题，可以寻求专业心理咨询师的帮助。他们可以提供专业的建议和指导，帮助你更好地了解自己的性格特质并寻求改进方法。

总之，当代大学生要培养良好的性格需要积极参与校园活动、树立积极的人生态度、培养批判性思维、学会情绪管理、建立良好的人际关系、注重自我反思与成长、保持积极的学习态度以及寻求专业帮助等多方面的努力和实践。

第四节　能力与职业选择

一、能力与职业的关系

能力与职业之间的关系是密切而复杂的。一个人的能力不仅影响他们适合从事哪些职业，还影响他们在职业中的表现和成功率。以下是对能力与职业关系的详细分析。

（一）认知能力与职业

（1）逻辑思维能力。对于需要解决复杂问题和进行逻辑分析的职业，如科学家、律师、程序员等，逻辑思维能力至关重要。

（2）创意思维能力。对于需要创新和创意的职业，如设计师、作家、广告策划等，创意思维能力不可或缺。

（3）决策能力。对于需要快速做出决策的职业，如企业家、经理、医生等，决策能力至关重要。

（二）人际交往能力与职业

（1）沟通能力。对于需要与客户、同事或上级进行有效沟通的职业，如销售、教师、公关等，沟通能力非常重要。

（2）团队合作能力。对于需要与他人协作完成任务的职业，如项目经理、运动员、演员等，团队合作能力不可或缺。

（3）领导能力。对于需要带领团队和项目的职业，如经理、教练、政治家等，领导能力至关重要。

（三）情感能力与职业

（1）情绪管理能力。对于需要处理压力和情绪的职业，如心理医生、护士、警察等，情绪管理能力非常重要。

（2）同理心。对于需要理解和关心他人的职业，如社工、教育工作者、心理咨询师等，同理心不可或缺。

（3）自我激励能力。对于需要独立工作和面对挑战的职业，如创业家、自由职业者、艺术家等，自我激励能力至关重要。

总的来说，不同的职业需要不同的能力组合。在选择职业时，了解自己的能力和兴趣是非常重要的，这有助于找到最适合自己的职业方向。同时，通过培训和实践，不断提升自己的能力，也是职业发展中不可或缺的一部分。

二、不同能力类型的职业选择

（一）职业能力认知

职业能力认知是指个体对自己所具备的职业能力、职业技能和职业潜力的认识和了解。这种认知是职业发展的基础，有助于个体做出明智的职业选择，并在职业道路上取得成功。

以下是关于职业能力认知的一些关键点：

（1）自我评估。首先，个体需要对自己进行全面的自我评估，了解自己的优势、劣势、兴趣、价值观以及潜在的职业技能。这可以通过自我反思、心理测试、职业咨询等方式实现。

（2）职业研究。了解不同职业的要求、发展趋势和前景，有助于个体判断自己的职业方向是否与市场需求相匹配。同时，通过研究职业成功案例，个体可以从中汲取经验和启示，为自己的职业发展提供参考。

（3）技能发展。基于自我评估和职业研究，个体需要制订明确的技能发展计划。这包括提升现有技能、学习新技能以及培养跨领域技能。通过持续学习和实践，个体可以不断提升自己的职业能力。

（4）实践与反思。在实践中应用所学知识和技能，同时不断反思和总结经验教训。这有助于个体了解自己的职业能力和潜力，为未来的职业发展打下坚实基础。

（5）职业规划与调整。基于职业能力认知，个体需要制订长期和短期的职业规划。在职业发展过程中，随着市场变化和个人成长，个体可能需要调整职业规划。因此，保持灵活性和适应性是非常重要的。

总之，职业能力认知是个体职业发展的重要组成部分。通过全面评估自己、研究职业、制订技能发展计划、实践与反思以及制订和调整职业规划，个体可以更好地了解自己的职业能力和潜力，为未来的职业发展做好准备。

（二）职业能力类型及其特点

1. 操作型职业能力

（1）特点

①动手能力强。操作型职业能力注重实际操作和动手实践，要求个体具备较高的手工操作能力和工具使用技能。

②技术熟练。这类能力通常要求个体掌握一定的专业技术，能够熟练地完成特定任务或操作。

③实践经验丰富。操作型职业能力通常需要在实践中不断摸索和积累经验，以提高工作效率和质量。

（2）职业倾向

操作型职业能力的个体通常倾向于从事需要动手实践和操作技能的工作。他们可能选择成为工匠、技师、机械师、维修工人、厨师等职业，这些职业强调手工技能、技术操作和实践经验。

2. 艺术型职业能力

（1）特点

①创意与想象力。艺术型职业能力强调创意和想象力，要求个体能够创作出具有独特性和艺术价值的作品。

②审美观念。这类能力需要个体具备较高的审美观念，能够欣赏和评价不同艺术形式和作品。

③情感表达。艺术型职业能力通常要求个体能够通过作品表达自己的情感和思想，与观众产生共鸣。

（2）职业倾向

艺术型职业能力的个体通常倾向于创意和艺术相关的职业。他们可能选择成为画家、雕塑家、设计师、音乐家、舞者、演员、编剧等，这些职业需要创造力和艺术表达。

3. 教育型职业能力

（1）特点

①沟通能力。教育型职业能力强调与学生的沟通能力，要求个体能够清晰、准确地传达知识和信息。

②教学技巧。这类能力需要个体掌握一定的教学技巧和方法，能够有效地激发学生的学习兴趣和动力。

③持续学习。教育型职业能力要求个体具备持续学习的能力，不断更新自己的知识和技能，以适应教育领域的变革和发展。

（2）职业倾向

教育型职业能力的个体通常倾向于从事教育和培训工作。他们可能选择成为教师、培训师、教育顾问、教育行政人员等，这些职业需要传授知识、指导学习和发展学生的能力。

4. 科研型职业能力

（1）特点

①研究能力。科研型职业能力强调科学研究能力，要求个体具备扎实的理论基础和实验技能，能够独立开展科学研究工作。

②创新思维。这类能力需要个体具备创新思维和批判性思维，能够提出新的科学假设和观点，推动学科发展。

③团队协作。科研型职业能力通常要求个体具备团队协作能力，能够与其他研究人员合作完成复杂的科研项目。

（2）职业倾向

科研型职业能力的个体通常倾向于从事科学研究、探索和创新工作。他们可能选择成为研究员、科学家、大学教授、实验室主任等，这些职业需要深入研究、提出新理论和发现新知识。

5. 服务型职业能力

（1）特点

①服务态度。服务型职业能力强调良好的服务态度，要求个体能够真诚、热情地为客户提供服务。

②沟通能力。这类能力需要个体具备较强的沟通能力，能够准确理

解客户的需求和期望,并提供满足其需求的服务。

③应变能力。服务型职业能力要求个体具备应变能力,能够在不同情境下灵活应对各种问题和挑战。

(2)职业倾向

服务型职业能力的个体通常倾向于为他人提供服务和支持。他们可能选择成为医疗工作者(如护士、医生)、社会服务工作者(如社会工作者、心理咨询师)、销售人员、客户服务代表等,这些职业需要关注他人需求并提供帮助。

6. 经营型或管理型职业能力

(1)特点

①战略规划。经营型或管理型职业能力强调战略规划能力,要求个体能够制订并实施有效的商业规划和发展战略。

②团队管理。这类能力需要个体具备团队管理能力,能够组建并领导团队,实现组织目标。

③决策能力。经营型或管理型职业能力要求个体具备快速、准确的决策能力,能够在复杂多变的市场环境中做出明智的决策。

(2)职业倾向

经营型或管理型职业能力的个体通常倾向于从事商业管理、领导和组织工作。他们可能选择成为企业家、经理、项目经理、顾问、行政人员等,这些职业需要战略规划、团队管理和决策能力。

7. 社交型职业能力

(1)特点

①人际沟通能力。社交型职业能力强调人际沟通能力,要求个体能够与他人建立良好的关系,进行有效的沟通和交流。

②社交技巧。这类能力需要个体掌握一定的社交技巧和方法,能够在不同场合下展示自己的魅力和影响力。

③同理心。社交型职业能力要求个体具备同理心,能够理解和关心他人的需求和感受,从而建立更加和谐的人际关系。

(2)职业倾向

社交型职业能力的个体通常倾向于与人交往、沟通和建立关系。他们可能选择成为公关人员、销售代表、市场营销人员、社交活动策划者、心理咨询师等，这些职业需要良好的人际沟通、关系建立和影响力。

需要注意的是，这些职业倾向只是一般性的描述，并不是绝对的。个体差异和个人兴趣、经验等因素也会影响职业选择。因此，在选择职业时，个体应综合考虑自己的职业能力、兴趣、价值观和市场需求等多个因素。

三、大学生应具备的基本职业能力

大学生应具备的基本职业能力主要包括以下几种。

（一）自我决策能力

自我决策能力确实是大学生应该重点培养的核心职业能力之一。这种能力不仅关系到大学生在毕业求职时的选择，更影响到他们未来职业生涯中的发展和成长。

1. 重要性

（1）有利于做好职业选择。在毕业时，大学生需要根据自己的兴趣、能力和市场需求来选择合适的职业。具备良好的自我决策能力可以帮助他们做出明智的选择，避免盲目跟风或受他人影响。

（2）有利于解决遇到的问题。在工作中，大学生难免会遇到各种问题和挑战。具备自我决策能力可以让他们更加独立地思考问题，并找到有效的解决方案。

（3）有利于职业发展。随着工作经验的积累，大学生可能会面临职业晋升或转型的机会。这时，自我决策能力将帮助他们做出更加明智的决策，推动自己的职业发展。

2. 培养建议

（1）自我反思。大学生应该定期对自己的学习、生活和社交等方面进行反思，了解自己的优势和不足，从而更好地规划自己的职业发展。

（2）信息收集。在做决策时，充分收集信息是非常重要的。大学生可以通过阅读、参加讲座、实习等方式获取更多的职业信息，为自己的决策提供依据。

（3）寻求建议。在做重要决策时，大学生可以向老师、同学、家人或行业专家寻求建议。他们的经验和观点可以帮助大学生更加全面地考虑问题。

（4）实践锻炼。通过参与学生组织、社团或实习等活动，大学生可以在实践中锻炼自己的自我决策能力。这些活动通常需要他们独立承担责任，解决问题，从而提升自己的决策能力。

总之，自我决策能力是大学生在求职和职业生涯中不可或缺的一项能力。通过不断地自我反思、信息收集、寻求建议和实践锻炼，大学生可以逐渐培养和提高自己的自我决策能力，为未来的职业发展奠定坚实的基础。

（二）适应社会的能力

适应社会的能力对于大学生来说确实是至关重要的。大学生毕业后将走入社会，面对各种复杂多变的环境和挑战，如果缺乏适应社会的能力，就可能会感到困惑和无助，难以充分发挥自己的才能和潜力。

1. 重要性

（1）有利于感知环境变化。能够敏锐地察觉社会和环境的变化，包括经济、政治、文化等方面的变化，从而及时调整自己的行为和策略。

（2）有利于增强心理承受力。面对挫折、压力和困难时，能够保持冷静、乐观和积极的心态，不轻易放弃或逃避。

（3）有利于增强沟通协调能力。能够与他人建立良好的关系，进行有效的沟通和协调，解决各种问题和矛盾。

（4）有利于提高学习能力。能够持续学习，不断提高自己的知识和技能，以适应社会的发展和变化。

2. 培养建议

（1）参与社会实践。通过参加实习、志愿服务、社会实践等活动，了解社会的运作方式和规则，锻炼自己的社会适应能力。

（2）拓展人际关系。与不同背景、不同领域的人交往，拓宽自己的视野和思维方式，提高自己的社交能力和沟通能力。

（3）积极面对挑战。勇于接受挑战和尝试新事物，从中学习和成长，提高自己的心理承受力和适应能力。

（4）注重自我反思。定期回顾自己的经历和行为，找出自己的不足和需要改进的地方，从而不断提高自己的适应能力。

总之，适应社会的能力是大学生走向社会后必须具备的重要能力。通过参与社会实践、拓展人际关系、积极面对挑战和注重自我反思等方式，大学生可以逐渐培养和提高自己的社会适应能力，为未来的职业发展奠定坚实的基础。

（三）实践操作能力

实践操作能力是大学生必备的一项基本职业能力。尽管在大学中，学生们会接受大量的理论教育，但理论知识只有与实际操作相结合，才能发挥出最大的价值。以下是关于实践操作能力的重要性及其培养的几点建议。

1. 重要性

（1）有利于对知识进行实际应用。实践操作能力是理论知识与实际工作之间的桥梁。大学生通过实践操作，可以将所学的理论知识应用到实际工作中，加深对知识的理解和掌握。

（2）提高工作效率。具备实践操作能力的大学生在实际工作中往往能够更高效地完成任务。他们了解工作的流程和细节，能够迅速找到问题的关键并采取有效的措施。

（3）增强竞争力。在求职过程中，具备实践操作经验的大学生往往更受雇主的青睐。他们具备更强的实际工作能力，能够更快地适应工作环境和要求。

2. 培养建议

（1）参与实验和课程项目。大学生应该充分利用大学提供的实验和课程项目机会，积极参与实践操作。通过亲手操作和实践，加深对理论知识的理解和掌握。

（2）寻找实习机会。实习是大学生培养实践操作能力的重要途径。通过实习，大学生可以亲身参与到实际工作中，了解工作的流程和细节，积累实践经验。

（3）参加社团活动或志愿服务。大学生可以通过参加社团活动或志愿服务等方式，参与实际操作和项目执行。这些活动不仅能够锻炼大学生的实践操作能力，还能够提高他们的团队协作能力和沟通能力。

（4）自我学习和实践。除了参与学校和社团的活动外，大学生还可以自我学习和实践。例如，他们可以自学一些实用的技能或工具，并通过实际操作来巩固和提升自己的能力。

总之，实践操作能力是大学生必备的一项基本职业能力。通过参与实验、实习、社团活动等途径，大学生可以逐渐培养和提高自己的实践操作能力，为未来的职业发展奠定坚实的基础。同时，大学生也应该注重自我学习和实践，不断提升自己的实际操作能力。

（四）表达能力

表达能力无疑是现代职业人士的核心技能之一。无论身处何种行业或职位，都需要通过清晰、准确、有逻辑的语言来传达自己的思想、观点和情感。对于大学生来说，培养和提高表达能力至关重要，这将直接影响他们未来的求职和职业发展。无论是学术交流、职场沟通还是人际互动，清晰的表达能力都能帮助个人更好地传达思想、观点和情感，从而增进理解、促进合作并取得成功。

1. 重要性

（1）有利于学术交流。在大学环境中，学生需要经常参与课堂讨论、撰写论文和报告等学术活动。良好的表达能力有助于他们更清晰地阐述观点、展示研究成果，并与教师和同学进行有效的学术交流。

（2）有利于职场沟通。未来的职场环境中，无论是与上级、同事还是客户进行沟通，都需要有出色的表达能力。能够清晰、准确地传达信息，将有助于建立良好的工作关系，提高工作效率，并促进个人职业发展。

（3）有利于人际互动。在日常生活中，表达能力对于建立和维护人际关系也非常重要。能够流畅地表达自己的情感和需求，有助于增进与他人的理解和信任，从而建立稳固的人际关系网络。

2. 培养建议

（1）积极参与课堂讨论。在课堂上积极参与讨论，勇于发表自己的观点，是提高表达能力的有效途径。通过不断的练习，学生可以逐渐增强自信，提高表达的流畅度和准确性。

（2）多写多练。通过撰写论文、报告、日记等文字材料，可以锻炼写作能力和表达能力。在写作过程中，注意语言的准确性和连贯性，培养清晰、简洁、有条理的表达能力。

（3）参加演讲和辩论活动。参加演讲和辩论活动可以锻炼口头表达能力和逻辑思维能力。在这些活动中，学生需要准备演讲稿、进行即兴演讲或参与辩论，这些经历将有助于提高他们的表达能力。

（4）参加社团活动和实习。参与社团活动和实习可以为学生提供实际沟通场景，帮助他们提高表达能力。在这些活动中，学生需要与不同背景的人进行交流，学会适应不同的沟通方式和语境。

（5）寻求反馈并改进。在表达过程中，勇于接受他人的反馈和建议，并根据反馈改进自己的表达方式。通过不断的反思和调整，学生可以逐渐提高表达的质量和效果。

总之，表达能力是大学生综合素质的重要组成部分。通过积极参与课堂讨论、多写多练、参加演讲和辩论活动、参加社团活动和实习以及寻求反馈并改进等方式，大学生可以逐步培养和提高自己的表达能力，为未来的学术和职业发展奠定坚实基础。

（五）社交能力

社交能力在大学生活以及未来的职业生涯中都具有举足轻重的地位。这种能力不仅关系到个人的人际交往和合作，更在某种程度上体现了情商的高低。对于大学生来说，培养良好的社交能力，不仅能够丰富校园生活，提升个人魅力，更有助于在未来的职业生涯中取得优势。

1. 重要性

（1）有利于合作与团队协作。在工作中，很多时候需要与他人合作，共同完成任务。具备良好的社交能力，可以更好地与他人协作，实现共同目标。

(2)提高解决问题的能力。面对复杂的问题,往往需要集思广益,借助团队的力量来找到解决方案。社交能力强的人更容易得到他人的支持和帮助,从而更好地解决问题。

(3)增强个人魅力与影响力。具备良好的社交能力,可以提升个人魅力,使自己在人群中脱颖而出。同时,也能够增强自己的影响力,让他人更愿意听取自己的意见和建议。

2. 培养建议

(1)参与社团活动。加入学生社团,参与各种活动,可以锻炼自己的社交能力。通过与不同背景、不同性格的人交往,可以学会如何更好地与他人相处。

(2)学会倾听。倾听是社交中非常重要的一环。要学会耐心倾听他人的意见和想法,给予积极的反馈,这样才能建立起良好的人际关系。

(3)提高口头表达能力。口头表达能力是社交能力的重要组成部分。可以通过参加演讲、辩论等活动,提高自己的口头表达能力,使自己在社交场合更加自信。

(4)培养同理心。同理心是情商的重要体现。要学会站在他人的角度思考问题,理解他人的感受和需求,这样才能更好地与他人建立信任关系。

总之,社交能力是大学生必备的一项基本职业能力。通过参与社团活动、学会倾听、提高口头表达能力和培养同理心等途径,大学生可以逐渐培养和提高自己的社交能力,为未来的职业发展奠定坚实的基础。同时,也要注意在社交中保持真诚、友善和尊重他人的态度,这样才能建立起健康、持久的人际关系。

(六)组织管理能力

虽然不是每个大学生都会从事管理工作,但在实际工作中,掌握一定的组织管理能力非常有必要,这将帮助大学生获得更多的工作和晋升机会。

组织管理能力在当今快速变化的工作环境中变得越来越重要。即使是那些不直接从事管理工作的职业,也需要一定的组织管理能力来确保项目的顺利进行和团队的高效合作。对于大学生而言,培养组织管理能力不仅是为了未来的管理职位做准备，更是为了在职业生涯中更好地发挥自己的潜力。

1. 重要性

（1）促进项目执行与推进。无论是学习项目还是工作项目，都需要一定的组织管理能力来确保项目按时、按质完成。大学生通过培养组织管理能力，可以更好地规划和执行项目，提高工作效率。

（2）促进团队协作。在组织管理的过程中，大学生需要学会如何与团队成员有效沟通、分配任务、解决问题，并发挥领导力，带领团队朝着共同目标前进。

（3）有利于资源优化与配置。组织管理涉及资源的分配和利用。大学生通过培养组织管理能力，可以学会如何合理利用和配置资源，提高工作效率和团队效益。

（4）有利于个人发展与晋升。掌握一定的组织管理能力有助于大学生在职业生涯中更快地成长和晋升。这种能力可以让大学生在工作中脱颖而出，获得更多的工作机会和晋升机会。

2. 培养建议

（1）参与学生组织或社团活动。通过参与学生组织或社团活动，大学生可以锻炼自己的组织管理能力，如策划活动、安排人员、分配任务等。

（2）担任团队领导或项目负责人。担任团队领导或项目负责人可以让大学生在实际工作中锻炼组织管理能力，如协调团队成员、制订工作计划、监控项目进度等。

（3）学习相关课程。大学中有很多关于组织管理的课程，如管理学、项目管理等。通过学习这些课程，大学生可以系统地掌握组织管理的理论知识和实践技能。

（4）阅读相关书籍和资料。阅读关于组织管理的经典书籍和资料，可以帮助大学生深入了解组织管理的理念和方法，拓宽视野，提高自己的组织管理能力。

总之，组织管理能力是大学生在职业生涯中非常重要的一项能力。通过参与学生组织或社团活动、担任团队领导或项目负责人、学习相关课程和阅读相关书籍和资料等途径，大学生可以逐渐培养和提高自己的组织管理能力，为未来的职业发展奠定坚实的基础。

（七）书写能力

随着技术的发展和信息的快速传播，良好的书写能力已成为职场成功的重要基石。无论是撰写电子邮件、制订商业计划、撰写报告，还是进行日常的工作沟通，都需要清晰、准确、高效的书面表达。总之，在当今社会，很多工作需要大学生具备写作功底，如写计划、写方案、写总结等。因此，大学生在校期间应多进行这方面的训练。

1. 重要性

（1）沟通的桥梁。书写是沟通的重要工具，它帮助人们跨越时空障碍，确保信息准确传递。在工作环境中，尤其需要清晰、简洁的书面沟通来避免误解和混淆。

（2）展示专业形象。一份格式规范、逻辑清晰、语言流畅的文件，不仅能够准确传达信息，还能够展示作者的专业素养和细致态度。

（3）提升思考质量。书写要求作者整理思路、明确观点，并在纸上进行结构化呈现。这一过程有助于深化思考，提升思维质量。

2. 培养建议

（1）多写多练。通过写日记、练习文章、参与写作比赛等方式，不断锻炼自己的书写技巧和表达能力。

（2）学习写作技巧。阅读写作指南、参加写作课程或工作坊，学习如何构思、组织、润色文章，提升写作效率和质量。

（3）注意语法和标点。学习并遵守语法规则，正确使用标点符号，确保书面表达的准确性和流畅性。

（4）接受反馈并改进。与他人分享自己的作品，接受他人的建议和反馈，不断改进自己的书写技巧和风格。

对于大学生来说，在校期间可以通过参与学术写作、项目报告、实习报告等实践活动来锻炼书写能力。此外，还可以加入写作俱乐部或参与线上写作社区，与志同道合的同学一起交流学习，共同进步。

总之，书写能力是大学生必备的职业技能之一。通过多写多练、学习写作技巧、注意语法和标点以及接受反馈并改进等方式，大学生可以逐渐培养和提高自己的书写能力，为未来的职业发展奠定坚实的基础。

以上这些能力都是大学生在求职和工作中非常重要的基本职业能力。当然，根据专业和个人兴趣的不同，还需要具备其他特定的职业能力。但无论如何，提升自己的综合职业能力都是大学生涯中不可忽视的一部分。

四、自主提升职业能力的方法

（一）自然智能提升法

自然智能，也称为“自然观察智能”，是指观察自然界中的各种形态、辨别不同物种以及理解自然规律的能力。要提升自然智能，可以采取以下方法：

（1）尽可能多地走出户外，接触自然环境，观察自然界的变化和规律。

（2）通过阅读生物学书籍、参加生物学课程等方式，学习自然界中的生物种类、生态系统和进化过程等。

（3）通过记录观察日记、拍摄自然照片或进行生物标本制作等方式，锻炼自己的观察力和记录能力。

（二）数理智能提升法

数理智能是指处理和解决数学和逻辑问题的能力。要提升数理智能，可以采取以下方法：

（1）通过阅读数学和逻辑学书籍、参加相关课程等方式，掌握基本的数学和逻辑学原理。

（2）通过大量练习数学题目和逻辑推理题目，提高自己的解题速度和准确性。

（3）参加数学竞赛和逻辑竞赛等活动，挑战自己的数学和逻辑能力，激发潜能。

（三）身体智能提升法

身体智能是指运用身体进行运动、舞蹈和手工艺等技能的能力。要提升身体智能，可以采取以下方法：

（1）通过参加各种体育运动，提高身体素质和运动技能。

（2）通过参加舞蹈课程或手工艺课程，学习舞蹈和手工艺技能，锻炼身体的协调性和灵活性。

（3）保持充足的睡眠、合理的饮食和适度的运动，保持身体健康和良好的身体状态。

（四）语言智能提升法

语言智能是指运用语言进行表达、理解和创作的能力。要提升语言智能，可以采取以下方法：

（1）通过阅读不同类型的书籍和写作练习，提高自己的阅读理解和写作能力。

（2）通过学习外语，提高自己的语言表达能力和跨文化交流能力。

（3）通过参加辩论和演讲活动，锻炼自己的口语表达能力和逻辑思维能力。

（五）空间智能提升法

空间智能是指对空间、形状和色彩等视觉元素的感知和理解能力。要提升空间智能，可以采取以下方法：

（1）通过绘画和摄影等艺术活动，提高自己的空间感知和色彩搭配能力。

（2）通过参与空间设计和建筑设计等活动，了解空间布局和规划的原理。

（3）通过参观美术馆和博物馆等场所，欣赏不同类型的艺术作品，提高自己的空间审美能力。

（六）音乐智能提升法

音乐智能是指对音乐节奏、旋律和音色等要素的感知和创作能力。要提升音乐智能，可以采取以下方法：

（1）通过学习乐器演奏技能，提高自己的音乐感知和演奏能力。

（2）通过欣赏不同类型的音乐作品，了解不同音乐风格和流派的特点。

（3）通过参与音乐创作和表演活动，锻炼自己的音乐创作和表演能力。

（七）人际智能提升法

人际智能是指理解和与他人有效交往的能力。要提升人际智能，可以采取以下方法：

（1）通过阅读人际交往相关书籍或参加人际交往培训课程等方式，学习有效的沟通、倾听和表达技巧。

（2）积极参加社交活动，拓展自己的社交圈子，与不同背景的人进行交流和互动。

（3）通过反思自己的交往方式和行为表现，不断改进和提高自己的人际交往能力。

（八）内省智能提升法

内省智能，又称“自我认知智能”，是指个体对自我内在状态、情感、需求和价值观的认识和理解能力。提升内省智能有助于我们更好地认识自己，理解自己的行为和决策过程，从而做出更明智的选择。以下是一些提升内省智能的方法：

（1）每天抽出一段时间，对自己的一天进行总结和反思。思考自己的行为和决策背后的原因，以及这些行为和决策对自己和他人产生的影响。

（2）注意自己的情绪变化，了解自己在不同情境下的情感反应。这有助于更好地理解自己的情感需求和情感调节方式。

（3）通过写日记、写博客或记录个人成长的方式来追踪自己的变化。记录自己的成长过程、面临的挑战以及取得的成就，有助于更清晰地认识自己的成长轨迹。

（4）设定明确的个人目标，并定期评估自己的进度和成果。这有助于了解自己的能力水平和潜力，以及需要改进的地方。

（5）与他人交流，听取他们的意见和建议。他人的反馈可以帮助我们更全面地认识自己，了解自己的优点和不足。

（6）通过学习心理学知识，了解人类行为和心理过程的原理，有助于我们更深入地认识自己和他人的行为和心理状态。

通过长期坚持内省和自我反思,我们可以逐渐提升自己的内省智能,更好地认识自己、理解自己,从而做出更明智、更有意义的决策。这将有助于我们在职业发展中取得更好的成果,实现个人价值。

通过综合运用这些方法,大学生可以自主提升自己在不同领域的职业能力,为未来的职业发展打下坚实的基础。

第五节　价值观与职业选择

一、认识价值观

价值观是指一个人或团体在特定文化和社会背景下形成的,对事物价值的基本看法、观点和态度。它反映了人们对事物重要性、好坏、善恶、美丑等的评价和取向,是指导人们行为的重要准则。

价值观的形成受到多种因素的影响,包括个人的生活经历、教育背景、家庭环境、社会环境等。同时,不同的文化和社会背景也会塑造出不同的价值观。例如,一些文化可能强调个人主义、竞争和自我实现,而另一些文化则可能更加注重集体主义、合作和和谐。

价值观在人们的生活中发挥着重要作用。它影响着人们的决策、行为、情感和态度等方面。拥有正确、积极的价值观可以帮助人们更好地应对生活中的挑战和困难,实现自我价值和社会价值。相反,如果价值观不正确或消极,可能会导致人们的行为偏离正确的方向,产生不良后果。

因此,对于个人和社会而言,认识并树立正确的价值观至关重要。这需要通过教育、文化传承、社会实践等多种途径来实现。同时,也需要不断地反思和调整自己的价值观,以适应不断变化的社会环境和个人成长的需要。

二、工作价值观量表(WVI)

舒伯的《工作价值观量表》(Work Values Inventory, WVI)是一个重要的工具,用于评估个体在工作领域内外所重视的价值观以及激励其工作的目标。这个量表通过深入研究和广泛调查,识别出了 13 种核心的工作价值观。每一种价值观都反映了人们对工作的不同期望和追求,同时也与特定的职业领域有着密切的关联。

以下是这13种工作价值观及其对应的需求和可能的职业领域：

（1）美感。追求工作中的美学和创造性。对应的职业可能包括艺术家、设计师等。

（2）经济报酬。重视工作所带来的经济收益。相应的职业可能包括金融、经济等。

（3）工作稳定性。寻求稳定的工作环境和有保障的未来。这可能适用于公务员、教师等职业。

（4）独立性。喜欢独立决策，不受他人干涉。创业者、自由职业者等可能更偏好这种价值观。

（5）智力刺激。喜欢挑战性和智力性的工作。科研人员、学者等职业往往能满足这种需求。

（6）成就感。追求在工作中取得成就和成功。企业家、销售人员等可能更看重这一点。

（7）社会声望。重视工作所带来的社会地位和声誉。政治家、名人等职业与这一价值观紧密相关。

（8）管理。喜欢领导他人，管理团队。这对应于管理者、领导者等角色。

（9）帮助他人。重视工作对社会的贡献和帮助他人。医生、护士、社会工作者等职业通常与这一价值观相符。

（10）创造性。喜欢创新和创造新的事物。这对应于发明家、创新者等角色。

（11）人际关系。重视工作中的人际关系和团队合作。咨询师、教练等职业可能需要这种价值观。

（12）多样性。喜欢多样化和变化的工作内容。这对应于旅行家、记者等职业。

（13）工作环境。重视工作的物理环境和条件。例如，环保工作者可能更关心工作环境的质量。

了解这些工作价值观可以帮助个人更好地认识自己的职业倾向和动机，从而做出更符合自己价值观的职业选择。同时，对于企业和组织而言，了解员工的价值观也有助于创造更加符合员工需求的工作环境，提高员工的工作满意度和绩效。

三、大学生培养职业价值观的途径

大学生培养职业价值观的途径是多种多样的，主要包括以下几个方面：

（1）课堂教学。大学课程，特别是职业规划和就业指导课程，是帮助学生形成职业价值观的重要途径。这些课程可以引导学生思考自己的职业兴趣、能力和目标，以及如何将个人价值与社会需求相结合。

（2）社会实践。通过实习、兼职、志愿服务等社会实践活动，学生可以亲身体验不同职业的工作环境、工作内容和职责，从而更深入地了解各种职业的特点和要求，形成更具体的职业价值观。

（3）自我探索。大学生应该通过反思、自我评估等方式，了解自己的兴趣、优势和价值观，明确自己的职业方向和发展目标。同时，也要关注自己的心理健康，培养坚韧不拔、乐观向上的品质。

（4）导师指导。大学导师不仅是学术指导者，也是职业发展的引导者。他们可以根据学生的个人特点和兴趣，提供个性化的职业建议和指导，帮助学生形成正确的职业价值观。

（5）职业规划活动。大学可以组织各种职业规划活动，如职业规划讲座、职业展览、企业参观等，让学生更全面地了解各种职业和行业，增强职业意识和职业认同感。

（6）社交媒体和网络资源。社交媒体和网络资源为学生提供了获取职业信息和职业经验的新途径。学生可以通过社交媒体了解行业动态和职业发展趋势，通过网络资源学习职业技能和知识，提高自己的职业竞争力。

综上所述，大学生培养职业价值观需要多方面的努力和支持。大学应该为学生提供多样化的培养途径和资源，帮助学生形成正确的职业价值观，为未来的职业发展奠定坚实的基础。同时，学生也应该积极参与各种职业规划和实践活动，不断提升自己的职业素养和能力。

第四章　创新创业背景下大学生职业生涯规划的制订

在创新创业蓬勃发展的时代,大学生职业生涯规划愈发关键。面对不断演变的职业环境,大学生应积极制订个性化规划,凸显创新创业元素。这包括培养跨学科技能,拓展实习经验,加强创业意识。创新创业不仅是一种职业选择,更是一种生活态度。通过规划,大学生能够更好地适应未来职业挑战,为大学生在充满变革的职场中掌握主动,实现事业成功打下坚实基础。

第一节　大学生职业生涯规划的制订

一、大学生职业生涯规划设计的 SMART 原则

大学生的职业生涯规划是一个复杂而关键的过程,它决定了未来的发展方向和个人成就。在这个过程中,遵循一定的原则至关重要,其中 SMART 原则是一个被广泛认可的指导原则,它指导着规划者制订具体、可行的目标,并通过可衡量性、可实现性、相关性和时限性来保证规划的有效性。

(一)S(Specific,具体性)

S(Specific,具体性)是制订职业生涯规划的基础。这意味着规划者需要明确自己的目标,而不是模糊地表达。举例来说,在规划英语学习时,不能简单地说“提高英语运用能力”,而应该明确目标是“能够与外教流

利交流”或“在英语六级考试中取得优异成绩”。同样,职业目标也需要具体到某个行业或岗位,如“成为一名语文老师”,而不是泛泛地说“找到一份满意的工作”。

（二）M（Measurable,可衡量）

M（Measurable,可衡量）是确保规划可行性的重要因素。这意味着规划者需要将目标分解为具体的任务,并且这些任务可以通过具体的指标或标准进行衡量。例如,如果目标是成为一名企业家,规划者需要量化自己企业的发展规模,并将其用资产来量化,以便清晰地了解自己的进展情况。

（三）A（Attainable,可实现）

A（Attainable,可实现）强调了规划的可行性。在制订职业生涯规划时,规划者需要充分考虑自身的条件和外部环境,确保目标是切实可行的。这需要对自我进行客观分析,并根据实际情况进行调整,以避免制订过于理想化或不切实际的目标,从而增加实现目标的可能性。

（四）R（Relativity,相关性）

R（Relativity,相关性）是确保规划连续性和一致性的原则。规划者需要确保大学期间所学习的内容与未来职业目标保持相关性,以及确保职业生涯规划的连续一致性。这意味着规划者需要在职业规划中保持一致的主题和方向,以确保目标的实现性。

（五）T（Time-bound,时限性）

T（Time-bound,时限性）是激发行动和提高效率的关键。规划者需要为每个目标设定明确的时间限制,以避免拖延和失去动力。通过设立明确的截止日期,规划者可以更好地管理时间,并将精力集中在实现目标上,从而提高成功的可能性。

二、大学生职业生涯规划书的撰写

大学生职业生涯规划书是一份关键性文件，它旨在将大学生的职业生涯发展目标、策略以及实施计划以书面形式清晰地呈现出来。通过书面化的文字阐述，大学生能够将自己的职业规划系统化、可视化，进而更好地指导自己的职业发展方向，并且激励自己朝着既定目标努力奋斗。

大学生职业生涯规划书通常包括几个关键内容。首先是个人基本情况介绍，包括姓名、学习专业、教育背景等。其次是职业方向和总体目标的确定，这部分将明确指出学生希望将来从事的行业或职业方向，并列出具体的发展目标。接着是对社会政治经济环境的分析，这有助于学生了解目标行业或领域的宏观背景和趋势，为其职业规划提供更深层次的参考和指导。此外，对行业、组织制度文化等方面的分析也是必不可少的，这有助于学生更好地了解自己所选择的职业领域，并为未来的发展做好准备。

在职业目标的分阶段分析和发展策略方面，学生需要将长远的职业目标分解为具体的短期和中期目标，并制订相应的发展策略和路径。同时，学生还需要进行自我分析，包括个人优势、劣势、兴趣爱好等方面的评估，以便更好地匹配自身特点与职业发展方向。

另外，大学生职业生涯规划书还应该包括对自身现状与目标之间的差距分析，以及缩小差距的方法和实施方案。这部分内容是实现职业目标的关键，需要学生制订具体的行动计划，并不断评估和调整以确保目标的实现。

关于格式，大学生职业生涯规划书可以采用表格式、条列式、复合式和论文式等多种形式。表格式相对简单，适用于日常提醒和记录；条列式则是简单地罗列主要内容，缺乏详细的分析与评估；复合式结合了表格式和条列式的优点，综合全面；而论文式则是最完整和详细的形式，对职业生涯规划进行了深入分析和阐述。

第二节 大学生职业生涯规划的实施

一、大学生职业生涯规划的实施步骤

随着社会的发展和竞争的加剧，大学生职业生涯规划日益受到重视。一个系统完善的职业生涯规划不仅可以帮助大学生更好地认识自我、了解社会，还能够为他们的未来职业发展提供清晰的方向和有效的实施措施。

（一）认识自我

认识自我是职业生涯规划的第一步。大学生需要从兴趣、特长、性格、价值观、品德、能力等方面深入认识自己，通过优势分析和弱势分析，全面了解自己的优势与不足。在这个过程中，职业测评软件可以帮助大学生准确了解自己的职业性格类型和职业兴趣，从而更好地认识自我。

（二）了解社会

了解社会是职业生涯规划的第二步。大学生需要通过与父母、亲戚、朋友、老师、同学的沟通，了解他们对自己的看法与期望，同时也要了解社会就业形势和社会对人才的素质要求，增强自己的社会责任感。在校园中，系主任、老师以及校友的经验介绍和主题班会都可以帮助学生了解本专业不同就业方向的社会需求情况，从而为职业生涯规划提供参考。

在职业生涯规划中，对外部环境的分析至关重要。这一过程涵盖了多个方面，包括社会政治经济环境、地域、行业和家庭等因素。大学生的就业选择受到社会政策和经济发展等因素的影响，而地域选择也是至关重要的考虑因素。

长期以来，东部大城市一直是许多人心中的就业热点，但近年来，中西部地区的发展也呈现出巨大的潜力和需求。因此，大学生在职业规划时应该客观分析自己，不要受传统地域限制的束缚，而是选择适合自己发展的平台。正如俗话所说:“人弃我取。”在这个时代,地域不再是决定就业选择的唯一因素。

此外,行业环境的分析也是至关重要的。了解行业的发展状况、国内外重大事件对行业的影响、行业存在的问题以及发展趋势,有助于个人做出明智的职业选择。在这个不断变化的时代,选择一个具有发展潜力和稳定性的行业至关重要。

家庭环境也在一定程度上影响着个人的职业生涯规划。根据罗安的需求理论,父母的教育方式、家庭经验以及家庭的社会经济地位都会对个人的职业选择产生影响。父母对子女未来职业的期待和他们自身的职业身份也可能在一定程度上影响着个人的选择。

因此,综合考虑外部环境的各种因素,进行全面的分析和评估,是制订职业生涯规划的重要步骤之一。只有在深入了解外部环境的基础上,才能做出明智的职业选择,并为自己的未来打下坚实的基础。

(三)确立目标

确立目标是职业生涯规划的第三步。在认识自我和了解社会的基础上,大学生需要从自身实际和社会的需要出发,明确职业发展的方向,并确立达到职业目标需要具备的素质和实现目标的优势与困难。

在当今竞争激烈的职场环境中,制订清晰的职业生涯目标和选择适合自己的发展路线至关重要。通过深入的自我分析和对外部环境的理解,可以为未来的职业生涯铺平道路,实现个人的成就和价值。

首先,我们需要明确自己的职业理想和人生目标。这包括想要成为什么样的人,想要取得何种成就,以及想要在哪些方面成为佼佼者。这些问题的答案将帮助我们明确个人的远大目标,指引未来的发展方向。

在确定了未来发展目标后,我们需要制订长期计划,如十年计划。十年的时间是一个合适的时间段,足够长以实现大事,同时又能够激励我们持续前行。在这个阶段,我们可以思考自己想要成为什么样的人,想要实现怎样的事业,以及获得何种社会地位。将这些目标详细记录下来,为未来的发展指明方向。

接下来,将长期计划进一步分解,制订出五年和三年的计划。这样可以将目标进一步具体化、详尽化,使其更具可操作性和可实现性。五年和三年的时间段可以帮助我们更好地把握发展的节奏,逐步向着长期目标迈进。

为了更好地实现中期计划,我们需要制订明确的短期计划,如一年、一个月、一周,甚至一天的计划。这些计划应该包括具体的目标、实施步骤、方法和详细的时间表,务必切实可行。通过这些短期计划,我们可以持续地推动自己朝着长期目标迈进,不断取得进步。

选择适合自己的职业发展路线是实现职业生涯目标的关键一步。在做出选择之前,我们需要解决三个关键问题:

(1)我想往哪个方向发展?这需要通过对自我职业价值观、理想和动机的分析来确定。

(2)我适合往哪个方向发展?这需要通过对自身性格、特长、经历和学历的分析来确定。

(3)我可以往哪个方向发展?这需要通过对社会、政治经济环境以及组织环境的分析来确定。

通过综合考虑以上因素,我们可以选择出适合自己的职业发展路线,并为之制订相应的行动计划和实施策略。

在职业生涯规划和发展路线选择的过程中,持续学习、适应变化、保持灵活性是至关重要的。只有不断地调整和完善自己的计划,才能在竞争激烈的职场中脱颖而出,实现个人的职业目标和人生价值。

(四)制订实施措施

制订实施措施是职业生涯规划的第四步。大学生可以通过制订总体目标和阶段性目标、步骤、措施与标志,增强学习自觉性和积极性。在制订实施措施的过程中,学生可以采取链条分解法逐层分解总体目标,将其分解成具体目标,并根据具体的小目标采取相应的措施,逐步实现总体目标。

(五)反馈与修正

反馈与修正是职业生涯规划的最后一步。大学生需要通过对自己专业认识的进一步加深和自身素质的发展变化,以及社会就业市场的变化,结合综合素质测评和他人的评价,对自己的职业生涯规划进行分析评估,并及时调整奋斗目标及其实施措施,找到适合自己的发展道路。

综上所述,大学生职业生涯规划是一个系统完善的过程,需要从认识自我到了解社会,再到确立目标、制订实施措施以及反馈与修正,每一步都至关重要。只有通过不断地努力和调整,大学生才能够在未来的职业生涯中取得成功。

二、大学生的职业生涯自我分析

自我分析在大学生职业生涯规划中扮演着至关重要的角色。它不仅是规划者制订可行方案的前提,也是确保最佳选择的基础。有效的职业生涯规划需要规划者对自己进行全面的认知和了解,这一认知包括个人的兴趣、性格、能力、情商等多个方面。只有通过深入的自我分析,才能找到最适合自己的职业道路。

(一)橱窗分析法

橱窗分析法好比个人认知为一扇橱窗,将其放置在直角坐标中进行分析。横轴的正向表示别人已知的,负向表示别人未知的;纵轴的正向表示自己已知的,负向表示自己未知的。通过这种方式,个人可以更清晰地理解自己在别人眼中和自我认知中的差异。

(二)自我测试法

自我测试法通过回答一系列问题来认识自己、了解自己。这些问题涉及心理学家精心设计的内容和量表,包括性格、气质、智力、应变能力、人际关系等方面。只有如实回答这些测试题目,个人才能真正了解自己的特点和倾向。

(三)计算机测试法

计算机测试法作为一种现代化的测试方法,具有科学性和准确性较高的特点。目前常用的测试包括人格、智力、能力以及职业倾向等方面。尤其是在职业生涯规划中,职业倾向测试发挥着重要作用。例如,爱丁堡职业倾向问卷、霍兰德职业兴趣问卷表、明尼苏达职业兴趣问卷等都能帮助个人更准确地了解自己的职业倾向和兴趣。

三、大学生职业生涯规划目标分解与组合

(一)大学生职业生涯规划目标分解

1. 目标分解的含义

职业目标分解是根据个人的观念、知识、能力差距,将职业生涯长期的远大目标分解为有时间规定的长、中、短期分目标,直至将目标分解为某确定日期可以采取的具体步骤。目标分解是将目标清晰化、具体化的过程,是将目标量化成可操作的实施方案的有效手段。目标分解帮助我们在现实环境和美好愿望之间建立起可以拾级而上的途径。

2. 目标分解的方法

目标分解的方法主要是按性质分解和按时间分解。

按性质分解可分为外职业生涯目标和内职业生涯目标。

按时间分解可分为长期目标、中期目标和短期目标。

(1)外职业生涯目标

在职业生涯规划中,确立外在目标至关重要,因为这些目标是我们在工作生涯中衡量和追求的标准。这些目标通常涵盖了工作内容、职务、工作环境、经济收入以及工作地点等方面。通过明确这些目标,我们能够更清晰地了解自己的职业发展方向,并采取相应的行动来实现它们。

首先,确定职务目标时,必须确保目标是具体且可实现的。模糊的目标会导致迷失在职业生涯中,因此需要将目标明确到具体的专业职务上,如人力资源经理、财务经理或销售地区经理等。有时,为了长远的职业发展,我们可能需要主动申请降职以获取更符合目标的工作经验和技能。这种“以迂为直”的方法能够促进职业生涯的发展,使我们更快地接近理想的职务目标。

其次,经济目标也是外在职业生涯目标中的重要组成部分。设定明确的经济目标能够激励我们努力工作,追求更高的收入水平。例如,在特定的年龄之前实现一定的收入目标,这不仅是对个人能力和价值的认可,也是对自我发展的一种衡量。然而,我们也需要意识到,经济目标不应该成为我们唯一的追求,因为过度关注经济收入可能会使我们忽视了其他

重要的职业发展方面，如个人成长和工作满足感。

在实现外职业生涯目标的过程中，我们还需要注意几点策略。首先，要不断学习和提升自己的专业技能，以适应不断变化的工作环境和市场需求。其次，要积极拓展人际关系网络，与行业内的同行和专家进行交流和合作，获取更多的机会和资源。此外，要保持积极的心态和适应能力，面对挑战和困难时保持乐观和坚韧，不断调整和优化自己的职业规划和目标。

（2）内职业生涯目标

在职业生涯的追逐中，内职业生涯目标的重要性愈发凸显。与外部因素不同，内职业生涯目标聚焦于知识、经验、观念、能力、心理素质以及内心感受的提升。这一方面与外部因素截然不同，因为这些因素并非他人能够赐予，而是通过个体的努力和自主学习获得的。更为重要的是，一旦这些内在因素获得，别人无法从你的思想中剥夺，它们成为你的无价之宝。

内职业生涯的关键因素包括知识的积累，经验的沉淀，能力的提高，观念的拓展，心理素质的增强以及内心感受的丰富。这些元素形成了个体在职业道路上的独特品质，塑造了其在工作和生活中的态度和表现。在职业生涯中，这些因素的累积和提升不仅仅是为了应对当前的工作要求，更是为了持久的职业成长和发展。

相对于只关注外职业生涯目标，即在哪里上班、每天从事何种工作、担任何职务、薪资待遇如何等方面的追求，内职业生涯目标更具深远的意义。有些人可能将整个职业生涯都投注在对外部因素的追求上，却忽略了个体内在因素的发展。然而，聪明的职业规划者会认识到，真正的职业成功是外部和内部因素的有机结合，而非单一追求。

因此，在制订和实现职业生涯目标时，我们必须同时关注外职业生涯和内职业生涯目标。内职业生涯目标应该被赋予更大的重要性，因为这些因素是个体独特的、不可替代的财富。在追求外部职业目标的同时，不要忽视个体内在素质的提升，这将为职业生涯的长远发展奠定坚实基础。

①工作能力目标

职业生涯的发展和工作能力的提升是一个错综复杂而又互相关联的过程。在我们的职业生涯中，往往会面临着各种各样的挑战和机遇，而工作能力则是我们应对这些挑战和抓住机遇的关键。通过对工作能力的不断提升，我们可以更好地适应不同的工作环境，实现个人职业生涯的持续发展。

首先，我们需要明确理解工作能力的概念。工作能力是指我们在处理职业生涯中各种工作问题时所具备的能力,这包括但不限于与上级领导无障碍沟通的能力、组织大型公共关系活动的能力等。工作能力的提升不仅仅是指在特定领域或技能上的提高,更是一个综合性的能力,涵盖了沟通能力、领导能力、组织能力等多个方面。

其次,我们需要意识到职业生涯发展并不仅仅局限于职务的不断晋升。过去很多人认为,只有职务不断提升才能代表职业生涯的发展,而实际上,这是一个误解。职业生涯的发展可以从以下三个方面来考量:在现有职务上是否能将工作做得更好;现有职务的职责和权力是否能进一步扩大;职务的晋升。在前两种情况下,虽然没有职务晋升,但是我们仍然可以通过更新的观念、更充足的知识、更有效的方法来进行工作,从而取得更令人满意的工作成果。

在制订职业生涯规划时,我们应该把工作能力的提升放在更加重要的位置。工作能力的提升是职业生涯发展的基础,而职务的晋升只是其中的一个标志。对工作能力目标的设定比对职务晋升目标的设定更为重要。同时,我们也要意识到,职务的提升并不完全取决于个人,但是工作能力的提升主要取决于我们自己。因此,在面对更高职位的可能性之前,我们应该首先总结目前职位的工作情况,包括对工作的兴趣和自己可以再发展的能力和潜力。

综上所述,工作能力的提升是我们职业生涯发展的关键。在职业生涯规划中,我们应该将工作能力的提升置于更加重要的位置,而不仅仅局限于追求职务的晋升。通过不断提升工作能力,我们可以更好地应对职业生涯中的各种挑战和机遇,实现个人职业生涯的持续发展。

②工作成果目标

工作成果目标在职业生涯规划中扮演着重要的角色,它不仅仅是关于实现外在业绩的目标,更是关于个人内在成长和提升的目标。从发现和应用新的管理方法到创造新的业绩,工作成果目标涵盖了广泛的范围,既包括了外在的业务目标,也包括了内在的个人发展目标。

首先,让我们来看看工作成果目标的外在职业生涯内容。这些目标通常涉及具体的业务指标,如销售额、利润增长、市场份额等。举例来说,一个销售经理可能会设定每年一千万元的销售额作为工作成果目标。这些外在目标直接反映了一个人在职场上的业绩和成就,是评价其职业生涯发展的重要指标之一。

然而,除了这些外在的业务目标之外,工作成果目标还包含着内在的职业生涯内容。在实现外在业绩目标的过程中,个人所获得的知识、经验、心理素质和能力也是至关重要的。举例来说,为了达成销售额的目标,销售经理可能需要不断学习市场动态、掌握销售技巧、提升沟通能力等。这些经历和成长过程不仅丰富了个人的职业生涯，还为其未来的发展打下了坚实的基础。

因此，工作成果目标不仅仅是关于完成任务和达成业绩，更是关乎个人成长和发展的过程。通过努力实现外在业绩目标，个人可以不断积累经验、提升技能，从而不断完善自己，并为未来的职业生涯发展奠定更加坚实的基础。在职业生涯规划中，我们不仅要关注业务目标的实现，更要注重个人内在素质和能力的提升，这样才能实现真正的职业生涯成功。

③提高心理素质目标

在职业生涯的道路上，实现目标的关键并非仅在于遇到困难，而是在于个人的心理素质。那些最终能够实现职业生涯目标的人与那些未能实现目标的人之间的差异，往往体现在他们对待困难和挑战的态度以及心理素质的不同。

成功者之所以能够脱颖而出，不仅在于他们能够积极寻找问题根源，并努力学习解决困难的方法，更在于他们拥有坚韧的心理素质。面对挑战，他们不会被困难击倒，而是会以积极的态度去面对、去解决。他们明白，每一个困难都是一个学习的机会，是自我成长的契机。因此，他们努力克服困难，不断提升自己，最终实现了职业生涯的目标。

与此相反，那些未能实现目标的人可能没有意识到自身心理素质的重要性。他们可能未能真正找到不能实现目标的根源，或者即使面对困难，也缺乏勇气和毅力去寻找解决的方法。他们或许感到困惑、沮丧，甚至放弃了追求目标的努力。

心理素质的提升并非一蹴而就的过程，但是可以通过情绪智力的培训来加以提高。情绪智力培训可以帮助个人更好地理解和管理自己的情绪，培养积极的心态和解决问题的能力。通过学习情绪智力，个人可以更好地适应职场的挑战和压力，更加灵活地处理各种复杂情况，从而提高自己的心理素质。

因此，对于追求职业生涯成功的人来说，除了专业知识和技能的积累，培养良好的心理素质同样至关重要。只有拥有坚韧的心态和积极的心理素质，才能在职场竞争中立于不败之地，实现自己的职业生涯目标。

④观念目标

在塑造我们的职业生涯中，观念扮演着至关重要的角色。它们代表了我们对待工作、成功和挑战的态度和价值观。以下是一些与职业生涯相关的观念，它们为我们指明了前行的方向，激励着我们不断成长和进步。

首先，我们要明白，困难并非不可逾越的障碍，而是等待我们发现解决方法的机会。这意味着，只要我们持之以恒，坚持不懈地寻找解决问题的方法，任何困难都可以克服。

其次，职业生涯的飞跃发展需要不断学习新知识、建立新观念作为前提。这就要求我们不断更新自己的知识储备，保持开放的心态，愿意接受新的挑战和机遇。

成功和失败之间的差距往往只在于一点点的坚持与改变。成功者能够无数次修改方法，但绝不轻易放弃目标。相反，那些不成功的人总是不断改变目标，而不愿意改变方法。

在职业生涯发展的道路上，重要的并不是我们当前所处的位置，而是我们朝着下一个目标迈出的步伐。这意味着我们需要保持前进的动力和方向感，不断调整自己的目标，为自己设定更高更远的目标。

职业生涯的开发与管理是一个持续的过程，从开始到进步永远不会太晚。这意味着无论我们现在处于何种境地，只要我们有勇气迈出第一步，总会有机会不断进步、不断提升自己。

在职业生涯的早期阶段，对自己的锻炼最大的工作就是做好工作。这意味着我们要努力做好眼前的事情，不断积累经验和技能，为自己的未来打下坚实的基础。

在职业生涯的后期，实现人生价值最大的工作就是最好的工作。这意味着我们要不断寻求自己的事业目标和人生意义，努力追求那些能够实现我们内心追求的工作。

在职业生涯的发展过程中，我们要时刻警惕自己的工作热情和努力程度是否受到外界因素的影响。只有当我们的工作热情和努力程度不再受到物质待遇和他人评价的影响时，我们才真正开始为自己打工。

确定自己的职业锚之日，就是我们从事一项职业变为从事一项事业的时刻。这意味着我们要找到自己热爱和擅长的领域，努力成为该领域的专家和领导者。

在职业生涯的发展道路上，没有所谓的空白点。每一种环境、每一份工作都是我们成长和锻炼的机会，我们要从中吸取经验和教训，不断提升自己。

在职业生涯的初期，我们可能会面临做自己并不喜欢、并不想从事一生的工作的情况。但是，我们要明确区分喜欢与不喜欢工作的情感，以及我们是否有能力做好这份工作的现实情况。

职业生涯的发展始于做好本职工作。这意味着我们要努力做好眼前的工作，不断提升自己的专业能力和业务水平，为未来的发展打下基础。

在职业生涯的道路上，只要我们不放弃目标，每一次挫折、每一次失败都是有价值的。这意味着我们要保持乐观的心态，从失败中吸取教训，不断调整自己的方法和策略，向着目标前进。这些观念为我们提供了职业生涯发展的指导方针和动力源泉。它们鼓舞着我们在职业道路上不断前行，不断成长，不断挑战自己的极限。无论我们目前所处的境地如何，无论我们的职业生涯处于何种阶段，这些观念都能够激励我们坚定信念、砥砺前行。

因此，让我们铭记这些观念，将它们融入我们的职业生涯中。让我们在面对困难时不气馁，而是坚信只要我们持之以恒，一定能够找到解决问题的方法；在追求成功的道路上，让我们保持学习、进取的态度，不断开拓新的知识领域和思维模式；在面对挫折时，让我们坚定信心，不轻言放弃，而是勇敢地面对失败，从中吸取教训，不断调整自己的方向和策略。

最终，让我们以一种积极的心态，迎接职业生涯中的每一个挑战和机遇。因为只有在不断挑战自己、不断突破自己的极限之时，我们才能够实现个人价值，成就辉煌的职业人生。

（3）长期目标

制订长期职业目标是职业生涯规划中至关重要的一环。这些目标超越了眼前的现实，投射了个人对未来的远大期望和渴望。它们需要通过深入的思考和自我探索，精心设计并持续调整，以确保与个人的价值观、理想和能力相契合，并且具备可行性和实现可能性。

首先，明确长期目标需要超越眼前的现实。它们不应该受限于当下的环境和局限，而是要放眼未来，预测可能的职业发展路径，并找到最深深渴望和追求的事物。这意味着个人必须深入思考自己的欲望和梦想，因为只有清晰地知道自己想要什么，才能有可能实现。

其次，长期目标的确立是一个自我发现和创造的过程。它们不是随意确定的，而是通过自我思考、反思和分析，结合个人的价值观、信念、能力和特点，找到与自己理想和志向相符的新组合。这可能需要不断地调整和完善，以适应个人成长和环境变化的需要。

再次，制订长期目标必须符合一系列标准。这些标准包括：目标是自由选择的，来源于个人的内在愿望和动机；目标是经过深思熟虑和评估的，不是随意确定的选择；每个选择都应该被珍视，并且感觉上“不错”，符合个人的内在需求和愿望；对所选目标感到自豪，并愿意与他人分享；并且打算通过行动来实现这些目标，并且能够与整个生活模式相契合。

最后，长期目标的建立需要考虑个人的职业生涯需求，并能够适应不断变化的工作环境。这需要从市场角度来探求自己的人生，以确保目标与行业趋势和市场需求保持一致，并能够为个人的长期发展提供明晰的方向和指导。

（4）中期目标

中期目标作为职业发展中的重要里程碑，通常涵盖了两年以上、十年以下的时间跨度。它们承载着个人的志向、环境条件和要求，具有一系列显著特征，这些特征不仅指导着目标的制订，也影响着目标的实现和持续性发展。

第一，中期目标必须结合个人的志向和环境条件。这意味着目标不仅要与个人的梦想和愿景相契合，还需考虑周围环境的因素，包括社会、经济、文化等各方面的影响，以确保目标的可行性和实施性。

第二，中期目标应基本符合个人的价值观，并充满信心，愿意公之于众。这意味着目标不仅要与个人的核心价值观相一致，还需要具备足够的自信和勇气，愿意在公众面前分享并追求这些目标，以激发自己的动力和社会支持。

第三，中期目标应切合实际并有所创新。这意味着目标既要符合实际可行性，又要具备一定的创新性，能够在现有基础上做出改进和突破，以实现个人与环境的良性互动和共赢。

第四，中期目标需要能用明确的语言定量说明，具备明确的时间，并可适当调整。这意味着目标需要清晰具体、可量化，以便能够对其实施过程进行有效监控和调整，确保目标的顺利实现。

第五，对中期目标的实现可能性需进行评估，这意味着需要对目标的可行性、风险和影响进行全面考量和分析，以确定实现目标的合理路径和策略。

第六，中期目标需要具备全局眼光，与长期目标一致，并有可能改变可以改变的事情。这意味着目标需要从宏观的角度出发，考虑其对个人职业生涯和社会发展的长远影响，并在实施过程中保持灵活性和适应性，随时调整策略以应对外部环境的变化。

（5）短期目标

短期目标在个人职业规划中扮演着关键的角色，不仅有助于将长期目标具体化、现实化、可操作化，还在结果和行动之间架起一座坚实的桥梁。将其比喻成一个金字塔形目标网，长远目标如塔尖高矗，而底部则扎根着无数个短期具体目标，这形成了一个紧密有机的关系网络。

为了更有效地制订短期目标，我们可以进一步细化为输出目标和能力目标。输出目标是为了实现长远目标而设定的具体实施目标，它能够通过标准来衡量是否完成。而能力目标则是为了达到输出目标所需的相应能力,回答了“为了达成我的输出目标,我必须擅长什么?”的问题。这两者形成了一种相辅相成的关系,互相支持,共同推动着个人的职业发展。

在设定个人职业短期目标时,需要符合一系列规范要求。首先,目标必须清晰、明晰、确定,使其在实施过程中不产生歧义或模糊不清。其次,目标应切实可行,远离幻想,具备实际可操作性,以确保能够顺利实现。同时,目标必须与个人的意义、自我价值和长期目标一致,构建起一个有机统一的目标体系。

考虑到工作内外环境的因素,个人职业短期目标也需要具备实际性。目标的设定应顾及周围环境的变化,使其在实际操作中更具针对性和适应性。此外,对于各短期目标的重要性,需要进行辨别和衡量,根据其重要程度和可能实现的时间来排列实施顺序,确保合理有序地推进目标的实现。

在规定目标完成时限方面,包括起始时间和终结时间,有助于制订明确的计划和时间表。这有助于个人更有条理地推动目标的实现,并在规定的时间内完成各项任务。

总的来说,个人职业短期目标的制订是一项复杂而又重要的任务。它不仅关系到个人职业生涯的发展方向,更直接影响着每个目标的实现。通过明晰、切实可行的目标设定,我们能够更有针对性地推动自己的职业发展,逐步实现长远目标的同时不忽视每个短期目标的重要性。这样,个人职业生涯将更富有策略性和可持续性,助力于实现更为宏伟的职业愿景。

(二)大学生职业生涯规划目标组合

1. 时间上的组合

职业生涯规划是一个需要认真思考和精心设计的过程,而其中时间上的组合策略至关重要。在规划职业生涯目标时,我们可以将目标的时间组合分为两种情况:并进和连续。

首先,目标的并进意味着同时着手实现两个或多个现行工作目标,或者建立和实现与当前工作内容不相关的预备职业生涯目标。这种策略要求我们具备良好的时间管理能力和执行力,能够同时处理多个目标并确保它们的顺利实现。例如,一个人可能同时致力于提升当前职位的工作表现,同时也在培养新的技能或寻找未来可能的职业发展方向。

另一方面,目标的连续则指的是目标之间的前后连接,即实现一个目标后再着手实现下一个目标。通常情况下,较短期的目标会成为实现较长期目标的支持条件。这种策略要求我们具备清晰的目标规划和坚定的执行决心,逐步完成每个阶段的目标,逐步向着长期目标迈进。比如,一个人可能设定了未来五年内晋升到公司管理层的长期目标,而为了实现这个目标,他可能会在短期内先提升自己的专业技能,再进一步担任项目组的负责人,逐步积累管理经验。

目标的期限性是相对的,随着时间的推移,长期目标会逐渐转变为中期目标,中期目标则成为短期目标,而短期目标最终会成为近期目标。因此,完成每一个近期目标都是实现最终目标的必要条件。这也意味着我们需要不断地评估和调整自己的目标,以适应不断变化的环境和个人发展需求。

职业生涯的阶段目标与最终目标密切相关,但又更为具体和明确。它们是在特定时间段内想要达到的明确结果。如果将职业生涯的阶段目标转化为最终目标,只需要将各个阶段目标连接起来,加上时间表和衡量目标达成结果的评估方式。这样,我们就可以更加清晰地了解自己的职业发展路径,并且在实现过程中不断检验和调整自己的计划。

总之,时间上的组合策略对于职业生涯规划至关重要。无论是并进还是连续,都需要我们具备良好的时间管理能力、清晰的目标规划和坚定的执行决心。只有不断地调整和优化自己的计划,才能在职业生涯中不断取得进步,最终实现自己的理想与抱负。

2. 功能上的组合

功能上的组合对于职业生涯目标的实现至关重要,其中包括因果关系和互补作用两个方面。在职业发展中,各项目标之间常常相互影响、相互支持,形成一个有机的整体。

首先,让我们来看看因果关系。在职业生涯规划中,目标之间常常存在明显的因果关系。举例来说,提升个人能力往往是实现职务目标的先决条件。一个人如果想要晋升到更高级别的职位,就必须具备相应的能力和技能。这可能涉及不断学习、提升专业知识,或者通过实践经验来增长技能。而这些能力的提升将直接促进职务目标的实现。另外,职务的提升通常也伴随着经济收入的增加。因此,个人的经济目标往往与职务目标密切相关，形成了一种因果链条。

内职业生涯往往是这种因果关系的产生者。例如，一个人设定了未来五年内年薪达到 70 万的经济目标。要实现这一目标，他可以通过两种途径之一：一是在现有职务上表现出色，获得更高级别的职位；二是不断提升个人能力，使自己具备晋升到更高级别职务的条件。而实现这些职务目标和经济目标的关键在于能力的提升。因此，通过不断学习、实践和成长，个人的能力得到提升，从而推动了职务和经济目标的实现。

另一方面，职业生涯中也存在着互补作用。互补作用指的是不同目标之间相互促进、相互支持的关系。举例来说，一个管理人员希望在成为一个优秀的部门经理的同时获得 MBA 证书。这两个目标之间存在着直接的互补作用。管理工作提供了实践经验和案例，为 MBA 学习提供了丰富的素材和实践基础；而 MBA 学习则为管理工作提供了理论知识和方法指导，帮助管理人员更好地理解和应对实际工作中的挑战。通过将管理工作和学习相结合，管理人员能够在职业生涯中取得更好的成就。

因此，职业生涯规划中的功能上的组合至关重要。通过理解和利用因果关系和互补作用，个人可以更加有效地制订和实现自己的职业目标，实现个人职业生涯的成功和发展。

3. 全方位组合

全方位的组合指个人事务、职业生涯和家庭的均衡发展、相互促进。在建立职业生涯目标时，应考虑自己在个人发展、家庭生活和职业生涯发展中的各种愿望。[①]

四、大学生职业生涯规划实施中容易出现的问题

大学生职业生涯规划指导的问题不容忽视，其中最显著的问题之一是教育指导理念的模糊性。尽管职业生涯规划被纳入大学生就业指导的范畴，但实际上，它往往被简化为就业指导，过于强调提高学生就业率，而忽略了培养学生综合能力和就业观的重要性。这模糊的理念导致学生在职业发展中缺乏清晰的路线，使得职业生涯规划未能充分发挥其科学指导的作用。

---

① 康静. 基于职业生涯规划的大学生创新创业教育 [J]. 湖北开放职业学院学报，2020，33（18）：1-2.

其次，大学生职业生涯规划指导的内容相对单一。理论教育被过度强调，而实践能力、心理教育等方面的内容却相对缺乏。这使得学生在规划职业生涯时缺乏全面性，无法有效地应对实际情况，规划指导的实际效果大打折扣。

另一方面，实践体验的匮乏也是制约大学生职业生涯规划指导的问题之一。职业生涯规划需要更多的实践体验，以帮助学生深入了解自己的兴趣和潜力，然而由于校企合作不够深入、相关活动较少，学生的实践体验受到限制，无法将规划指导内化为具体的思想和行为，这对其择业和职业道路的发展产生负面影响。

最后，职业生涯规划指导的方式亟待创新。传统的大班授课和知识讲座方式难以满足学生个性化需求，尤其在解决学生就业过程中的心理问题等方面效果有限。需要采用更加创新、个性化的方式，关注学生个体差异，及时发现并解决问题，以提升职业规划指导的实效性。综合而言，解决这些问题需要教育机构、企业和社会多方共同努力，共同推动大学生职业生涯规划指导的全面提升。

五、职业生涯规划在大学生就业指导工作中的实施方法

（一）构建职业生涯规划课程

在大学生就业指导中，职业生涯规划占据着至关重要的地位。它不仅为学生提供正确的就业观念，而且引导他们不断提升就业能力，有助于解决大学生就业难的问题。为了实现理想效果，职业生涯规划课程的建设必须得到充分的重视，并在体现系统性指导的同时，充分发挥规划指导的作用。

1. 自我认知教育

自我认知教育是职业生涯规划的基础。通过深入的自我认知，学生可以更准确地了解自己，建立初步的职业发展认知。在这个过程中，学生不仅能清晰认识自身的优势和不足，还能明确自己的职业目标，为学习、训练和发展奠定良好基础。

2. 职业规划意识

职业规划课程教育有助于提升学生的职业规划意识。通过了解和分析不同职业及其要求,学生可以建立正确的择业就业观,顺应时代发展趋势。这种课程还鼓励学生在大学初期就开始进行职业生涯规划,不断优化调整职业规划和目标,最终帮助他们成功就业和实现职业理想。

3. 职业抉择能力

大学生就业困难主要体现在缺乏职业意识、不了解就业形势、自信心过剩以及职业能力不足等方面。通过加强学生的职业抉择能力培养,可以纠正他们择业就业的错误认知,使他们脚踏实地、逐步朝着理想职业目标迈进。

4. 创新创业

作为大学生就业指导的重要组成部分,职业规划课程通过有效培养学生的创新创业能力,不仅能打破传统就业观念,还能在引导学生创新创业的过程中促使他们更好地成长。在执行时,需要重点关注心理教育、政策支持、项目孵化指导等方面,以促进学生在创新创业中实现职业理想,同时为社会创造更多的岗位,缓解大学生就业形势的严峻局面。

综合而言,一个全面的职业生涯规划课程不仅要关注学生的自我认知和职业规划意识,还需培养其职业抉择能力和创新创业能力。通过这样的课程,大学生将更有信心、更有能力地迎接职业生涯中的挑战,为社会作出积极贡献。

(二)给予学生持续化规划指导

随着社会的发展和就业市场的竞争日益激烈,大学生职业生涯规划愈发显得重要。为了帮助大学生更好地实现个人职业目标,持续化规划指导成为教育体系中不可或缺的一环。

大一学生面对的是全新的大学生活和学习环境,对于职业生涯的规划往往感到迷茫。因此,开展职业规划基础教育至关重要。在大一阶段,我们应该着重向学生传授职业规划的基本知识，帮助他们树立正确的职业观念，明确自己的职业理想和目标。通过了解职业规划的内容和步骤，学生能够更好地规划自己的未来，并在此过程中激发学习的积极性和主动性。

随着大二学生逐渐对专业和职业有了更深入的了解，我们应该引导他们更加关注自身的兴趣和能力。通过了解专业及对应职业，学生能够更好地认识到自己的优势和劣势，从而有针对性地进行职业能力培养。这一阶段的重点是培养学生的职业兴趣和综合能力，为他们未来的职业发展打下坚实的基础。

到了大三，学生已经进入了实践技能学习的阶段。在这个阶段，我们应该注重学生的职业技能培养，提升他们的就业竞争力。除了鼓励学生积极参加各种证书考试外，还应该引导他们参加实践体验活动，培养与职业相关的各种能力和素养，从而提升他们在就业市场上的竞争力。

最后，大四阶段是学生即将步入职场的关键时期。在这个阶段，我们应该为学生提供更多的就业指导和支持。可以邀请企业家和优秀校友回校进行演讲，分享自己的就业经验，为学生提供实用的就业指导。同时，还应该为学生收集更多的就业信息，帮助他们更好地了解就业市场的需求，做好求职准备，提高就业成功率。

1. 建立专门规划指导部门

随着社会的快速发展和经济的不断变革，大学生职业生涯规划指导工作的重要性日益凸显。为了更好地推动这项工作，建立专门的规划指导部门显得十分必要。这个部门不仅需要建立职业规划指导中心，还需要科学建立组织领导机制，以确保工作的科学规范展开和有效推进。

首先，建立职业规划指导中心是关键的一步。这个中心不仅是提供职业规划指导的地方，还应该是整个指导工作的核心组织单位。在这个中心的领导下，各项工作将有序展开，包括对大学生提出的疑问进行及时解答，帮助他们更好地规划自己的职业生涯。

其次，组织领导机制的科学建立至关重要。这意味着需要明确各个部门的职责和任务，确保工作的协调进行。同时，建立起科学的责任制度，使每个人都清楚自己的工作职能和责任，以便在工作中能够专心致志地完成自己的任务。

此外，资金投入也是必不可少的。要想推动大学生职业生涯规划指导工作，就需要有足够的资金支持。这不仅包括用于建立职业规划指导中心和购置相关设施设备的资金，还包括用于开展丰富多样的指导活动和引进职业测评系统的资金支持。只有有了足够的资金投入，才能够更好地支持这项工作的开展，并提高工作效率和质量。

最后，积极拓展校外资源也是推动工作的重要途径。通过与企业、社会组织等建立合作关系，可以为学生提供更多的就业机会和实践机会，促使他们更好地融入社会，实现自己的职业生涯目标。

综上所述，要想推动大学生职业生涯规划指导工作，就需要建立科学规范的工作体系，包括建立专门的指导部门、科学建立组织领导机制、加大资金投入力度、积极拓展校外资源等方面。只有这样，才能够更好地为大学生的职业生涯规划提供有力支持，促进他们更好地实现自己的人生价值。

2. 打造职业规划实践平台

在当今竞争激烈的就业市场中，大学生职业生涯规划和就业指导变得尤为重要。为了帮助学生更好地了解自己的职业发展方向并为未来的就业打下坚实基础，加强学生实践体验成为当务之急。通过与企业合作、建立人才库以及举办多样化实践活动等措施，学校可以为学生打造一个全方位、多元化的职业规划实践平台。

首先，加强学校与企业的合作是实践平台建设的关键一步。传统的实践活动往往受限于学校的组织能力和资源条件，难以让学生真正融入职业岗位中。为此，学校可以积极与社会企业建立实习基地，为学生提供更广阔的实践场景。通过在实际工作环境中的积累，学生不仅可以提升相关职业技能，还能对自己的职业生涯规划有更深入的认识和理解，为未来的就业打下坚实基础。

其次，建立高校人才库是实践平台建设的另一个重要举措。借助现代信息网络技术，学校可以对历届优秀毕业生的相关资料进行搜集整理，并将其保存在人才库中。这些优秀毕业生的职业规划和就业经验可以作为宝贵的参考资源，为当前学生的职业生涯规划和就业指导提供有效支持。同时，学校还可以通过校园论坛、微信平台等渠道，广泛宣传这些优秀毕业生的经验故事，促进学生与他们之间的交流与互动，激发学生的求知欲望和职业探索意识。

最后，举办丰富多样的实践活动是实践平台建设的重要组成部分。通过组织各类实践活动，如社会调研、志愿服务、创业实践等，学校可以帮助学生走出校园，与社会接轨，从而更好地了解社会现实和职业需求。这些实践活动不仅可以为学生提供实际工作经验和职业素养培养,还能促进学生的职业成长与发展,为他们的未来就业奠定坚实基础。

3. 开展网络信息化服务

随着现代科学技术的不断发展,信息网络技术在大学生就业指导和职业生涯规划中扮演着越来越重要的角色。这些技术的广泛应用不仅为学生提供了更好的就业指导服务,也促进了他们更好地择业就业。下面将探讨一些具体的措施:

首先,利用互联网技术开发相关的云课程。通过将这些课程资源上传到校园网络平台,学生可以随时随地搜寻和获取所需的信息。这种方式不仅能够促进学生对职业生涯规划有更加深入的认识,还可以为他们的专业学习和职业发展提供有力的指导。这种灵活的学习方式使得学生可以根据自己的时间安排和兴趣爱好进行学习,极大地提高了学习的效率和质量。

其次,开发专门的职业规划 APP。这种应用程序可以及时上传行业发展、人才引进政策、校园招聘等信息,帮助学生了解最新的就业动态。同时,针对出现的信息变动情况也能进行及时更新,确保学生获取的信息是准确和最新的。此外,这些 APP 还可以针对学生提出的疑问进行针对性分析和解答,为他们提供个性化的指导服务。通过这种一对一的指导方式,不仅提高了就业指导工作的效率与质量,也使得学生在职业生涯规划过程中能够获得更好的发展。

第三节 大学生职业生涯规划的评估

一、职业生涯规划的评估

(一)评估的内容

随着时间的推移和生活环境的变化,职业生涯规划可能需要不断地进行评估和调整。在职业生涯中,有时候我们会遇到各种挑战和障碍,需要灵活地应对并做出相应的改变。

1. 职业生涯目标评估（是否需要重新选择职业？）

制订目标是人生规划的重要一步，但仅仅初步制订还远远不够。当我们发现无法找到理想的学习机会或工作时，可能需要重新评估自己的职业生涯目标。如果长期无法适应或胜任原定的职业生涯目标，导致心理压抑和不愉快，我们就需要考虑修正和调整职业生涯规划。同样，如果我们的职业给家庭带来了很多不便，或者家人反对我们从事的职业，也需要重新审视和调整职业生涯规划。

目标的有效性需要通过评估和检验来确保，这涉及五个关键问题的考虑：目标是否适合自己、职业目标是否充分考虑了生活的其他方面、职业目标是否与当前工作或学习相关、目标的具体性以及目标是否具备灵活性。

首先，目标是否适合自己是制订职业目标的首要考虑因素。选择的职业是否符合个人兴趣和价值观，以及是否具备所需的能力和技能，都是必须在初步制订目标时考虑的重要问题。如果一个人对所选择的工作缺乏兴趣或无法胜任所需的任务，那么设立的职业目标将失去实现的动力和意义。

其次，职业目标是否考虑了生活的其他部分也是至关重要的。生活不仅仅包括职业，还涉及婚姻、家庭责任等多个方面。忽视这些因素可能导致事业与生活难以协调的问题。一个成熟的事业规划应该全面考虑职业对生活的影响，包括对生活氛围的影响和所期望的生活方式。

第三，职业目标是否与目前的工作或学习相关也需要被认真对待。尽管当前从事的工作或学习可能与最终职业目标不完全对口，但它们仍然是实现目标的媒介和资源。在选择职业目标时，应该考虑当前工作或学习如何对目标的实现产生积极的影响，并尽可能使二者相互关联。

再次，目标的具体性是另一个需要关注的方面。具体、可操作的目标能够明确指导行动，帮助人们更好地评估努力的方向和取得的进展。相比之下，模糊的目标只是一种愿望，很难提供实际的指导和评估准则。

最后，职业目标是否具备灵活性也是至关重要的。随着社会和时代的变化，职业领域也在不断演变。因此，设定的目标应该具备一定的灵活性，能够适应变化的环境和要求。一个过于僵化的目标可能会失去实际意义，因此在规划中应充分考虑适应性和灵活性。

综合考虑以上五个问题，才能确保初步制订的目标经过评估和检验后，成为一个既适合自己、考虑了全面生活因素、与当前工作或学习相关、具体可操作、又富有灵活性的有效目标。这样的目标规划不仅有助于职业生涯的成功，还能更好地融入个体的整体生活规划中。

2. 职业生涯路径评估（是否需要调整发展方向？）

当我们发现原定的职业发展方向缺乏发展前景时，就需要考虑调整发展方向。有时候会出现更适合自身发展和职业生涯的机会或选择，这时就需要勇敢地迈出新的一步，调整自己的职业生涯路径。

3. 实施策略评估（是否需要改变行动策略？）

如果我们在其他地方找到了更满意的工作，或者家人无法在我们工作的地方定居和工作，就需要考虑改变已定计划，前往新的地方发展。同样，如果我们在原定区域和职业选择上无法得到发展，就需要重新评估和调整行动策略，寻找新的机会和方向。

4. 其他因素评估（身体、家庭、经济状况以及机遇、意外情况的及时评估）

除了职业因素外，还有其他因素可能影响我们的职业生涯规划。如果家庭需要更多的照顾，我们可能需要暂时放下工作，把更多的精力放在家庭上。如果身体状况不允许从事原定的职业，我们可能需要放低对自己的要求，寻找更适合的工作。同时，意外情况的发生也可能迫使我们调整职业生涯规划，应对新的挑战和机遇。

（二）评估的方法

在追求职业成功的旅途中，定期对自己的职业生涯进行评估是至关重要的一环。这不仅有助于我们了解自己的成长和进步，还能够及时调整策略，以确保我们在职场上保持竞争力和适应力。

1. 反思法

反思是一种强大的工具，可以帮助我们深入了解自己的学习和成长过程。在职业生涯规划实践中,我们可以通过反思来回顾自己制订的计划和目标。我们需要审视自己是否按计划分配了学习时间,学习上是否取得了预期的收获,以及是否存在仍需解决的问题。通过反思,我们可以总结经验,找出学习方法上的体会,并对下一步的规划做出调整。

2. 调查法

在实现每一个近期目标后,我们需要对当前的主客观环境和条件进行调查和分析。这包括了解环境和条件是否发生了变化,哪些方面变得更好,哪些方面变得更差,以及总体情况如何。了解这些变化后,我们可以有针对性地修改下一步的计划,以更好地适应新的环境和条件。

3. 对比法

每个人都有自己追求的方法,因此在职业生涯规划时,我们应该多比较、多思考、多学习,吸取别人科学的方法。通过分析他人的职业生涯规划,我们可以获得宝贵的启示,帮助自己进行调整和修改。

4. 求教法

将自己的职业生涯规划和追求告知知己和学友,让他们帮助我们进行思考和反思。虽然自我反思有时候会很困难,但别人可以从旁观者的角度清晰地看到我们的弱点。虚心、主动、积极地征求别人对自己计划的看法和修改意见,这将带来意想不到的收获和成长。

(三)评估注意的问题

在追求职业成功的道路上,定期进行职业生涯评估是至关重要的一环。通过对自身目标、策略执行效果以及适应环境的能力进行深入剖析,我们能够更明晰地认识自己,找出偏差并做出必要的修正。以下是一些关键因素,供我们在职业生涯评估中参考:

(1)抓住最重要的内容。在职业生涯的不同阶段,总存在一个最为重要的核心目标。其他目标都应该指向这个核心,因此我们可以通过优先排序,着重评估那些能够推动核心目标实现的主要策略的效果。这有助于确保我们的精力和资源得以最大化利用，以达到最关键的职业目标。

（2）分离出最新的需求。随着内外环境的不断变化，我们需要善于发现最新的趋势和影响。对于新的变化和需求，制订有效而富有创新性的策略至关重要。只有紧跟时代潮流，我们才能更好地适应环境变化，确保自身职业生涯的长期成功。

（3）找到突破方向。有时候，通过在某一点上取得突破性的进展，将对整个职业生涯产生意想不到的改变。我们应该审视先前的职业生涯规划，找出哪一项策略可能对核心目标的实现有突破性的影响。若未能达到预期，我们需要深入分析原因，并寻求新的突破方向。

（4）关注弱点。木桶理论提醒我们，容器的大小并非由最长的木板决定，而是由最短的木板决定。在职业生涯的反馈评估中，我们不仅要肯定自身的长处和取得的成就，更要关注自身素质和策略中的短板。这可能表现为观念、知识、能力或心理素质上的差距。只有通过发现并纠正这些短板，我们的职业生涯桶才能更大容量，更好适应环境的变化。

二、大学生职业机会评估方法

（一）SWOT 分析法

SWOT 分析法是一种广泛应用于西方战略管理学派的方法，用于评估企业在竞争激烈的市场中的优势和劣势，以及外部环境中的机会和威胁。这一方法不仅可以用于企业层面的战略规划，还可以在个人职业规划中发挥重要作用。SWOT 是 Strength（优势）、Weakness（劣势）、Opportunity（机会）和 Threat（威胁）的缩写，分别代表了内部和外部环境的四个关键方面。

在个人职业规划中，优势和劣势主要用于分析个人的内在特点，而机会和威胁则用于分析外部环境，包括组织和社会层面。优势可以包括个人性格特点、决策能力、坚韧不拔的意志以及丰富的知识技能等。相对应地，劣势可能涉及工作经验不足、人际关系不佳等方面。机会则指的是在职业发展中可以利用的有利时机，如企业内部的晋升机会或外派经理的空缺。威胁则表示潜在的危险，如新竞争对手的涌现或市场变化导致原产品不再适应。

对于个人职业规划而言，SWOT 分析是一种有力的工具，帮助个人了解自身的优势和劣势，以及职业发展中可能遇到的机会和威胁。通过对所面临的各种职业发展机会进行评估，个人可以更明晰地制订职业生涯目标，并选择最适合自己发展的途径。

在运用 SWOT 分析进行评估时，个人需要全面考虑内外因素，真实客观地评估自己的能力和环境中的变化。这样的评估有助于制订有针对性的职业规划，使个人能够更好地把握职业发展的机会，有效应对潜在的威胁。

（二）“五 WHAT”法

职业生涯规划是每位大学毕业生都应该认真对待的重要议题。很多人可能认为职业生涯规划是一个模糊而遥远的概念，但实际上，通过一系列明确的问题和策略，我们可以逐步建立自己的职业道路。

第一，我们需要进行自我分析，回答“五 WHAT”法中的第一个问题：“你是什么样的人？”这一过程涵盖了个人兴趣、性格、教育背景、技能等方面的分析。了解自己的优势和特点，有助于我们更好地规划职业生涯。

第二，我们需要设立明确的目标，回答第二个问题：“你想要什么？”这包括职业目标、收入目标、学习目标等。特别要强调的是学习目标，因为只有不断学习、进步，才能在竞争激烈的职场中立于不败之地。

第三，我们需要了解自己的技能和能力，回答第三个问题：“你能做什么？”这涉及专业技能的掌握和运用，以及个人工作经验的积累。通过不断地学习和实践，我们可以不断提升自己的竞争力。

第四，我们需要考虑外部环境对我们的支持和影响，回答第四个问题：“环境支持或允许你做什么？”这包括职业支撑点、资源和社会关系等方面。了解外部环境的因素有助于我们更好地规划和调整自己的职业路径。

第五，我们需要根据前面的分析，确定最终的职业选择，回答第五个问题：“最后的选择是什么？”这需要综合考虑个人的目标、能力和外部环境因素，选择最适合自己的职业道路。

第四节　大学生职业生涯规划的调整

一、职业生涯规划的反馈

(一)反馈的定义

反馈在职业生涯规划中扮演着至关重要的角色。它不仅仅是一种信息的回流,更是一个不断认识、再发现的过程。在制订职业生涯目标的过程中,我们往往会设定具体的计划和行动方案,但现实社会中的不确定因素常常会导致我们与最初设定的目标产生偏差。因此,信息反馈成为确保职业生涯规划有效性的最后一环。

大学生在职业生涯规划中常常面临着诸多未知和挑战。随着时间的推移和个人经历的积累,原先设定的目标可能会需要修正或调整。这就需要我们不断地反省和审视自我,及时对职业生涯目标和行动方案进行调整,以确保最终能够实现人生理想。

反馈调整并非一成不变的过程,而是一个动态的、不断发展的过程。它要求我们时刻关注内外环境的变化,不断审视自我,灵活地调整策略和目标。只有通过不断地反思和调整,我们才能更好地应对职业生涯中的挑战和机遇,不断发现和实现自己的潜力。

在职业生涯规划中,反馈评估的过程不仅仅是为了修正错误,更是为了不断完善和优化个人的发展路径。通过及时的反馈,我们可以更好地了解自己的优势和劣势,从而更加有针对性地调整职业发展策略,实现个人职业生涯目标。

因此,反馈评估是职业生涯规划中不可或缺的一环,它为我们提供了不断学习和成长的机会,帮助我们更好地适应和应对职业生涯中的变化与挑战,最终实现自己的理想与抱负。

（二）反馈的类型

大学生综合素质评价在大学教育中扮演着重要的角色。正式反馈是其中一个重要方面，通过程序化的有组织的过程进行。在大学教育中，正式反馈通常使用综合素质反馈登记表，从教育学的角度来看，可以划分为思想道德素质、智育素质、体育素质、文化素质和心理素质等五个部分。不同大学和专业对学生素质结构的要求不同，但经过必要的单位换算和加权处理后，这五个部分的分值可以形成一个综合素质评价值。这种方法分为自评、互评、班评及综评等四个评价阶段，以满足大学对学生综合素质评价科学性的需求。通过正式反馈，大学生可以了解自己哪些能力需要发展提高，从而改进学习、工作表现和行为。

另一方面，非正式反馈在日常学习工作交流中起着重要作用。这种方式可以非常简单，由老师或同学（朋友）提出意见，帮助指出存在的缺点或错误。同时，通过写感谢信、当众表扬或老师当面赞许等方式传递正面的反馈信息也是非常有效的。例如，在学习上相互帮助，进行课前交流或寝室卧床会的交流，以便取长补短；在实训课结束后立即进行总结。通过日常交流和非正式反馈，学生可以建立起重要的人际交流渠道，为职业生涯规划进行正式反馈铺平道路。

绩效考评也是大学生综合素质评价的重要组成部分。绩效考评可以采用多种形式，根据不同的职业生涯目标提供正确的信息反馈。有的大学生把考研当作自己近期最主要的目标；有的大学生想节省时间，学习第二学位成了最好的选择；还有的大学生准备毕业后踏入社会，为了给自己积累资本，攻克各种职业证书如英语四级和六级、国家计算机二级等成为他们的目标；还有的大学生选择加入学生会，并把学生会锻炼当作大学阶段必不可少的一门实践课。通过采取不同的管理方式，大学生可以提高自身素质，为自己的未来打下坚实的基础。

（三）实施全方位反馈评价

全方位反馈，又称“360度反馈”，源自美国企业巨头英特尔，被视为“企业力量的象征”。这一评价方法将评价者从仅仅是上级主管扩展至与被评价者密切接触的各方人员，包括同事、下属、客户等，同时也包括被评价者自身的自评。这种方法基于多方位的信息收集，旨在全面评价个体的绩效并提供有益的反馈。在大学生职业生涯规划中，全方位反馈应包含学校领导、老师、学生和被评价者自身等多方主体。

为了有效实施大学生职业生涯规划的全方位反馈评价，我们需要关注以下三个关键环节：

(1)同学间评议。利用同学们的智慧和经验，让同学们参与提供评价意见。同学间评议能够使被评价的学生更加清晰地认识到自身的优势和不足，明确未来努力的方向。通过集思广益，同学们能够为彼此提供宝贵的建议，促进共同进步。

(2)深入自我评价。自我评价是大学生进行自我反思的有效工具。从被动接受评价转变为主动反省，总结学习和工作的得失。要求大学生用有限的字数总结学习成绩，将自我评价作为核心创新点。这不仅有助于自我认识和自我改进，还能使评价成为大学生专业发展的助推器。通过深入自我评价，大学生可以更全面地了解自己的优势和不足，为未来的职业生涯规划提供有力支持。

(3)实际评价反馈。全方位反馈评估的最终目标是改善大学生的职业生涯规划状况，而评价结果的反馈至关重要。选择合适的时间、地点和反馈途径，将各方面的评估信息经过实际分析反馈给大学生自己。通过这一过程，我们能够帮助大学生评价和调整职业生涯规划的发展和行动计划，从而提升反馈的效能。

全方位反馈不仅为大学生提供了全面的绩效评估，也为他们的职业生涯规划提供了智慧之路。通过多方位的视角，大学生可以更全面、客观地认知自己，及时调整发展方向，不断完善自身，走向更为成功和充实的职业生涯。在这个过程中，全方位反馈成为指引大学生成长和发展的重要导航仪器。

二、职业生涯规划的修整

(一)何谓职业生涯规划修整

职业生涯规划修整是指根据新的情况和要求重新调整和安排个人的职业发展路径和目标。在职业生涯规划中，不断调整是至关重要的。一个优秀的职业生涯规划应当具备可行性，包括明确的实施计划、具体的措施和时间安排。然而，如果职业生涯规划制订得过于细致和严格，就可能会限制个人的发展空间，错失许多随时可能出现的机会，甚至因为不切实际而导致无法执行。

在职业生涯发展中，许多因素往往是难以预料的，如市场变化、技术进步、个人兴趣和能力的变化等。因此，为了确保职业生涯规划的有效性，必须保持足够的灵活性，随时根据实际情况进行评估和调整。

调整职业生涯规划的过程需要定期检视目标的完成情况，评估环境的变化，并及时做出正确的调整。这可能包括重新评估个人的职业目标、调整学习计划、寻找新的职业机会或者调整职业发展方向等。只有通过不断的调整和优化，才能确保个人的职业生涯规划与职场需求和个人发展相匹配，从而实现更加顺利和成功的职业生涯发展。

因此，职业生涯规划调整是职业发展过程中的重要环节，它不仅需要个人具备敏锐的观察力和反应能力，还需要不断学习和适应变化的能力。只有保持灵活性和持续调整，才能在竞争激烈的职场中脱颖而出，实现个人的职业目标和成就。

（二）职业规划修正的依据

在我们的职业生涯发展过程中，常常会面临各种问题和挑战。这些问题可能涉及与社会发展、职业发展以及个人兴趣爱好之间的冲突。因此，职业生涯规划需要不断调整，以适应不同阶段的需求和变化。特别是对于高职学生而言，在学习和工作中出现一些问题时，生涯规划就显得尤为重要。

首先，当我们怀疑自己是否合格时，需要认真反思。如果在学习和工作中感到痛苦，可能是因为自己表现不佳而不愿正视问题。在这种情况下，可以扪心自问：自己到底做得如何？可以请老师对自己的表现进行评定，或者向一位精明而诚实的同学请教，以获取一个客观的评估。

其次，当学习或工作过于轻松时，也需要警惕。如果能够轻松地完成任务，可能意味着自己的能力已经超越了当前职位，但没有意识到这一点。在这种情况下，可以问自己一些问题：是否仍然能够从工作中学到新的东西？是否有意愿进一步发展正在使用的技能？

与此同时，与老师和同学之间的关系也是需要关注的因素。如果与老师不合拍，可能会影响学习和工作的积极性。一种较好的测试方法是观察在老师身边的感觉，是自在放松还是紧张不安？与同学之间的关系也同样重要，如果感觉与同学交往时格格不入，可能已陷入一个无法展现自己的环境。

(三)职业生涯的修正定位

职业生涯的定位是每个人在职场发展中至关重要的一环。不论是已经在职场打拼的职场人士,还是即将踏入职场的大学生,都需要认真对待职业生涯的定位。事实上,对于大学生来说,职业生涯定位更为关键,因为它将直接影响到他们未来的职业发展路径和成就。

在职业生涯发展的初期,就应该开始规划自己的职业道路,并不断调整和优化。这种规划不仅需要考虑个人的兴趣、能力和价值观,还需要与时俱进地了解职场的需求和变化。正如文中所述,随着社会生产力的不断进步和社会分工的深化,职场的需求也在不断变化。因此,我们必须密切关注职场的发展动向,及时调整自己的职业方向,以适应不断变化的职场环境。

对于高校学生来说,他们应该学会将所学知识与实际职场需求相结合,学以致用。仅仅掌握理论知识是不够的,还需要不断地了解职场的实际情况,以便调整自己的学习方向和职业规划。只有这样,才能在毕业后顺利地进入职场,并在其中立足发展。

而要实现一个成功的职业生涯定位,需要我们对自己有清晰的认识、准确的判断和合理的把握。我们需要认真分析自己的优势和劣势,了解自己的兴趣和擅长领域,从而选择一个与自己特长相匹配的职业方向。同时,我们还需要不断地学习和成长,提升自己的职业素质和竞争力,以应对职场的挑战和变化。

总之,职业生涯定位是职业发展中的重要一环,它直接关系到个人的职业成就和发展前景。只有认真对待、不断调整和优化,才能实现一个成功的职业生涯规划,开创自己的职业发展之路。

在职业生涯规划中,评估与修正是实现个人职业目标的重要步骤。一旦经过评估,接下来的任务就是进行目标和策略方案的修正,以确保职业生涯的顺利发展。修正的过程包括职业重新选择、生涯路线的调整、阶段目标的修正以及实施措施与行动计划的变更等。

(四)职业生涯修整目的

1. 对自己的强项充满自信

评估结果应当让个体对自身的优势有清晰的认识,从而提高自信心,为未来的职业发展打下坚实基础。

2. 对自己的发展机会有清楚的了解

通过修正，个体能够更明确地了解自身的发展机会，从而能够更有针对性地制订职业生涯发展计划。

3. 找出关键的有待改进之处

评估应当揭示个体需要改进的方面，这对于职业生涯的成功至关重要。

4. 对有待改进之处制订详细的行为改变计划

修正的目标之一是制订具体的行动计划，以应对个体在评估中发现的不足之处，推动自身进步。

5. 以合适的方式答复那些给予反馈的人，并表示感谢

修正过程也包括与他人的交流和反馈，建立积极的沟通渠道，并适时地感谢那些提供有益反馈的人。

6. 实施你的行动计划，确保取得显著的进步和成就

修正不仅是对个体的认知调整，更是行动的开始。目的是确保实施的计划能够取得显著的职业进步和成就。

（五）职业生涯的修整计划

在实施生涯规划时，修正计划是必不可少的一环。修正计划的时机取决于多个因素。

（1）定期检测预定目标的达成进度。设定明确的目标，并定期检测其进展，有助于在必要时进行调整。

（2）每一阶段目标达成之时，要依据实际效果，修订未来阶段目标可采用的策略。每个阶段的目标达成都应当成为调整策略的契机，以确保

未来计划更加切实可行。

(3)客观环境改变影响到计划的执行。外部环境的变化可能会对职业生涯规划产生重大影响,因此必须灵活调整计划以适应新的条件。

(4)有效的生涯设计还要不断地反省修正,反省策略方案是否恰当。不断地反思和修正是持续发展的关键,确保生涯规划能够适应变化的环境。

(六)职业生涯修整考虑的因素

在进行修正时,需要考虑多个因素,包括环境因素、组织因素和个人因素。

1. 考虑环境因素

社会、政治、经济、科技、自然、法律等方面的环境因素都可能对职业生涯产生影响。个体需要在宏观层面认识到发展的局限和可能性。

2. 考虑组织因素

组织规模、结构、文化、发展状况、人力资源规划等都是组织因素,了解这些因素有助于选择最适合自己发展的组织。

3. 考虑个人因素

年龄、性别、学历、工作经历、家庭背景、人格等都是影响职业生涯的个人因素。个体需要正确认识自己,并不断完善自身。①

---

① 侯萍萍. 积极心理学视角下的大学生职业生涯规划教育探析 [J]. 文化创新比较研究,2019(28):159-160.

第五章　创新创业背景下大学生创业理论素养的提升

在创新创业蓬勃发展的背景下，大学生创业理论素养的提升至关重要。大学生应通过系统学习创业课程、参与实践项目以及与业界专家交流等方式，提升创业思维、市场洞察力和团队合作能力。同时，加强对创新、风险管理、商业模式等方面的了解，有助于他们在创业过程中更加自信、理性地应对挑战，实现创业目标。不断提升创业理论素养，有助于大学生在竞争激烈的创业市场中脱颖而出，实现个人与社会价值的双赢。

第一节　大学生创业的意义

一、从知识经济角度看创业教育对挖掘大学生创业潜力的意义

在21世纪，知识经济成为全球经济的主导力量，塑造着国家竞争力和经济发展的格局。中国作为世界上最大的发展中国家之一，面临着实现现代化、追赶发达国家的历史使命。在这个背景下，充分利用后发国家的优势，实现经济的工业化和知识化的协调发展，成为我国发展的战略抉择。在这一进程中，大学生创业教育具有重要的意义。

首先，要加速实现知识向产业的转化，需要大量的创业型人才。在知识经济时代，知识是最重要的生产要素，而创业则是将知识转化为实际价值的关键环节。大学生作为接受高等教育的群体，拥有最丰富的知识资源，因此也是最具创业潜力的群体之一。他们所掌握的知识不仅包括专业知识，还涵盖了创新、科技、商业等方面的知识，为他们在创业领域发挥作用提供了有力支持。

其次,大学生创业教育有助于挖掘和释放学生的创业潜力。在传统观念中,大学生往往被视为求学、就业的主力军,创业是少数人的选择。然而,在知识经济时代,创业不再是一种奢望,而是一种必然趋势。创业教育可以激发大学生的创新意识、创业精神和实践能力,让他们更加自信地面对未来的挑战。通过创业教育,大学生可以学习到创业的基本知识、技能和经验,为日后的创业之路打下坚实的基础。

第三,大学生创业教育是顺应时代潮流的必然选择。随着知识经济的发展,创新创业成为推动经济增长、促进社会进步的重要力量。作为国家未来的中坚力量,大学生的创业意识和创新能力对于实现经济转型升级、提高国家竞争力至关重要。因此,加强大学生创业教育,充分挖掘他们在创业领域的潜力,不仅符合社会发展的需要,也符合个人成长的要求。

二、从人才培养角度看创业教育对于推进人才培养模式改革的意义

随着改革开放的持续深化,中国的高等教育体系也在不断演进,逐渐从社会的边缘走向了社会的中心。然而,尽管高等教育的发展取得了一定成就,但仍存在一些问题,特别是在人才培养方面与现代社会的需求之间存在一定的距离。这种距离主要表现在毕业生的素质普遍不高、缺乏开拓性和主动性、传承能力有余而创新精神不足等方面。

在传统的人才培养观念下,大学生往往被训练成对国家和社会高度依赖、缺乏创新能力和创业精神的人才。然而,随着社会经济的发展,尤其是进入知识经济时代以后,这种人才规格已经无法满足社会的需求。知识经济时代对人才的要求更为严格,竞争更加激烈,创业精神和创新能力成了人才竞争的关键。

面对这种现实,中国的高等教育亟须转变教育思想,改革人才培养模式。首先,应当树立现代教育观念,将教育重心从应试教育转向素质教育。其次,需要在教学内容、教学方法、课程设置以及考试制度等方面进行探索和革新,使教育更加贴近社会实际和时代需求。而创业教育作为一种重要的人才培养方式,能够有效地培养学生的创业基本素质,提升其生存能力、竞争能力和创业能力,使其成为适应知识经济时代的高级人才。

创业教育不仅能够帮助学生掌握创业所需的知识和技能,更重要的是能激发学生的创新潜能和创业热情。通过创业教育,学生可以学习到如何发现机遇、解决问题、管理团队以及应对挑战的能力,这些能力在知识经济时代尤为重要。同时,创业教育也能够培养学生的团队合作精神、

沟通能力和领导才能，为其未来的职业发展奠定坚实基础。

因此，开展创业教育，可以为中国高等教育的改革和人才培养模式的转变注入新的活力和动力。只有不断创新教育方式、激发学生的创业潜能，才能培养出更多适应时代发展需求的优秀人才，为中国的经济社会发展注入源源不断的人力资源和创新动力。

三、从“知识失业”角度看创业教育对推进高等教育大众化的意义

高等教育大众化是当今世界高等教育发展的趋势，也是中国社会进步、经济发展、国民素质提高的重要途径。然而，随着高等教育大众化的步伐加快，大学生数量的急剧膨胀给就业问题带来了巨大冲击。据统计，大学生失业的现象逐渐显现，成为社会关注的焦点。面对这一挑战，创业教育的推进显得尤为重要。

“知识失业”的问题逐渐浮出水面，不仅是中国，许多发达国家和发展中国家都曾经历过这一现象。随着经济结构的转型和科技进步的加速，传统行业就业机会减少，而新兴行业和岗位对知识、技能的需求则日益增加，这对高等教育的质量和就业培训提出了更高的要求。

在这种背景下，创业教育被视为缓解大学生就业压力的一种有效手段。通过创业教育，大学生可以培养创新精神和实践能力，提高他们自主创业的意识和能力。创业不仅可以为毕业生提供就业机会，还能促进经济的发展和社会的进步。与传统就业相比，创业具有更大的灵活性和自主性，能够更好地适应市场的需求和变化，为个人和社会创造更多的价值。

此外，创业教育还可以改善大学生的择业质量，减少“知识失业”的发生。通过创业教育，大学生可以更加理性地选择自己的职业发展方向，提高就业匹配度和就业率。同时，创业教育也有助于培养大学生的创新精神和团队合作能力，提高他们在就业市场上的竞争力和可持续发展能力。

总的来说，推进创业教育对于缓解高等教育大众化过程中的就业难问题，改善大学生的择业质量，形成良好的社会舆论，推动高等教育大众化的实现具有积极意义。政府、学校和社会应共同努力，加大对创业教育的支持和投入，为大学生创造更多的创业机会和平台，促进高等教育与经济社会的良性互动，实现教育的更高质量和更广泛覆盖。

第二节　大学生创业机会的识别

一、影响创业机会识别的因素

在现实中，许多人都有创业的想法，富有创业幻想，但能否在众多的创业想法中发现真正的创业机会，并有能力抓住它，最终成为一个成功的创业者，这受到许多因素的影响。

(一)先前经验

先前经验在创业过程中扮演着至关重要的角色。这在创业领域被称为“走廊原理”，它指的是创业者在创业旅程中通过积累的先前经验更容易识别机会。

创业是一场旅程，而创业者就像是在走廊里行走，寻找通往成功的门。在这段旅程中，创业者会积累大量的经验和知识，包括对特定产业的了解、市场的认识以及客户需求的洞察。这些先前经验使得创业者能够更加敏锐地察觉到产业内的新机会。

一旦创业者投身于某个特定产业，他们就会开始接触到该产业的各个方面，了解其运作机制、行业动态以及竞争格局。这种深入了解使得创业者能够更准确地分析市场需求和趋势，从而发现新的创业机会。与那些只是从产业外部观察的人相比，创业者更能够看到产业内的细微变化和发展趋势，因此更容易捕捉到创业机会。

例如，一个曾在科技行业工作多年的创业者，可能会对科技产业的市场需求、技术趋势和创新方向有着深入的了解。当他们决定创业时，他们已经具备了在该领域发现并利用机会的优势。同样地，一个曾在教育领域工作过的人可能会更容易发现教育行业中的新机会，并且能够更好地应对行业内部的挑战和变化。

尽管先前经验对于识别创业机会至关重要，但创业者也需要保持开放的心态，不断学习和适应新的情况。产业是不断变化的，创业者需要不断更新自己的知识和技能，以应对市场的变化和挑战。同时，创业者还需要与行业内的其他人员和专家保持联系，共同探讨和解决行业内的问题，从而更好地抓住创业机会。

（二）认知因素

认知因素在机会识别中发挥着关键作用，而这一过程既可能是一项天赋技能，也可以通过认知学习得到。许多人倾向于将创业者视为具备“第六感”的人，他们能够发现那些被其他人忽视的机会。这种观点在创业者中较为普遍，他们自认为相比其他人更具警觉性。

警觉性在很大程度上可以被看作是一种可培养的技能。拥有更多某个领域知识的人，往往更容易对该领域内的机会保持高度敏感。例如，一位从事计算机工程的专业人士相较于一位律师，可能更容易察觉到计算机产业内的机会和市场需求。

这种差异部分源于对领域内知识的了解程度。具备更多专业知识的人通常能够更深入地理解行业内的动态和趋势，因而更容易发现创业机会。例如，在快速发展的科技领域，一位技术专家可能更容易捕捉到新的技术趋势，从而洞察到未来可能的商机。

认知因素不仅仅受限于专业知识。创业者的经验、观察力以及对人群和社会的洞察都是影响机会识别的关键因素。有些创业者可能通过多年的实践经验培养出对市场的敏感度，从而更好地抓住机会。同时，对人际关系的敏感度也可能使创业者更容易发现满足人们需求的新领域。

（三）社会关系网络

社会关系网络在机会识别中扮演着至关重要的角色。一个人的社会关系网络的深度和广度可以直接影响他们对机会的感知和获取能力。那些建立了丰富的社会与专家联系网络的人往往比那些社交圈较小的人更容易获得机会和创意。

根据一项针对 65 家初创企业的调查结果显示，有一半的创业者表示，他们得到商业创意主要是通过他们的社会关系网络。这表明，与他人的联系和交流对于发现新的商业机会至关重要。通过与不同领域的专家、同行和潜在客户建立联系，创业者可以更好地了解市场需求、技术趋势和行业动态，从而更有可能捕捉到有价值的商机。

另一项类似的研究探讨了独立创业者和网络型创业者之间的差异。

独立创业者是指那些独自识别出创业机会并展开行动的人,而网络型创业者则是通过他们的社会联系识别出创业机会并加以利用的人。研究发现,网络型创业者能够比独立创业者识别出更多的机会。这表明,与其他人建立有效的社会关系网络可以大大提高创业者的机会识别能力和成功概率。

因此,对于那些渴望在创业领域取得成功的人来说,积极主动地拓展和维护自己的社会关系网络至关重要。参加行业活动、社交聚会、专业研讨会以及利用社交媒体等渠道,都是建立社会关系网络的有效途径。通过与其他人分享想法、交流经验和寻求建议,创业者可以不断扩大他们的社会圈子,从而获得更多的机会和创意,为自己的创业之路增加成功的可能性。

(四)创造性

创造性是一种强大的力量,它能够催生新奇而有用的创意,并在各个领域引发变革。从某种程度上来说,机会识别本身就是一个富含创造性的过程,是不断反复的创造性思维的体现。这种思维方式不仅能够激发个体的创意潜能,还能在商业和创新领域中推动新的发展。

在探讨创造性的作用时,我们不难发现,创造性不仅仅局限于艺术和文学的创作领域,它融入了许多产品、服务和业务的形成过程。通过从各种渠道汲取灵感,了解更多的奇闻轶事,个体能够拓展思维边界,从而更容易迸发出创新的想法。这种跨足多领域的创造性思维,为机会识别提供了丰富的思考和创意的土壤。

在商业环境中,创造性不仅仅是创新的推动力,还是企业取得竞争优势的关键之一。通过激发员工的创造性思维,企业能够更好地适应市场的变化,不断推陈出新,从而保持竞争力。创造性的力量也体现在产品和服务的设计中,通过独特的创意元素,企业能够吸引更多的客户,树立品牌形象。

二、识别创业机会的方法

创业者可以通过多种方法识别创业机会,这里主要归纳几种较为常用的方法。

（一）通过系统分析发现机会

通过系统分析发现机会是企业成功的关键之一。在商业竞争日益激烈的今天，企业需要不断地寻找新的机会来保持竞争优势和持续发展。而这些机会往往隐藏在企业的宏观和微观环境中，需要通过系统性的分析和市场调研来揭示。

首先，从企业的宏观环境来看，包括政治、经济、法律、技术等方面的变化都可能孕育着机会。政策的调整、经济的波动、法律的变化以及技术的进步，都可能给企业带来新的发展机遇。例如，政府出台了支持创新产业的政策，就为企业提供了开发新产品、拓展新市场的机会；经济的发展带动了消费升级，企业可以针对消费者需求推出更多个性化、高品质的产品和服务；法律环境的变化可能为企业提供更多的商业模式创新空间；技术的不断进步则为企业提供了更多的数字化、智能化发展路径。

其次，微观环境中的变化也是发现机会的重要途径。顾客的需求变化、竞争对手的行动、供应商的策略调整等都可能成为企业发现机会的线索。通过深入了解顾客的购买行为、消费偏好和生活方式，企业可以更好地把握市场需求，开发出符合市场需求的产品和服务；对竞争对手的分析可以帮助企业发现对手的短板和漏洞，从而找到自身的竞争优势；与供应商的合作也可能为企业带来新的资源和渠道。

（二）通过问题分析和顾客建议发现机会

在创业的道路上，问题分析和顾客建议成为发现机会的重要路径。创业者们往往首先追问一个关键问题："什么才是最好的解决方法？"这一问题的答案不仅是成功创业的基石，同时也是识别新机会的关键。有效而有回报的解决方案往往潜藏在问题之中，而创业者通过深入分析问题，能够揭示其中的商机。

问题分析的过程需要创业者全面了解顾客的需求，并找到可能用来满足这些需求的创新手段。这种全面了解不仅包括对产品或服务的表面需求，更涉及对顾客背后真实需求的深刻理解。通过深度的市场调研和用户反馈，创业者能够更好地理解顾客的期望和挑战，为创新提供有力支持。

另一个发现机会的途径是从顾客那里获得灵感。顾客往往对自己的需求了解最为深刻，因此，他们可能会在使用产品或服务的过程中发现一些新的机会点。创业者通过与顾客密切互动,征求他们的意见和建议,不仅能够提升产品的质量,更能够借助顾客的视角发现潜在的商业机会。

顾客的建议是多种多样的,有时表现为非正式的提醒。例如"如果那样的话不是更好吗?"这些简单而直接的建议可能蕴含着创新的契机。创业者应该善于倾听这些声音,从中挖掘出改进产品或服务的创新点,以满足顾客的期望并提高市场竞争力。

无论采用何种手段,一位注重实效的创业者都会始终渴望从顾客那里征求想法。顾客的反馈和建议不仅是分析问题的数据来源,更是创业者在竞争激烈的市场中立于不败之地的关键。通过不断地深入了解问题、倾听顾客的声音,创业者能够敏锐地捕捉机会,实现创新发展,将企业推向成功的轨道。因此,问题分析和顾客建议是创业者不可或缺的双翼,助力他们在商业舞台上取得更大的成就。

(三)通过创造获得机会

通过创造来获得机会是一种在新技术行业中极为常见的方法。它可能起源于对市场需求的洞察,激发了对相应新技术和新知识的积极探索;又或者源于对一项新技术发明的发现,进而引发了对其商业潜力的积极探索。尽管通过创造获得机会的过程困难重重,风险也更高,但一旦成功,其回报将是巨大的。这种情况下所产生的创新往往占据着人类所有重大创新中的主导地位。

索尼公司开发随身听,就是通过创造获得机会的成功案例。索尼公司敏锐地觉察到人们对于随身携带听音乐设备的渴望,并利用公司在微缩技术方面的核心能力展开了项目研究。在不断的探索和实验中,他们最终研发出了一款划时代的产品——随身听,席卷全球并取得了巨大成功。

这种通过创造获得机会的方法,尽管充满挑战,却具有巨大的潜力。它不仅可以满足市场的需求,更能够开创出全新的市场空间。在这个过程中,创新的力量将成为推动产业发展的引擎,为人类社会带来深远的影响。

需要注意的是,通过创造获得机会的过程并非易事。它需要企业拥有强大的研发实力和创新意识,以及对市场的敏锐洞察力。同时,还需要付出大量的时间、精力和资源用于研发和实验。然而,正是这种不懈的努力和冒险精神,才能够开创出新的商业领域,引领产业的变革和发展。

三、创业机会的识别过程

创业机会的识别过程是一项复杂而关键的任务，它需要创业者在不同阶段进行深入思考、观察和评估，以确定最有潜力的商业机会并将其转化为现实。以下是创业机会识别过程的五个关键阶段：准备、孵化、洞察、评价和阐述。

（一）准备阶段

在准备阶段，创业者利用其背景经验和知识为机会识别过程做好准备。类似于运动员需要通过练习来提高技能一样，创业者也需要通过经验来识别机会。研究表明，大部分初创企业的创意来源于创业者个人先前的工作经验。这个阶段的关键是建立起对市场、行业和目标客户的深入理解，以便更好地识别和把握机会。

（二）孵化阶段

孵化阶段是对创意或问题进行深入思考的时期，也是进行深思熟虑的时期。有时候，孵化是有意识的行为，创业者会专门花时间思考潜在的商业机会。而有时候，孵化是无意识的行为，创意可能会在创业者从事其他活动的时候自然浮现出来。这个阶段的关键是给予创意充分的时间和空间来发展和成熟。

（三）洞察阶段

洞察阶段是识别闪现，创意被发现或产生的时刻。有时候，这种洞察被称为“灵感”体验。在商务环境中，这是创业者识别出机会的时刻，它可能会推动整个识别过程向前发展，也可能会促使创业者返回到准备阶段，以获取更多的知识。

（四）评价阶段

评价阶段是对创意进行仔细审查和分析其可行性的阶段。许多创业者常常会忽略这个阶段，他们在确定创意可行之前就着手实现它。然而，评价阶段是非常重要的，因为它要求创业者对创意的可行性进行公正客观的评估。这个阶段的关键是提出关键问题，探索解决方案，并确定最佳的商业模式。

（五）阐述阶段

阐述阶段是创意转化为最终形式的过程。在这个阶段，细节已经构思出来，创意变为有价值的产品、服务或商业概念。对于新企业来说，这可能是撰写商业计划书的时候，或者是开始进行市场测试和产品开发的时候。这个阶段的关键是将创意转化为行动计划，并开始实施。

第三节　大学生创业的准备与计划

一、大学生创业应做的准备

（一）认清自我，准确定位

认清自我，准确定位，是每位创业者在踏上创业征程前必须深思熟虑的重要环节。尤其对于大学生而言，创业之路更需要谨慎对待，因为这不仅是对自己未来的一次考验，更是对所学知识与能力的全面展示和实践。

首先，了解自己的创业意向是非常关键的一步。大学生应该审视自己的兴趣爱好、专业知识、实践经验等，看看哪些方面能够与创业相结合，找到自己的定位。有的人可能对科技创新感兴趣，可以考虑做一些高科技项目；有的人可能热爱设计，可以考虑创办设计公司。因此，认清自己的兴趣和优势，有助于找准切实可行的创业方向。

其次，分析自己的职业心理特征也是至关重要的。创业需要勇气、决心、耐心等品质，大学生应该审视自己是否具备这些品质，是否能够承受创业带来的压力和挑战。如果发现自己缺乏某种品质，可以通过学习和实践来提升自己，增强创业的信心和能力。

明确创业目标也是创业成功的关键之一。大学生在创业之前应该明确自己的创业目标,包括财务目标、职业发展目标等。只有明确了目标,才能有针对性地制订切实可行的创业计划,提高创业成功的几率。

另外,深入了解自己具备哪些创业条件、有什么可用的资源也是非常重要的。大学生可以审视自己的人脉关系、财务状况、专业知识等,看看哪些可以成为自己创业的优势和支持。同时,也要看看外部环境和市场需求,是否有利于自己的创业项目。

(二)丰富创业知识,积累创业经验

丰富的创业知识和积累的创业经验是大学生在踏上创业之路时所需的重要资本。在当今竞争激烈的创业环境中,拥有丰富的专业知识、管理知识、税务知识、营销知识以及法律法规知识等,是成功创业的关键。

首先,专业知识是创业的基础。大学生应该通过系统的学习和实践,掌握与自己创业项目相关的专业知识。这包括技术领域的知识,如计算机科学、工程学、医学等,也包括商业管理领域的知识,如市场营销、人力资源管理、财务管理等。只有具备了扎实的专业知识,才能够在创业过程中应对各种挑战和问题。

其次,管理知识是创业成功的关键。创业者需要具备良好的组织管理能力、团队领导能力、决策能力等。大学生可以通过参加社团活动、实习实践等方式,积累管理经验,提升自己的管理能力。此外,还可以通过阅读管理类书籍、参加管理培训课程等方式,不断提升自己的管理水平。

再次,了解税务知识、营销知识、法律法规知识等也是至关重要的。创业者需要了解税务政策,合理规划税务筹划,降低税务成本。同时,需要掌握营销知识,制订有效的营销策略,提升产品或服务的市场竞争力。此外,了解法律法规知识,可以帮助创业者规避法律风险,确保创业活动的合法性和可持续发展。

除了学习和积累创业知识外,大学生还应该通过参加社团活动、社会实践等方式,积极获取市场信息,扩大社会关系圈。与创业成功的人士交流,学习他们的创业经验和做法,可以帮助大学生熟悉创业所需要的知识和技能,提高对创业机会的识别能力和敏感性。

另外,大学生还可以充分利用校园资源,参加创业比赛、创业讲座等活动,与创业导师建立联系,获取创业指导和支持。通过这些途径,大学生可以全面提升个人能力,为创业打下坚实的知识基础。

（三）了解创业政策

随着社会的发展，大学生创业成为一种备受鼓励和重视的发展趋势。在这个过程中，了解国家的创业政策成为至关重要的一环。国家对大学生创业提供了许多优惠政策，包括税费减免、场地扶持、融资服务、专家指导等，这些政策为大学生创业提供了有力的支持，为他们的创业之路铺平了道路。

首先，税费减免是大学生创业政策中的一项重要利好。国家为鼓励创新和创业，推出了一系列减免税费的政策。大学生创业者可以通过了解这些政策，合理规划企业财务，降低税负，从而在创业初期就能够减轻财务压力，更好地发展业务。

其次，场地扶持是创业政策中的另一大支持措施。国家为大学生提供了场地租金减免或优惠政策，帮助创业者降低运营成本。这对于初创阶段的企业来说尤为重要，可以释放更多资源用于产品研发、市场推广等方面，提高企业的竞争力。

再次，融资服务也是创业政策的一项关键支持。创业者通常面临着资金短缺的问题，国家提供的融资服务为大学生创业者提供了多样化的融资途径，包括创业贷款、风险投资、政府创业基金等。了解并合理利用这些融资渠道，有助于创业者更好地实现企业的可持续发展。

最后，专家指导也是大学生创业政策中不可忽视的一环。国家通过设立专门的创业导师制度，为创业者提供专业的指导和咨询服务。大学生可以通过参与创业培训、导师辅导等方式，借助专家的经验和智慧，规避创业过程中的风险，更加明智地经营企业。

（四）筹措创业资金

创业之路中资金筹集是初始阶段最为紧迫且至关重要的环节。特别是对于大学生创业者而言，面临的挑战将会更大。在这个过程中，灵活运用各种策略来确保足够的启动资金变得尤为关键。

首先，创业者应该认清自身资金状况，明确至少需要准备三个月甚至更长时间的资金支持。由于大学生自身资金有限，可以考虑通过家庭资助的方式获取启动资金。亲友间的支持不仅是经济上的援助，更是一种对创业者的鼓励和信任，使创业者能够更加坚定地走上创业之路。

此外，自己存钱也是一种常见而有效的筹资途径。在平时的生活中，创业者可以通过合理规划开支，逐渐积累一笔可用于创业的资金。这种方式虽然需要时间,但是一种较为稳妥的资金筹集方法。

合伙创业是另一种常见的资金筹措方式。与同学合伙创业,不仅可以减轻个人的负担,还能够共同分担风险。通过团队的协作和资源共享,创业者可以更有信心地应对各种挑战,实现事业的共同目标。

大学生创业项目也是一个值得考虑的渠道。通过参与大学生创业项目,创业者不仅可以获取一定的启动资金,还能够得到项目指导和支持,提升创业的成功率。这是一种通过学校平台获取资金和资源的智慧之选。

在创业项目具备较高的可行性时,创业者还可以考虑寻求风险投资。通过向投资者展示创业项目的潜力和可持续发展性,吸引资本的注入,从而获得更多的资金支持。这需要创业者具备扎实的项目规划和落地执行能力。

最后,大学生创业者还可以利用国家对大学生自主创业的扶持政策。政府提供的创业资金和相关支持,为创业者提供了宝贵的机会。创业者应该及时了解并充分利用这些政策,以获取更多的资金和资源。

在资金筹集的道路上,创业者需要灵活运用各种策略,寻找最适合自己的方式。通过家庭资助、个人储蓄、合伙创业、参与项目、风险投资以及政府扶持,创业者可以在创业之初积累足够的动力和资源,为事业的顺利起航打下坚实基础。

(五)心理准备

大学生创业,虽然是一条充满激情的道路,但其中的坎坷与困难也是难以避免的。在这个充满变数的创业过程中,创业者需要做好充分的心理准备,应对意想不到的挑战与障碍。创业的艰辛不仅仅是对实力的考验,更是对心理素质的极大磨炼。

创业者要明白创业不是一帆风顺的,充满了未知和不确定性。在面对各种困难和障碍时,艰苦创业的心理准备显得尤为关键。这需要创业者保持一颗坚韧不拔的心,时刻准备好应对挫折,不轻言放弃。

创业者还需要面对各种问题,其中最为突出的就是资金的风险。创业过程中,资金短缺、市场波动等问题都可能让创业者倍感压力。因此,拥有良好的心理抗压能力显得尤为重要。只有在压力面前能够保持冷静,理性分析问题,才能更好地找到解决方案,化解风险。

大学生创业的最大风险莫过于创业的失败。一旦面临失败,学生的积极性和自信心可能会受到沉重的打击。因此,创业者在平时的生活和学习中就应该培养敢于冒险、勇于拼搏、百折不挠、坚持不懈的创业精神。

这种精神不仅是对创业者个人的锻炼，更是对未来事业发展的一种有力支持。

在这充满变数和挑战的创业道路上，心理准备扮演着至关重要的角色。创业者要时刻保持积极向上的态度，面对困难要勇往直前，保持艰苦创业的心态。只有如此，才能在创业的征途上赢得更多的机遇与成功。因此，铸就坚韧心态，迎接大学生创业的挑战，是每一位创业者必须具备的素质。

二、大学生创业计划的要素

创业计划是成功创业的关键。计划不仅有助于明确创业方向，还能帮助大学生提前预见和解决可能面临的问题。一个周密的计划能够为创业者提供指导，降低创业的风险，提高成功的概率。它包括如下要素：

（1）市场调研。在制订创业计划时，深入的市场调研是必不可少的，需了解目标市场的需求、竞争格局、潜在机会和威胁，为制订切实可行的创业计划提供基础。

（2）定位和特色。确定创业的定位和特色，找到自己的竞争优势。明确自己的目标客户群体，为他们提供独特的价值，使企业在激烈的市场竞争中脱颖而出。

（3）资金规划。创业需要一定的启动资金，因此，在计划中应该详细考虑资金的来源和运用。创业资金规划包括初期投资、日常经营资金、扩张资金等方面的合理规划，以确保企业的稳健发展。

（4）团队建设。一个成功的创业计划不仅需要个人的努力，更需要一个强大的团队。拥有具有不同专业背景和技能的成员，有助于弥补创业者的不足，共同应对各种挑战。

（5）风险评估。创业充满了各种不确定性和风险，因此在计划中应该对可能面临的风险进行充分评估，并制订相应的风险应对策略。

（6）执行和监控。计划的制订只是开始，更重要的是执行和监控。创业者需要不断地检视计划的执行情况，及时调整策略，确保企业始终朝着设定的目标前进。

第四节　大学生创业的商业模式

一、商业模式的含义

商业模式这一概念在20世纪50年代首次被提出，然而长时间以来并未引起广泛关注，直到90年代后才逐渐成为创业者和风险投资者中的热门词汇。如今，几乎所有人都认同一个好的商业模式是成功的关键之一。

在卖方市场中，产品供不应求，企业可以通过扩大生产规模、提高产品质量、提升运营效率和拓展渠道布局来轻松获得更多市场份额和利润。然而，当市场变为买方市场，竞争激烈时，企业必须深入思考为何消费者选择购买他们的产品或服务，以及如何满足客户需求、占领市场、获得更大利润等问题。这时，商业模式成为至关重要的考量。

不同专家学者对商业模式有不同的定义。哈佛商学院将其定义为"企业盈利所需采用的核心业务决策与平衡"。马哈迪温认为商业模式是三种关键流量（价值流、收益流和物流）的唯一混合体。泰·莫西将其定义为一个完整的产品、服务和信息流体系，包括参与者、潜在利益和受益来源。托马斯认为商业模式是有利可图业务涉及的流程、客户、供应商、渠道、资源和能力的总体构造。清华大学雷家骕教授认为商业模式是企业如何运用资源，在包含物流、信息流和资金流的商业流程中提供商品和服务，并获取利润的解决方案。

其他学者强调商业模式是企业整合外部条件、内部资源和能力的战略创新意图和可实现的结构体系以及制度安排的集合。而袁新龙、吴清烈等认为商业模式是企业为客户提供价值的有机体系，包括产品及服务流、信息流和资金流的结构，以及对各商业参与者角色的描述和利益分配。

商业模式的演变不仅是对市场条件的适应，更是对企业经营策略的思考和创新。在不同的时代和市场环境中，商业模式的定义和重要性也在不断演变，成为企业成功的不可或缺的一部分。无论是讲述商业模式的5W2H，还是通过"故事"来描述企业的运作方式，都反映了商业模式对企业生存和发展的关键性影响。在今天的创业环境中，理解和构建一个创新而有利可图的商业模式，是企业成功的关键之一。

二、商业模式的特征和作用

商业模式在当今企业竞争中扮演着至关重要的角色。彼得·德鲁克曾指出："当今企业之间的竞争，已不再是产品之间的竞争，而是商业模式之间的竞争。"这一观点得到了许多企业领袖的认同，包括前时代华纳CEO迈克尔·邓恩和马云等。

迈克尔·邓恩曾明确表示："在经营企业过程当中，商业模式比高科技技术更重要，因为前者是企业能够立足的先决条件。"这一说法强调了商业模式在企业成功中的关键作用。同样，史玉柱和马云等创业者也强调商业模式的重要性，认为创业成功的关键之一就是建立创新的商业模式。

一个成功的商业模式通常具有三个特征。首先，它必须能够提供独特的价值。这种独特的价值可能来自新的思想，也可能是产品和服务独特性的组合。这种组合要么向客户提供额外的价值，要么以更低的价格提供相同的利益，或者以相同的价格提供更多的利益。

其次，商业模式应该是难以模仿的。企业通过确立自己与众不同的经营模式，如对客户的悉心照顾、卓越的实施能力等，来提高行业的进入门槛，保证利润来源不受侵犯。以"直销"模式为例，虽然人们都了解其运作方式，但要复制戴尔公司的模式却相当困难，因为"直销"背后需要一整套难以复制的资源和生产流程。

最后，成功的商业模式是脚踏实地的。企业需要实现人员的合理配置，保持收支平衡。这看似简单，但要在长期内实现并保持，却是一项相当具有挑战性的任务。很多企业在关键问题上缺乏清晰的认识，如资金来源、客户对产品和服务的看重程度，以及哪些客户实际上为企业带来了利润等。

三、商业模式构成要素

（一）核心战略

企业的核心战略是指企业制订的关键战略方向和目标，其中包括企

业的使命和产品 / 市场范围。这些战略不仅影响着企业的长期发展方向，也决定了企业在市场中的竞争地位和表现。

首先，企业的使命是企业存在的原因和价值所在。它反映了企业对社会的责任和对顾客的承诺。例如，戴尔公司的使命是成为世界上最成功的电脑公司，这意味着他们不仅致力于提供高质量的产品，还要通过提供卓越的顾客体验来实现这一目标。相比之下，星巴克公司的使命是打造世界一流的高品质咖啡店，他们不仅关注产品品质，还注重创造社交和舒适的咖啡文化环境。而美国西南航空公司则以提供热情、友善、自豪的服务为使命，这种服务态度成为他们在航空业中的核心竞争力。企业使命的明确定义能够为企业提供方向，激发员工的工作热情，并建立起企业在市场上的独特地位。

其次，产品 / 市场范围的选择决定了企业最为关注的产品和市场。这直接影响了企业的商业模式和战略布局。以亚马逊为例，他们最初是一家网上书店，但随后扩展到销售 CD、DVD、珠宝盒、服装等各种产品，并逐渐建立起庞大的供应商网络和伙伴关系。这种多元化的产品范围和广泛的市场覆盖为亚马逊提供了稳定的收入来源和竞争优势。同样地，戴尔公司把重点放在企业客户和政府机构市场上，Gateway 电脑公司将目标客户锁定在个人、小企业和首次购买电脑的顾客身上，都展现了明确的产品 / 市场范围选择，有利于企业更好地满足目标客户的需求，并实现市场份额的稳步增长。

（二）战略资源

在商业竞争激烈的当今时代，企业要想在市场中立足并取得长期的成功，必须充分利用和整合自身的战略资源，其中包括核心竞争力和战略资产。这两者共同塑造着企业的商业模式，决定了企业在市场上的表现和地位。

首先，核心竞争力是企业在特定领域或市场中具有的独特技术或能力。这些竞争力是难以模仿和超越的，能够为企业带来差异化优势和独特价值。例如，戴尔公司以其优秀的供应链管理、高效的产品装配和专注于企业客户的服务建立了强大的核心竞争力。这种核心竞争力使得戴尔能够向企业客户提供价格合理、技术先进且服务优良的计算机产品，从而在市场上获得一席之地。而随着时间的推移，戴尔公司不断发展其核心竞争力，逐渐将其延伸至计算机服务和其他电子设备市场，进一步巩固了自身的市场地位。

其次，战略资产是企业拥有的稀缺、有价值的资源和能力，包括但不限于工厂和设备、地理位置、品牌知名度、专利技术、顾客数据信息、高素质员工和独特的合作关系等。其中，品牌是一种特别有价值的战略资产，能够为企业带来持久的竞争优势。企业最终的目标是将核心竞争力与战略资产相结合，以创造可持续的竞争优势。通过将自身的核心竞争力与品牌知名度相结合，企业能够在市场上建立起独特的地位，吸引更多的顾客和投资者，进而实现持续增长和发展。

因此，企业应当重视并充分利用自身的核心竞争力和战略资产，不断优化和整合这些资源，以应对市场竞争的挑战，实现长期的商业成功。只有通过不断创新和提升，企业才能够在竞争激烈的市场环境中脱颖而出，赢得更多的市场份额和客户信任，确立起可持续的竞争优势。

（三）伙伴网络

在当今竞争激烈的商业环境中，资源短缺的新创企业常常需要依赖其他合作伙伴才能够发挥重要作用。一个典型的案例就是戴尔公司，该公司利用自身在装配计算机专业技术上的差异化优势，成功地建立了一个强大的合作伙伴网络，从而取得了商业上的巨大成功。

戴尔公司以其独特的商业模式而闻名，该模式的关键之一是从英特尔公司等合作伙伴那里购买芯片，而不是自己制造。这样的做法使得戴尔能够集中精力于其核心竞争力上，而不是在生产芯片这样的非核心领域投入过多资源。同时，戴尔还依靠联合包裹服务公司和联邦快递公司等合作伙伴来进行产品递送，从而确保了产品能够及时、安全地送达客户手中。

尽管戴尔公司有能力自行制造芯片，并建立全球范围内的物流系统，但该公司意识到在这些方面并不具备核心竞争力。因此，寻找最优质的合作伙伴成为实现利润最大化的最佳选择。通过与顶级合作伙伴建立良好的合作关系，戴尔得以专注于其装配计算机的专业技术，并在市场上取得了显著的竞争优势。

1. 供应商

供应商在企业的商业模式中起着至关重要的作用，它们为企业提供零部件或服务，直接影响着企业的运作和绩效。因此，如何与供应商建立良好的合作关系，推动其高效完成工作成为企业管理者亟须关注的问题。

例如，戴尔公司采用高级软件来保证与供应商之间的密切合作，以提高供应链的绩效，确保产品能够及时交付给客户。

2. 其他合作者

在当今竞争激烈的商业环境中，合作伙伴扮演着至关重要的角色，它们包括合资企业、合作网络、社会团体、战略联盟和行业协会等。这些合作者共同参与商业模式的运作，为企业的发展提供了多样化的支持和资源。据普华永道的调查，超过半数的快速成长企业在美国都建立了多元化的合作关系，这些合作关系不仅确保了商业模式的有效运作，还为企业带来了更多的创新产品、更多有益的机会和高成长率。

合作伙伴网络的优势显而易见，它们可以为企业提供丰富的资源和专业知识，弥补企业自身的不足之处。通过与合作伙伴合作，企业可以更快地推出新产品，进入新市场，降低成本，提高效率。而且，与多个合作伙伴建立合作关系还能够分散风险，增加企业的灵活性和应变能力。

尽管合作伙伴网络有诸多优点，但也存在着一定的风险和挑战。研究表明，企业联盟的失败率较高，主要是因为计划设计不够完善、文化融合失败等。合作关系还可能导致专有信息泄露、管理复杂化、财务和组织风险等问题。此外，企业过度依赖合作伙伴也可能导致决策自主权的部分丧失，影响企业的独立性和自主发展能力。

因此，企业在建立合作伙伴关系时需要谨慎选择合作伙伴，并制订明确的合作计划和协议，确保双方利益的平衡和保护。同时，企业也需要保持灵活性，随时调整合作策略，以适应外部环境的变化和不确定性。只有在建立稳固、互惠、可持续的合作关系基础上，企业才能实现商业模式的有效运作，取得长期的成功和持续的增长。

（四）顾客界面

顾客界面是指企业如何与顾客相互作用，与顾客相互作用的类型依赖于企业选择的竞争方式。

1. 目标市场

在现代商业环境中，目标市场的重要性愈发凸显。作为市场营销的核心概念之一，目标市场不仅被广泛接受，而且成为企业成功的关键因素之一。麦卡锡和科特勒等著名营销学者都从不同角度阐述了目标市场的重要性和定义。

目标市场，简而言之，是企业在市场细分后所选择并专注投入资源的特定群体。这意味着企业需要从广大的潜在市场中，识别出最具潜力和适合自己产品或服务的消费者群体，然后针对这些群体进行精准的营销活动。

在市场细分的基础上，企业可以更加准确地把握消费者的需求和偏好，进而制订出更具针对性的营销策略。以手机市场为例，根据调查显示，我国城乡居民对手机的需求可分为高档、中档和普通三种。大多数手机生产厂家将中档和普通手机作为主要的生产营销目标。这导致市场供过于求的情况出现。如果某一手机厂家能够准确定位16%的高端消费者群体，并针对他们的需求推出具有竞争力的高级手机，就有望迅速提高市场占有率。

确定目标市场时，企业需要考虑三个基本要素。首先，组成细分市场的消费者群体应该具有相似的消费特性，这样才能确保企业的营销活动更具针对性。其次，细分市场应该尚未被竞争者控制或垄断，以便企业能够更容易地占领市场份额。最后，细分市场必须具备一定的购买力，这样企业才能够获得更多的利润。

通过市场细分和目标市场的选择，企业能够更好地理解和满足消费者的需求，从而在竞争激烈的市场中脱颖而出。因此，精准把握目标市场，不仅是企业成功的关键之一，也是企业在不断发展壮大过程中不可或缺的战略之一。[①]

2. 销售实现与支持

销售实现与支持对于任何企业来说都至关重要，尤其是对于新创企业而言，它决定了产品或服务在市场上的接受程度以及企业的商业模式。以一家新创企业开发的移动电话技术为例，如何将这项技术推向市场有着多种选择，每种选择都会对企业的商业模式产生深远影响。

第一种选择是将技术以特许经营方式转让给现有的移动电话企业，如苹果公司和三星公司。这种选择将使企业快速将技术推向市场，并获得专利费用或特许权使用费用作为收入。然而，这也意味着企业将失去

① 刘立欣，陈敬霞．大学生创新创业能力提升视域下的逆商开发研究[J].时代教育，2018（25）:96-99.

对产品的控制权，可能会受到合作伙伴的限制，同时也会失去直接与顾客互动的机会。

第二种选择是自己生产移动电话，并建立自己的销售渠道。这种选择将使企业保留对产品的控制权，并有机会通过直接销售与顾客建立更紧密的联系。然而，自主生产需要大量的资金投入和制造和设计方面的核心竞争力。同时，企业还需要建立起自己的销售渠道，这需要时间和资源。

第三种选择是与某个移动电话公司合作生产，并通过与移动电话服务提供商的合作关系来销售电话。这种选择可以使企业共享资源，并通过合作关系将产品快速推向市场。然而，与合作伙伴的关系需要谨慎管理，以确保企业的利益得到保障。

不论企业选择哪种销售实现与支持的方式，都需要考虑如何实现产品和服务的差异化，以及如何向顾客提供附加价值。高水平的服务和支持可以帮助企业建立品牌忠诚度，并使其在竞争激烈的市场中脱颖而出。因此，无论是通过特许经营、自主生产还是合作生产，企业都需要在销售实现与支持方面做出明智的决策，并不断优化和调整其商业模式，以适应市场的变化和顾客的需求。

（五）定价结构

在当今竞争激烈的商业环境中，成功的企业必须建立一个稳固而富有力量的定价基础架构，以支持和维护卓越的定价功能。这一基础架构的建立需要经过精心的规划和设计，并且需要考虑到企业内外部环境的各种因素。

第一，建立一个关键的定价流程至关重要。许多企业在做出关键定价决策时，往往缺乏系统性和结构性，导致决策过程缺乏前期基础分析。因此，企业需要确保定价决策流程科学合理，不仅要考虑市场需求和竞争情况，还需要考虑产品成本、定价策略等因素。

第二，确定“拥有”和运行定价权的主体机构至关重要。这个机构需要持续关注绩效管理，并在考虑整个企业战略的情况下改进定价绩效，确保企业达到或超越预期目标。这个机构需要负责制订并执行定价策略，同时负责评估定价绩效，并对其进行调整和优化。

第三，要建立一套完善的定价系统和工具，使定价流程更加便于操作。按照流程、组织、绩效管理、系统和工具的先后顺序实施定价管理，可以增强定价的科学性和合理性，提高定价的准确性和效率。

定价决策和定价流程会因不同的企业和行业而大相径庭。例如,一家商业性化学制品企业可能会重点考虑行业的供需关系,以确保产品价格与市场水平保持一致。而一个消费电子产品制造商可能会更加关注客户价值,利用焦点小组和其他最优选择的定价信息来制订和调整其价格表。同样,一个工业零部件制造商可能会更加关注对不同产品和批量的价格折扣管理规则和政策。

企业的定价结构会随着定价原则和目标市场的变化而变化。因此,在制订定价决策时,企业还需要考虑特殊的价格要求或例外情况。为了更有效地管理和控制这些易失控的例外定价,企业可以创建先进的流程来审核它们。利用积极有效的"价格审核组",对要求实行例外价格的申请进行严格的评估把关,可以确保定价的合理性和经济性。

四、商业模式的创新

(一)商业模式创新的概念

熊彼特认为创新包括产品创新、工艺创新、市场创新、供应链创新和组织管理创新等。其中市场创新、供应链创新和组织管理创新皆有可能纳入商业模式创新的范畴。商业模式创新可以从不同的角度进行界定。

1. 从客户价值角度定义商业模式创新

在当今竞争激烈的商业环境中,商业模式创新已经成为企业获取竞争优势和持续发展的重要策略之一。从客户价值的角度来看,商业模式创新不仅仅是为了企业自身的利益,更重要的是为客户提供更好的产品和服务,满足客户需求,创造更多的价值。

根据米切尔的观点,商业模式创新的核心目标在于以最适合的方式为客户提供产品或服务,并且剔除客户不需要的部分。这种创新并不局限于特定的经营环节,而是涵盖了客户服务、市场营销、广告以及企业与客户的互动方式等各个方面。因此,商业模式创新是一个全方位的过程,需要企业在各个层面不断地与客户进行互动和反馈,以更好地满足客户的需求。

莫里斯等人认为,商业模式具有生命周期,包括规范期、强化巩固期、适应期、修正期和再造期。这表明商业模式不是一成不变的,而是随着时间的推移和内外环境的变化而不断演进和调整的。在不同的阶段，企业需要采取不同的策略来应对市场的挑战和机遇，以确保商业模式的持续有效性和竞争优势。

玛格瑞塔将商业模式创新与价值链理论相结合，强调新的商业模式是对现有价值链的调整和创新。这意味着商业模式的创新不仅涉及产品或服务的创新，还涉及与制造和销售等相关的商业活动的创新。通过重新设计和优化价值链中的各个环节，企业可以提高生产效率、降低成本，从而为客户提供更具竞争力的产品和服务。

2. 从商业模式的构成要素定义商业模式创新

商业模式创新是企业在不断发展和变化的商业环境中的一项重要策略。米切尔和科尔斯从商业模式的基本构成要素“5W2H”等方面来论述商业模式创新，从而深入探讨如何从各个维度对商业模式进行创新和优化。

第一，商业模式的利益相关者（Who）是商业模式中至关重要的一环。这些利益相关者可能包括客户、合作伙伴、供应商、投资者等。商业模式的创新需要充分考虑这些利益相关者的需求和利益，以确保商业活动的顺利进行和共赢发展。

第二，商业模式创新涉及所提供的产品或服务（What）。这包括产品的特性、功能、品质等方面的创新，以及服务的方式、范围、质量等方面的创新。通过不断地改进和创新产品或服务，企业可以提升竞争力，满足客户的需求，实现商业模式的持续发展。

第三，何时提供（When）和哪里提供（Where）是商业模式中需要考虑的另外两个重要方面。在商业模式创新中，企业需要确定最佳的时间和地点来提供产品或服务，以最大程度地满足客户需求，并实现效益最大化。

第四，商业模式创新也需要明确企业存在的原因（Why）。企业的存在意义和目标将指导其商业模式的设计和优化，以确保企业在市场竞争中保持竞争优势并实现长期发展。

第五，商业模式创新还涉及交易方式（How）和价格支付（How Much）。交易方式包括销售渠道、销售方式等方面的创新，而价格支付则涉及定价策略、付款方式等方面的创新。通过灵活运用不同的交易方式和价格支付策略，企业可以更好地满足客户需求，提升市场竞争力。

(二)商业模式创新基本类型

德布林咨询公司在研究了近2000个最佳创新案例后,得出以下10种基本创新类型。

1. 盈利模式创新

盈利模式创新是企业在实现盈利方面的重要途径之一。传统的盈利模式可能已经无法满足当今市场的需求和挑战,因此,公司需要寻找全新的方式将产品和其他有价值的资源转化为现金。这种创新通常会挑战行业传统观念。例如,重新思考产品定价策略、收入来源以及利润分配方式。典型的盈利模式创新包括溢价模式和竞拍模式,它们颠覆了传统的定价和交易方式,为企业带来了新的盈利机会。

2. 网络创新

网络创新是在当今高度互联的世界中,企业利用外部资源和合作伙伴网络来实现创新和增长的重要手段。在现代商业环境中,没有一家公司能够独立完成所有事情。因此,网络创新让企业可以充分利用其他公司的流程、技术、产品、渠道和品牌,从而提高效率、降低成本,并拓展市场。悬赏和众包等开放式创新方式成为网络创新的典型例子,它们通过开放平台和合作伙伴关系,促进了创新和价值的共享。

3. 结构创新

结构创新是通过重新组织公司的资产和资源,以创造更大价值的重要途径。结构创新涉及从人力管理到设备配置的各个方面,旨在提升企业的竞争力和效率。例如,建立激励机制来鼓励员工朝着特定目标努力,实现资产标准化以降低运营成本,或者创建企业大学以提供持续的高端培训,都是结构创新的典型例子。通过这些创新举措,企业能够更加灵活地适应市场变化,提升绩效和创造更大的价值。

4. 流程创新

在现代商业环境中,企业需要不断创新以保持竞争力和适应市场变化。流程创新是一种重要的创新方式,涉及重新设计和改进公司产品或服务的生产活动和运营方式。通过流程创新,企业可以提高效率、降低成本,实现更快速的响应和获得更好的市场地位。

5. 产品性能创新

产品性能创新是指企业在产品或服务的价值、特性和质量方面进行的创新。这种创新可以包括全新产品的开发,也可以是对现有产品的升级和改进。通过产品性能创新,企业可以满足客户不断增长的需求,提高产品竞争力,同时也激励了竞争对手的效仿。

6. 产品系统创新

产品系统创新则是将单个产品和服务联系或捆绑起来,创造出一个可扩展的强大系统。通过产品系统创新,企业可以构建一个吸引和取悦顾客的生态系统,同时也能够抵御竞争者的侵袭。宝洁公司就是一个成功的产品系统创新的典型案例,它通过将多种产品组合销售,形成了庞大的产品生态系统。

7. 服务创新

服务创新是保证并提高产品功用、性能和价值的一种方式。通过服务创新,企业可以使产品更易于试用和享用,展示顾客可能会忽视的产品特性和功用,解决顾客遇到的问题,提升产品体验。海底捞火锅的服务创新就为顾客提供了独特而愉悦的用餐体验,让其成为众多消费者心目中的首选。

8. 渠道创新

渠道创新是将产品与用户联系在一起的关键手段。尽管电子商务在近年来成为主导力量,但传统渠道如实体店在创造身临其境的购物体验方面仍然具有重要性。企业需要充分利用渠道创新,探索多种互补的方式将产品和服务呈现给顾客,以满足不同消费者的需求和偏好。

9. 品牌创新

品牌创新对于企业来说至关重要。良好的品牌创新有助于顾客识别和记住企业的产品或服务,使其在面对竞争对手的产品或替代品时做出选择。通过提炼一种独特的"承诺",品牌创新能够吸引消费者并传达出与众不同的身份感,从而建立起长久的品牌忠诚度。

10. 顾客契合创新

顾客契合创新则强调了理解顾客和用户的深层需求和愿望的重要性。通过深入了解顾客,企业可以开发出与顾客需求契合的产品和服务,建立起更加富有意义的联系。顾客契合创新为企业开辟了广阔的探索空间,帮助人们找到了将生活中的一部分变得更加难忘、富有成效并充满喜悦的合适方式。

在现实商业运营中,单一类型的创新可能并不足以带来持久成功。特别是仅仅依赖产品性能创新的企业往往会面临被模仿和超越的风险。因此,企业需要综合应用多种创新类型,才能够构建起可持续的竞争优势,并在市场中脱颖而出。通过渠道创新、品牌创新和顾客契合创新的综合应用,企业可以更好地满足市场需求,实现长期稳定的发展。

(三)商业模式创新的要点

在全球化、开放式网络背景条件下,创新商业模式越来越艰难,商业模式创新需要注意三个要点。

1. 理解商业模式的本质与具体内涵

商业模式本质上是企业为客户创造并传递价值,即企业在一定的价值链中如何为客户提供产品和服务,并使企业自身获取利润的"商业逻辑"。商业模式的具体内涵是"整体解决方案";是企业为了实现客户价值的最大化和企业利润的最大化,把能使企业有效运行的各种要素整合起来,形成完整、高效、具有独特竞争力的运营系统,并通过提供产品和服务而使该系统持续实现盈利目标的一套"整体解决方案"。

2. 善于把握“由简到繁”的设计过程

设计一个商业模式是一项复杂而重要的任务，需要综合考虑客户价值、价值创造方式、价值传递方式以及企业利润获取途径。这四个方面构成了商业模式的核心要素，如何将其从抽象的概念转化为具体的实施方案是至关重要的。

首先，我们来看客户价值，这指的是企业可能为客户创造和传递的价值。理解客户需求并确保满足这些需求是至关重要的，但更进一步的是激发客户的潜在需求。这就要求企业运用价值工程的方法，将产品或服务的功能与客户需求紧密连接起来，并尽可能地创造“消费者剩余”，即超出客户支付的价值部分。

其次，我们需要考虑价值创造方式以及价值传递的商业途径和方式。这涉及企业内部的价值链和外部的价值网络。在企业内部，设计价值链意味着对生产经营各个要素的逻辑化配置，以确保高效率和最大化价值创造。而在外部，设计价值网络意味着将企业与外部利益相关者的关系进行逻辑化配置，以确保顺畅的价值传递和共享。

最后，企业需要考虑如何通过为客户创造并传递价值来获取利润。这是商业模式设计的难点所在。除了考虑企业内部价值链的成本、效率和价值创造外，还需要综合考虑外部价值网络中各个节点的利益，以及其他利益相关者期望获得的利益。只有在综合考虑这些利益的基础上，企业才能获得期望的利润。

3. 适时根据商业模式的变化调整企业的价值链与价值网络

随着市场环境的变化和技术的发展，企业面临着不断变化的商业模式挑战。在这样的背景下，调整企业的商业模式已经成为保持竞争优势和持续发展的必然选择。然而，这种调整不仅仅是表面上的变化，而是涉及企业内部价值链与外部价值网络的重大调整，以及二者之间关系的重新构建。

首先，调整企业的商业模式是对企业商业逻辑的重新思考和重构。商业模式决定了企业如何创造和提供价值，以及如何获取利润。因此，企业需要认真考虑如何调整内部的价值链，包括基本的价值创造活动和辅助的价值创造活动。这可能涉及重新设计产品或服务的生产流程、提高生产效率、优化成本结构等方面的调整。只有通过优化内部的价值链，企业才能更好地实现价值创造和利润最大化的目标。

其次,调整企业的商业模式还需要重点关注外部的价值网络。企业不是孤立存在的,而是与供应商、合作伙伴、客户等各种利益相关者形成复杂的价值网络。因此,调整商业模式意味着调整企业与外部利益相关者之间的关系。这可能涉及与新的供应商合作、开拓新的市场渠道、与客户建立更紧密的关系等方面的调整。企业需要审视自身在价值网络中的位置和作用,以及与其他节点之间的互动关系,从而找到更加有效的合作方式,实现共赢和持续发展。

第六章　创新创业背景下大学生创业能力素养的提升

在创新创业背景下，大学生应该注重自身创业能力素养的提升。通过培养创新思维、增强实践能力、学习创业知识、培养团队合作精神、拓展人脉资源以及培养风险意识等方式，不断提高自己的创业能力素养，为未来的创业之路打下坚实的基础。本章从创业团队的组建、创业资金的筹措、新创企业的管理、创业风险的识别四个角度来展开分析。

第一节　大学生创业团队的组建

一、创业团队的概念

创业团队是指在创业初期（包括企业成立前和成立早期），由一群才能互补、责任共担、愿为共同的创业目标而奋斗的人所组成的特殊群体。创业团队在创业过程中起着至关重要的作用，他们共同承担着创业的风险和挑战，同时也共同分享着创业的成功和成果。

在创业团队中，创业者通常扮演着核心主导的角色，他们需要具备强烈的领导力、创新力和执行力，能够带领团队应对各种挑战和机遇。同时，创业团队还需要不断完善自身的制度体系和管理机制，确保团队的稳定和发展。

二、创业团队的构成要素

创业团队的构成要素包括目标、人员、定位、权力和计划等方面。这些要素相互关联、相互作用,共同构成了创业团队的基本框架和运作机制。在创业过程中,创业者需要认真考虑这些要素,并根据实际情况进行合理配置和调整,以确保团队能够稳定、高效地运作,实现创业目标。

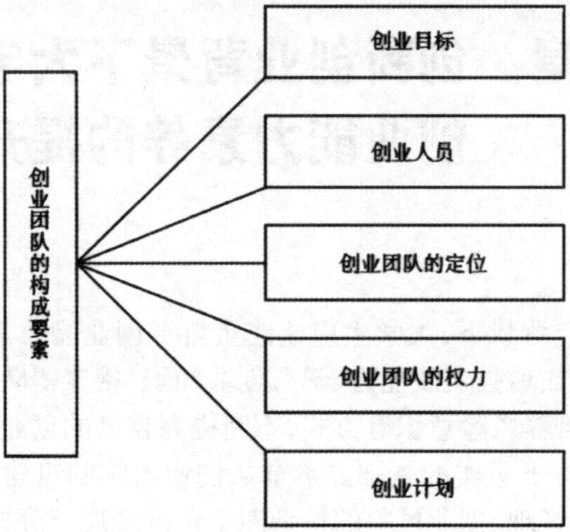

图 6-1　创业团队的构成要素

（一）创业目标（Purpose）

创业团队应该有一个既定的共同目标,为团队成员导航,知道要向何处去。目标是团队凝聚力的重要来源,也是团队成员共同努力的方向。创业团队的目标应该具有明确性、可衡量性和可实现性,同时要与企业的愿景和使命相一致。

（二）创业人员（People）

人员是创业团队最核心的要素,团队成员的知识、技能、经验和背景等都对团队的发展和创业成功具有重要影响。团队成员之间需要具备良好的合作能力和互补性,能够相互协作、互相支持,共同实现团队目标。

（三）创业团队的定位（Place）

定位包括团队的定位和团队成员的定位。团队的定位要明确团队在企业中的位置、职责和角色,以及团队所面对的市场和竞争环境。团队成员的定位要明确每个人的职责、任务和角色，以及他们在团队中的发展方向和成长路径。

（四）创业团队的权力（Power）

权力是指团队内部成员所拥有的权力和决策权。合理的权力分配可以激发团队成员的积极性和创造力，提高团队的效率和执行力。在创业团队中，权力的分配应该根据团队成员的能力、经验和角色等因素进行合理调整。

（五）创业计划（Plan）

计划是指团队为实现目标所制订的具体行动计划。计划应该包括阶段性目标、任务分配、时间节点和风险控制等内容，以确保团队能够按照预定的方向和步骤前进。同时，计划也需要根据市场变化和企业发展情况进行不断调整和优化。

三、创业团队中的角色分工

在创业团队中，通常会有不同的角色分工，这些角色各自承担着不同的职责和任务，共同协作以实现团队的目标。以下是一些常见的创业团队角色。

（1）创始人/CEO。创始人是创业团队的核心。他们负责制订公司的战略方向、筹集资金、管理公司运营，并对外代表公司与投资者、媒体等各方进行沟通。创始人需要具备强烈的领导力、创新力和执行力，能够带领团队应对各种挑战和机遇。

（2）技术负责人/CTO。技术负责人负责技术团队的组建和管理，以及产品技术的研发和创新。他们需要具备深厚的技术功底和创新意识，能够带领技术团队开发出优秀的产品和技术解决方案。

（3）产品经理。产品经理负责产品的规划、设计和管理，包括市场调研、用户需求分析、产品功能设计、产品测试等。他们需要具备敏锐的市场洞察力和用户导向思维，能够设计出符合市场需求和用户期望的产品。

（4）营销负责人/CMO。营销负责人负责公司的市场推广和品牌建设。他们需要具备丰富的市场经验和营销策略，能够通过各种渠道和方式提高公司品牌知名度和市场份额。

（5）运营负责人/COO。运营负责人负责公司的日常运营和管理。他们需要具备强大的组织协调能力和执行力，能够确保公司的各项运营活动顺利进行。

（6）财务负责人/CFO。财务负责人负责公司的财务管理和资金筹措。他们需要具备专业的财务知识和严谨的管理思维，能够确保公司的财务稳健和合规。

除了以上几个常见的角色外，创业团队还可能根据项目的特点和需求设置其他角色，如设计师、数据分析师、市场专员等。总之，创业团队中的角色分工应该根据项目的实际情况进行合理配置，确保每个成员都能够发挥自己的优势和作用，共同推动项目的发展。

四、组建优秀创业团队的要点

（一）彼此了解

创业团队的人应该彼此了解。这是因为在创业过程中，团队成员需要紧密协作，共同面对各种挑战和机遇。如果团队成员之间缺乏了解和信任，就难以形成有效的合作和默契，甚至可能导致团队内部的矛盾和冲突，从而影响创业的成功。

彼此了解的好处是多方面的。首先，它有助于建立团队成员之间的信任和默契，促进有效的沟通和协作。当团队成员了解彼此的背景、能力、性格和工作习惯时，他们就能够更好地理解对方的行为和决策方式，减少误解和冲突的发生。

其次，彼此了解有助于团队成员更好地发挥各自的优势和弥补不足。每个人都有自己的长处和短处，了解团队成员的优劣势可以让大家更好地协作，让每个人都能在团队中找到自己的位置，发挥出最大的价值。

最后，彼此了解还有助于提高团队的凝聚力和向心力。当团队成员之间有深厚的了解和情感联系时，他们就会更加珍惜团队的荣誉和利益，愿意为团队的成功付出更多的努力。

因此，在组建创业团队时，创业者应该注重团队成员之间的彼此了解。可以通过团队建设活动、定期的沟通会议、分享会等方式，让团队成员更好地了解彼此，建立信任和默契，共同推动创业事业的发展。

（二）相互信任

相互信任是创业团队成功的重要因素之一。在创业过程中，团队成员会面临各种挑战和困难，需要彼此之间的支持和合作。如果团队成员之间缺乏信任，就会导致合作不畅、沟通困难，甚至产生内部矛盾和冲突，严重影响团队的凝聚力和效率。

相互信任有助于团队成员更好地协作。当团队成员信任彼此的能力和诚信时，就会更加愿意分享知识、经验和资源，共同解决问题和应对挑战。这种协作精神可以激发团队成员的积极性和创造力，推动团队不断向前发展。

相互信任还可以提高团队的凝聚力和向心力。当团队成员之间建立深厚的信任关系时，就会形成一种互相支持、共同成长的氛围。这种氛围可以让团队成员更加珍惜团队荣誉和利益，愿意为团队的成功付出更多的努力。

为了建立相互信任的关系，创业团队可以采取一些措施。首先，团队成员应该坦诚相待、开放沟通，避免隐瞒信息和欺骗行为。其次，团队成员应该相互尊重、理解和支持，尊重彼此的意见和决策方式。最后，团队成员应该共同制订和执行团队规则和价值观，形成共同的行为准则和道德标准。

总之，相互信任是创业团队成功的重要保障之一。创业者应该注重培养团队成员之间的信任关系，营造一种互相支持、共同成长的氛围，推动团队不断向前发展。

（三）理念一致，目标相同

创业团队的理念一致性和共同目标是确保团队成功和稳定发展的基础。通过明确并维护这些核心要素，创业团队可以更好地应对挑战、抓住机遇，实现共同的梦想。

当创业团队的成员在核心价值观、使命和愿景上达成一致时，他们更容易形成统一的决策和行动。这种一致性可以减少团队内部的摩擦和冲突，增强团队的凝聚力。理念一致性的团队更有可能在面对困难和挑战时保持团结，因为他们共享相同的信念和原则。而一个明确的共同目标是创业团队努力的方向和动力来源。当团队成员都明白并认同这个目标时，他们更容易形成合力，共同为实现这个目标而努力。共同目标还可以帮助团队成员明确自己的角色和责任，确保每个人都为团队的整体成功作出贡献。

为了确保创业团队的理念一致性和共同目标，创业者可以采取以下措施：

第一，在团队成立初期，明确并讨论团队的核心价值观和使命，确保每个成员都对其有深入的理解。

第二，制订明确的共同目标，并将其分解为具体的阶段性目标，以便团队成员能够明确自己的任务和责任。

第三，定期回顾和更新团队的目标和理念，确保它们仍然与团队的愿景和市场需求保持一致。

第四，鼓励团队成员之间的交流和反馈，及时发现并解决理念或目标上的分歧。

（四）取长补短，相得益彰

每个团队成员都有自己独特的优势和不足，而一个成功的创业团队需要能够充分利用每个成员的长处，同时弥补彼此的短处。通过互补和协同工作，团队成员可以共同克服挑战，实现更高的绩效。

取长补短意味着团队成员应该相互学习和借鉴。他们可以分享彼此的知识、技能和经验，从而提高整个团队的能力和水平。例如，一些团队成员可能在市场营销方面非常擅长，而另一些人可能在技术开发方面表现出色。通过相互合作和分享，团队成员可以将各自的优势结合起来，形成更强大的竞争力。

相得益彰则强调团队成员之间的协作和配合。他们应该能够相互支持、理解和鼓励，共同为团队的成功努力。当团队成员能够充分发挥自己的优势，并在团队中找到自己的位置时，整个团队的效率和创造力就会得到极大的提升。

为了实现取长补短、相得益彰的效果，创业团队可以采取以下措施：

（1）识别和了解每个团队成员的优势和不足，并根据这些特点进行合理的角色分配和任务分配。

（2）鼓励团队成员之间的交流和合作，促进知识和技能的共享。

（3）定期对团队成员进行评估和反馈，帮助他们发现并改进自己的不足，同时充分发挥他们的优势。

（4）培养团队凝聚力和团队精神，让团队成员感受到彼此之间的支持和信任。

五、创业团队的组建方式

(一)创业团队的一般组建方式

创业团队的组建方式可以多种多样,具体取决于创业者的目标、资源和需求。以下是一些常见的创业团队组建方式:

(1)核心团队组建。创业者首先寻找与自己有共同愿景和价值观的合作伙伴,这些合作伙伴通常是创始人或核心团队成员。他们共同制订公司的战略方向,并一起负责公司的运营和管理。这种方式的优点是可以确保团队之间的紧密合作和高度信任,但也可能面临人才短缺或团队能力不均衡的问题。

(2)招募专业人才。创业者根据公司的需求,招募具有相关专业技能和经验的人才。这些人才可以来自不同的行业和背景,他们为公司带来不同的视角和思路。这种方式的优点是可以快速补充团队能力,但也可能需要花费更多的时间和精力来进行人才筛选和融合。

(3)合作伙伴关系。创业者与其他公司或机构建立合作伙伴关系,共同开展业务。这种方式的优点是可以利用合作伙伴的资源和经验,加速业务发展,但也可能需要处理复杂的合作关系和利益分配问题。

(4)招聘实习生或志愿者。创业者通过招聘实习生或志愿者来补充团队力量。这些人员通常具有较低的成本和较高的灵活性,可以为团队带来新鲜的思想和活力。但需要注意的是,他们的经验和能力可能相对有限,需要更多的指导和培训。

(5)社交媒体和在线平台。利用社交媒体和在线平台,如招聘网站、社交网络等,发布招聘信息,吸引潜在团队成员的关注和申请。这种方式的优点是可以扩大招聘范围,提高招聘效率,但也需要花费时间和精力来筛选和评估申请人。

无论选择哪种方式,创业者都需要明确团队的目标和需求,制订合理的招聘计划和选拔标准,以确保组建一个高效、稳定和有凝聚力的创业团队。同时,还需要注重团队成员之间的沟通和协作,建立良好的团队文化和氛围,为团队的成功打下坚实的基础。

（二）理性逻辑团队的组建

理性逻辑团队是一种以理性思维和逻辑分析为主导的创业团队。这种团队在创业过程中注重逻辑推理、数据分析和事实依据，追求客观、准确和有效的决策。

理性逻辑团队的特点包括：

（1）强调数据驱动。团队成员注重收集和分析数据，以数据为依据进行决策。他们相信数据能够提供客观、准确的信息，帮助团队更好地了解市场和用户，从而做出明智的决策。

（2）逻辑推理能力。团队成员通常具备较强的逻辑推理能力，能够运用逻辑思维和推理方法解决问题。他们善于分析问题的本质和规律，通过逻辑推理找到最佳的解决方案。

（3）追求客观公正。理性逻辑团队在决策过程中追求客观公正，避免主观臆断和情感干扰。他们注重事实和证据，相信只有客观公正的决策才能带来长期的成功。

（4）注重实证验证。团队成员相信实践是检验真理的唯一标准，因此他们注重实证验证。在决策和实施过程中，他们会通过实验、试点等方式验证方案的可行性和有效性。

（5）高效执行力。理性逻辑团队通常具备较高的执行力，能够快速响应市场需求和变化。他们注重计划和规划，善于将复杂的问题分解为可执行的任务，确保团队目标的顺利实现。

理性逻辑团队在创业领域具有一定的优势，特别是在需要快速决策和应对变化的市场环境中。然而，过于依赖数据和逻辑也可能导致团队缺乏创造力和灵活性。因此，理性逻辑团队在创业过程中需要保持平衡，既要注重数据和逻辑，也要关注市场趋势和用户需求的变化，灵活调整策略，以实现创业成功。

（三）非理性逻辑团队的组建

非理性逻辑组建的创业团队，与理性逻辑团队形成鲜明对比。它们更注重团队成员之间的凝聚力、信任和感觉，而不是完全依赖于数据和逻辑推理。这种团队通常规模较小，但同质性较强，成员之间彼此熟悉，沟通和交流更为流畅。

非理性逻辑团队的特点包括：

（1）强调团队凝聚力。团队成员之间更看重彼此的吸引力和相互信任，而非单纯的能力和资源。他们更倾向于选择与自己趣味相投、价值观相近的成员，这种凝聚力有助于形成紧密的团队关系。

（2）决策过程可能受情感影响。由于重视团队成员之间的信任和感觉，非理性逻辑团队的决策过程可能受到情感因素的影响。在某些情况下，这可能导致决策不够客观或理性。

（3）规模较小且同质性强。这种团队通常规模较小，成员之间具有较高的同质性，这使得团队在沟通和协作方面更为顺畅。然而，也可能限制了团队的多样性和创新能力。

（4）管理和资源整合的挑战。由于团队规模较小且同质性强，管理和整合外部资源可能成为一大挑战。为应对这一挑战，团队可能需要采取一些策略，如招募并维持核心员工、聘用外部专业顾问等。

总的来说，非理性逻辑组建的创业团队在某些方面具有独特的优势，如高凝聚力和顺畅的沟通。然而，也需要关注决策过程中的情感因素以及管理和资源整合方面的挑战。

六、创业团队组建的一般程序

创业团队组建的一般程序可以大致分为以下几个步骤。

第一步，明确创业目标和愿景。

（1）在开始组建团队之前，首先需要明确创业的目标和愿景。这包括确定公司的长远目标、核心价值观以及想要解决的问题。

（2）对市场和竞争环境进行深入研究，了解行业趋势和潜在机会。

第二步，确定团队规模和结构。

（1）根据创业目标和所需资源，确定团队的规模和结构。这包括确定需要的角色、职位和专业技能。

（2）考虑团队的层次结构，包括创始人、核心团队成员、部门负责人等。

第三步，制订招募计划。

（1）根据团队结构和所需技能，制订详细的招募计划。这包括列出每个职位的具体要求、招聘时间表和渠道。

（2）利用社交媒体、招聘网站、行业会议等渠道发布招聘信息。

第四步，筛选和面试候选人。

（1）根据招募计划筛选候选人，确保他们符合职位要求和公司文化。

（2）进行面试和评估，深入了解候选人的技能、经验和性格。

第五步，团队成员选择和录用。

（1）根据面试结果和评估，选择最合适的候选人加入团队。

（2）向候选人提供职位和待遇，并协商入职时间和条件。

第六步，团队建设和文化塑造。

（1）在团队成员到齐后，进行团队建设活动，促进成员之间的沟通和合作。

（2）制订并传达公司的文化和价值观，确保团队成员对公司有共同的理解和认同。

第七步，分配角色和责任。

（1）根据团队成员的技能和经验，分配具体的角色和责任。

（2）确保每个成员都清楚自己的职责和期望成果。

第八步，制订工作计划和目标。

（1）与团队成员一起制订详细的工作计划和目标，确保每个人都清楚公司的战略方向和自己的贡献。

（2）设定可衡量的里程碑和评估标准，以便跟踪进度和调整策略。

第九步，持续监控和调整。

（1）在团队运作过程中，持续监控团队的绩效和动态。

（2）根据实际情况调整团队结构、角色分配或工作计划，以确保团队能够高效、顺利地实现创业目标。

每个创业团队的情况可能有所不同，因此在实际操作中可能需要根据具体情况灵活调整上述程序。重要的是确保团队组建过程中始终保持明确的目标、有效的沟通和持续的改进。

第二节　大学生创业资金的筹措

创业资金是创业者在创业过程中所需的资金支持，用于实现创业目标和愿景。创业资金的来源和配置对于创业成功至关重要。

一、筹措创业资金的重要性

创业资金在创业过程中具有极其重要的地位。它是创业项目启动和运营的基础,对于创业者来说,没有足够的资金支持,再好的创业计划也难以实施。

首先,创业资金为创业者提供了实现商业计划和目标所需的资金。从市场调研、产品开发、推广到运营和扩张,每个阶段都需要资金的支持。通过融资,创业者可以减轻自身的财务压力,将更多的精力投入到业务发展中。

其次,创业资金有助于创业者建立稳健的企业基础。资金不仅用于日常运营,还可以用于引入战略投资者和合作伙伴,这些投资者和合作伙伴可以为企业提供经验、资源和网络,帮助企业建立起稳健的基础。

最后,创业资金还能在一定程度上降低创业风险。在创业过程中,会遇到各种不确定性和风险,有了充足的资金储备,可以更好地应对这些挑战,降低因资金短缺而导致的创业失败的风险。

总的来说,创业资金是创业成功的关键因素之一。它不仅是创业项目启动和运营的基础,也是实现商业计划和目标、建立稳健企业基础以及降低创业风险的重要保障。因此,对于想要创业的人来说,了解并掌握创业融资的技巧和策略是非常重要的。

二、创业资金的筹措渠道

不同的筹措渠道有不同的优缺点,创业者应根据自己的需求和实际情况选择合适的资金筹措方式。同时,在筹措资金时,创业者还需要注意保护自己的权益,避免陷入债务困境。

(一)自筹资金

自筹资金创业是指创业者依靠自己的资金、储蓄或亲友借款等方式来筹集创业所需的资金。这种方式相对独立,不需要与外界投资者分享利润或控制权,因此受到一些创业者的青睐。

1. 自筹资金创业的优点

（1）控制权。自筹资金创业意味着创业者保持对公司的完全控制权，无需与其他投资者分享决策权或利润。

（2）灵活性。自筹资金创业使得创业者能够根据市场变化和业务发展需求灵活调整资金使用。

（3）降低成本。自筹资金创业通常不需要支付利息或分红，降低了创业成本。

2. 自筹资金创业的限制和挑战

（1）资金规模。自筹资金创业通常受限于创业者的个人资金规模，可能无法满足较大规模的资金需求。

（2）风险承担。自筹资金创业意味着创业者需要承担全部的资金风险，一旦创业失败，可能会导致个人财务损失。

（3）发展速度。自筹资金创业可能会限制企业的发展速度，因为资金有限，可能无法支持快速扩张或引入高端人才。

因此，在选择自筹资金创业时，创业者需要综合考虑自身资金实力、项目需求、市场前景等因素，并合理规划资金使用和风险控制。同时，也可以考虑与其他筹资方式结合使用，以满足不同阶段的资金需求。

（二）天使投资

天使投资创业是指创业者通过寻求天使投资人的资金支持来启动或发展自己的创业项目。天使投资人通常是富有的个人，他们愿意为初创企业提供资金支持，并期望在未来获得高额回报。

1. 天使投资创业的优点

（1）资金支持。天使投资人可以为创业者提供所需的资金支持，帮助创业者实现商业计划和目标。

（2）经验指导。天使投资人通常具有丰富的创业经验和专业知识，他们可以为创业者提供宝贵的建议和指导，帮助创业者更好地应对市场挑战。

（3）资源网络。天使投资人往往拥有广泛的资源网络，包括供应商、合作伙伴、客户等,这些资源可以为创业者的企业发展提供有力支持。

2. 天使投资创业的挑战和限制

（1）寻找合适的天使投资人。创业者需要花费时间和精力去寻找合适的天使投资人,这可能需要通过社交网络、行业会议等途径进行推广和宣传。

（2）股权分配。天使投资人的加入意味着创业者需要与其分享公司的股权和控制权,这可能对创业者的个人利益和决策产生影响。

（3）期望回报。天使投资人通常期望获得高额的回报,这可能导致创业者在制订商业计划和利润分配时需要权衡各方利益。

因此,在选择天使投资创业时,创业者需要充分了解天使投资人的背景和要求,制订合理的商业计划和利润分配方案,并与天使投资人建立良好的沟通和合作关系。同时,创业者也需要保持对项目的独立性和控制权,确保企业的稳健发展。

（三）风险投资

风险投资创业是指创业者通过吸引风险投资公司的资金来支持其创业项目的发展。风险投资公司通常会对具有高成长潜力的初创企业进行投资,并为企业提供资金、管理、法律和财务等方面的支持。

1. 风险投资创业的优点

（1）大额资金支持。风险投资公司通常拥有雄厚的资金实力,可以为创业者提供大额的资金支持,满足企业快速发展和扩张的需求。

（2）专业管理支持。风险投资公司通常拥有丰富的管理经验和专业团队,可以为创业者提供战略规划、市场分析、人才引进等方面的专业支持。

（3）资源网络。风险投资公司通常拥有广泛的资源网络,包括行业合作伙伴、供应商、销售渠道等,这些资源可以为创业者提供商业机会和合作空间。

2. 风险投资创业的挑战和限制

（1）股权稀释。风险投资公司的加入意味着创业者需要与其分享公司的股权和控制权,可能导致创业者股权的稀释。

(2)严格监管。风险投资公司通常会对所投资的企业进行严格的监管和管理,要求企业按照其规定的方向和战略发展。

(3)期望回报。风险投资公司通常期望获得高额的回报,可能要求企业在未来实现快速的增长和盈利。

总的来说,风险投资创业对于具有高成长潜力和市场前景的初创企业来说是一种有效的融资方式。然而,创业者在选择风险投资创业时也需要权衡其优缺点,确保与风险投资公司的合作能够实现双方的共赢。

(四)政府补助和税收优惠

政府补助和税收优惠创业是指创业者利用政府提供的各种补助和税收优惠政策来支持其创业活动。这些政策和措施旨在鼓励创业、促进创新和经济发展。

1. 政府补助创业的优点

(1)资金支持。政府提供的补助可以直接为创业者提供资金支持,减轻创业初期的财务压力。

(2)降低风险。政府补助可以降低创业者的经济风险,因为在项目失败或遇到困难时,政府会提供一定的经济保障。

(3)促进创新。政府补助通常针对具有创新性和市场前景的项目,有助于推动科技创新和产业升级。

2. 税收优惠创业的优点

(1)减轻税负。税收优惠可以降低创业企业的税收负担,增加企业的盈利空间。

(2)提高竞争力。税收优惠有助于降低企业运营成本,提高企业在市场上的竞争力。

(3)创造良好环境。税收优惠可以为企业创造更加良好的经营环境,吸引更多的投资和人才。

3. 政府补助和税收优惠创业的限制和挑战

（1）申请条件。政府补助和税收优惠通常有一定的申请条件和限制，创业者需要了解并满足相关要求。

（2）资金规模。政府补助的规模通常有限，可能无法满足大规模创业项目的需求。

（3）政策变化。政府政策可能会发生变化，导致补助和税收优惠的力度和范围发生变化，影响创业者的计划。

因此，在选择政府补助和税收优惠创业时，创业者需要充分了解相关政策和要求，合理规划资金和资源，并与政府部门建立良好的沟通和合作关系。同时，创业者也需要关注政策变化和市场变化，及时调整自己的创业策略。

（五）银行贷款

银行贷款创业是指创业者通过向银行申请贷款来获取创业所需的资金。银行贷款通常是一种相对稳定的资金来源，可以为创业者提供长期、大额的资金支持。

1. 银行贷款创业的优点

（1）资金来源稳定。银行贷款通常是一种相对稳定的资金来源，可以为创业者提供长期、大额的资金支持。

（2）利率较低。相比其他融资方式，银行贷款的利率通常较低，可以降低创业者的融资成本。

（3）增强信用。通过银行贷款，创业者可以建立良好的信用记录，为企业的未来发展打下良好基础。

2. 银行贷款创业的挑战和限制

（1）申请条件。银行贷款通常有一定的申请条件和限制，如信用记录、抵押物等，创业者需要满足相关要求才能申请成功。

（2）还款压力。银行贷款需要按时还款，对于初创企业来说可能会存在一定的还款压力。

（3）审批流程繁琐。银行贷款的审批流程通常较为繁琐，需要花费一定的时间和精力。

因此，在选择银行贷款创业时，创业者需要充分了解银行的贷款政策和要求，合理规划资金需求和还款计划，并准备好相关的申请材料。同时，创业者也需要关注企业的信用记录和财务管理，确保能够按时还款并建立良好的信用基础。

总的来说，银行贷款创业是一种相对稳定的融资方式，适用于具有一定规模和稳定收入的创业项目。然而，创业者在选择银行贷款创业时也需要权衡其优缺点，确保能够合理利用银行贷款来推动企业的发展。

（六）众筹

众筹创业是指创业者通过众筹平台筹集资金和资源，以实现创业目标的一种融资方式。众筹模式允许创业者向广大网友展示自己的创意、产品或服务，并从他们那里获得小额资金支持。众筹创业是一种具有创新性和灵活性的融资方式，适用于具有创意和市场潜力的初创企业。然而，创业者在选择众筹创业时也需要权衡其优缺点，确保能够合理利用众筹平台来推动企业的发展。

1. 众筹创业的优点

（1）低门槛。众筹平台通常对创业者的要求较低，无需提供繁琐的商业计划和财务报表，降低了创业的门槛。

（2）快速融资。通过众筹平台，创业者可以快速筹集到所需的资金和资源，加速项目的推进。

（3）市场验证。众筹过程实际上是一个市场验证的过程，如果项目受到众多网友的关注和支持，说明项目具有较大的市场潜力。

2. 众筹创业的挑战和限制

（1）成功率不高。众筹平台上的项目众多，竞争激烈，不是所有项目都能成功筹集到所需的资金。

（2）依赖平台。众筹创业的成功与否很大程度上取决于众筹平台的影响力和运营策略，创业者需要选择合适的平台进行众筹。

（3）股权分配。如果众筹成功，创业者需要与支持者分享公司的股权和利润，这可能对公司的股权结构和治理结构产生影响。

因此，在选择众筹创业时，创业者需要充分了解众筹平台的运作机制和规则，制订合理的众筹计划和股权结构，同时积极与网友互动，争取更多的支持和关注。同时，创业者也需要保持对项目的独立性和控制权，确保企业的稳健发展。

（七）合作伙伴和战略投资者

合作伙伴和战略投资者创业是指创业者通过与合作伙伴或战略投资者建立合作关系，共同推进创业项目的发展。合作伙伴可以是其他企业、机构或个人，而战略投资者则通常是具有行业经验和资源的投资者，他们可以为创业者提供资金、技术、市场等方面的支持。

1. 与合作伙伴和战略投资者创业的优点

（1）资源整合。合作伙伴和战略投资者通常拥有丰富的资源和经验，可以帮助创业者整合各种资源，加速项目的发展。

（2）风险分担。通过与他人合作，创业者可以分担创业风险，减轻个人或企业的经济压力。

（3）市场拓展。合作伙伴和战略投资者通常具有更广泛的市场渠道和客户关系，可以帮助创业者拓展市场，提高品牌知名度。

2. 与合作伙伴和战略投资者创业的挑战和限制

（1）合作关系管理。需要与合作伙伴或战略投资者建立良好的合作关系，并进行有效的沟通和协调，确保双方利益的平衡和项目的顺利推进。

（2）股权和控制权分配。合作伙伴和战略投资者的加入意味着创业者需要与其分享公司的股权和控制权，需要制订合理的股权结构和治理结构。

（3）利益冲突。在合作过程中，可能会出现利益冲突或意见不合的情况，需要双方进行有效的沟通和协商，寻求共同解决方案。

因此，在选择合作伙伴和战略投资者创业时，创业者需要谨慎选择合适的合作伙伴和投资者，明确合作目标和利益分配机制，建立稳固的合作关系，并共同推动创业项目的发展。

总的来说，与合作伙伴和战略投资者创业是一种有效的资源整合和风险分担方式，适用于需要更多资源和支持的创业项目。然而，创业者在选择合作伙伴和战略投资者时也需要权衡其优缺点，确保能够合理利用合作资源来推动企业的发展。

三、创业资金的筹措方式

有效地筹集创业资金需要创业者制订合理的筹资计划，选择合适的筹资途径，并具备良好的沟通和谈判能力。以下是一些建议：

（1）制订筹资计划。首先，创业者需要明确创业资金的需求，包括资金规模、使用计划和回报预期等。然后，根据资金需求和企业实际情况，制订合理的筹资计划。

（2）准备筹资材料。创业者需要准备充分的筹资材料，包括商业计划书、财务预算、团队介绍、市场分析、竞品分析等。这些材料有助于向潜在投资者展示创业项目的潜力和可行性。

（3）选择合适的筹资途径。创业者可以根据自己的需求和实际情况，选择合适的筹资途径，如自筹资金、合伙投资、亲朋好友借款、银行贷款、政府扶持、天使投资、风险投资和众筹等。

（4）提高沟通和谈判能力。筹资过程中，创业者需要与各种投资者进行沟通和谈判。提高沟通和谈判能力有助于更好地展示创业项目的优势，提高筹资成功的可能性。

（5）建立人际关系网络。通过参加创业活动、行业会议等途径，建立人际关系网络。这有助于创业者接触到更多的潜在投资者，提高筹资成功的可能性。

（6）注重企业形象和品牌建设。良好的企业形象和品牌有助于吸引投资者的关注。创业者可以通过提升企业形象、加强品牌建设等方式，提高自身的吸引力。

（7）保持筹资渠道的多样性。不要过度依赖某一种筹资途径，保持筹资渠道的多样性。这有助于降低筹资风险，提高筹资成功的可能性。

（8）学习和借鉴成功案例。创业者可以学习和借鉴其他成功筹资的案例，从中吸取经验和教训，提高自身筹资的成功率。

总之，有效地筹集创业资金需要创业者制订合理的筹资计划，选择合适的筹资途径，并具备良好的沟通和谈判能力。在筹资过程中，创业者还需要不断学习和调整策略，以提高筹资的成功率。

第三节 大学生新创企业的管理

新创企业的管理是一个复杂而关键的过程,涉及多个方面,包括营销管理、财务管理、人力资源管理、创新管理、风险管理(将在第四节中进行分析)等。通过有效的管理和策略制订,新创企业可以实现快速发展和成功。

一、新创企业的营销管理

新创企业的营销管理涉及多个方面,旨在确保企业能够有效地满足市场需求,提升品牌形象,并实现销售和增长目标。通过制订明确的营销目标和策略,并持续学习和调整,新创企业可以在竞争激烈的市场环境中脱颖而出,实现销售和增长目标。

(一)市场调查

对于新创企业来说,进行市场调查是至关重要的。市场调查可以帮助新创企业了解目标市场的情况,识别潜在机会和威胁,为企业的战略规划和决策提供有力支持。

在进行市场调查时,新创企业需要明确所需的信息类型,以确保调查的目的和结果能够满足企业的需求。

(1)目标市场的基本信息。其包括市场规模、增长趋势、消费者群体特征(如年龄、性别、收入、教育水平等)、消费者购买行为和偏好等。这些信息有助于企业了解市场的整体情况和潜在机会。

(2)竞争对手分析。了解竞争对手的产品、定价、市场份额、营销策略等信息,以评估竞争态势和自身优势。此外,还需要了解竞争对手的创新动态和未来发展计划。

(3)行业趋势分析。了解所在行业的发展趋势、政策变化、技术革新等信息,以预测未来市场变化和潜在机会。这有助于企业制订长期战略规划和调整市场策略。

(4)消费者需求和偏好。通过调查了解消费者对产品或服务的需求、期望和偏好,以及他们对价格、品质、品牌等因素的敏感度。这有助于企业确定产品定位和改进方向。

(5)市场渠道分析。了解目标市场的销售渠道、分销网络、零售商合作等信息,以制订有效的推广和销售策略。此外,还需要了解竞争对手的渠道策略和合作伙伴情况。

(6)法律法规和监管环境。了解所在市场的法律法规和监管要求,以确保企业的合规经营和避免潜在风险。

为了明确所需的调查信息,新创企业可以进行初步的市场分析和竞争分析,以确定关键的市场因素和竞争要点。此外,企业还可以与潜在消费者、行业专家和合作伙伴等进行深入交流和讨论,以获得更全面的市场洞察和行业认知。在明确了所需的调查信息后,企业可以设计相应的调查问卷、访谈提纲或数据分析框架,以收集和分析相关数据和信息。

(二)确定目标市场

确定目标市场是市场调查的关键步骤之一,它有助于新创企业明确自己的市场定位和市场策略。

1. 市场细分

首先,需要对整体市场进行细分。这通常基于消费者特征(如年龄、性别、收入、教育水平、地理位置等)、购买行为(如购买频率、购买量、品牌忠诚度等)或需求偏好(如对产品功能、价格、品质的要求)等因素。市场细分有助于企业识别出不同的消费者群体,并了解他们的需求和特点。

(1)市场细分的重要性

市场细分是企业制订营销策略、优化资源配置、提高市场竞争力的重要手段。通过深入了解和分析每个细分市场的特点和需求,企业可以更加精准地满足消费者的需求,实现可持续发展。

市场细分的重要性主要体现在以下几个方面:

①理解消费者需求。市场细分有助于企业更深入地理解不同消费者群体的需求和偏好。通过细分市场,企业可以更加准确地把握每个子市场的特点,从而更有针对性地开发产品和制订营销策略。

②发掘市场机会。市场细分有助于企业发掘新的市场机会。通过对

市场的细致分析，企业可以发现未被满足的消费者需求，从而开发出新的产品或服务，拓展市场份额。

③优化资源配置。市场细分使得企业能够将有限的资源集中在最具潜力的细分市场上，提高资源的使用效率。这样，企业可以在保证收益的同时，降低运营成本，实现资源的优化配置。

④制订差异化营销策略。市场细分使得企业可以针对不同子市场制订差异化的营销策略，从而更好地满足消费者的个性化需求。这有助于提升企业的品牌形象和市场竞争力。

⑤降低竞争压力。通过市场细分，企业可以选择适合自己的目标市场，避免与实力强大的竞争对手正面竞争。这有助于降低企业的竞争压力，提高市场存活率。

（2）市场细分的依据

市场细分的依据多种多样，企业需要根据自身的产品特点和市场需求选择适合的细分依据，从而制订更加精准和有效的营销策略。市场细分的依据主要包括四个方面：

①地理因素。这是指按照消费者的地理位置、自然环境和经济地理等因素进行市场细分。例如，可以根据国家、地区、城市、农村、气候、地形等因素将市场划分为不同的子市场。地理因素对于某些产品的市场需求和偏好具有重要影响，因此是企业进行市场细分时需要考虑的重要因素之一。

②人口统计因素。这是指按照人口统计变量，如年龄、性别、家庭规模、收入、职业、教育程度等因素进行市场细分。人口统计因素是影响消费者需求和偏好的重要因素之一，因此也是企业进行市场细分时常用的依据之一。通过对人口统计因素的分析，企业可以了解不同消费者群体的特点和需求，从而制订更加精准的营销策略。

③心理因素。这是指按照消费者的心理特征进行市场细分，如个性、价值观、生活方式、兴趣爱好等。心理因素对于消费者的购买决策和偏好具有重要影响，因此也是企业进行市场细分时需要考虑的因素之一。通过对消费者心理特征的分析，企业可以更加深入地了解消费者的需求和偏好，从而制订更加个性化的营销策略。

④行为因素。这是指按照消费者的购买行为、消费习惯和使用情况等因素进行市场细分。例如，可以根据消费者的购买频率、购买数量、购买时间、品牌忠诚度等因素将市场划分为不同的子市场。行为因素对于企业的产品开发和营销策略制订具有重要意义，因此也是企业进行市场细分时需要考虑的因素之一。

（3）市场细分的原则

市场细分的原则主要包括可衡量性、可实现性、可营利性和可区分性。

①可衡量性。其指各个分市场的购买力和规模大小能被衡量的程度。也就是说，市场细分后的各个子市场必须具备明确的特征，其购买力和规模大小可以被衡量和估算。这样，企业才能针对每个子市场制订具体的营销策略和计划。

②可实现性。其指企业能够占领并且能够开展有效经营活动的市场。市场细分后的各个子市场必须是企业能够实际进入和开展经营活动的市场，这样才能保证企业营销活动的有效性和可行性。

③可营利性。其指企业选定的细分市场的规模和购买力足以使企业有利可图，取得经济效益。市场细分后的各个子市场必须具备足够的规模和购买力，以保证企业能够从中获得足够的收益，实现盈利目标。

④可区分性。其指细分后的市场应该存在明显的区别。市场细分后的各个子市场之间必须具有明显的差异性和可区分性，这样才能保证企业针对不同的子市场制订不同的营销策略和计划，实现精准营销。

除了以上四个原则外，市场细分还需要考虑市场的稳定性和可接近性等因素。稳定性是指市场细分后的各个子市场必须具有一定的稳定性，不会频繁发生变化，以保证企业营销策略的稳定性和连续性。可接近性则是指企业能够通过各种渠道接近和接触各个子市场的消费者，以便更好地了解他们的需求和偏好，制订更加精准的营销策略。

（4）市场细分的层次

市场细分的层次通常包括无市场细分（大众市场营销）、细分市场营销、补缺市场营销、微市场营销（完全市场细分）。

①无市场细分（大众市场营销）。这是最简单的市场细分形式，企业将产品或服务看作一个整体，不进行任何细分，通过大规模的广告和促销活动来吸引尽可能多的消费者。

②细分市场营销。企业根据某些标准（如地理、人口统计、心理或行为因素）将市场划分为若干个子市场，并针对每个子市场制订不同的营销策略。这种策略可以更好地满足不同消费者的需求，提高市场份额。

③补缺市场营销。企业专注于被其他企业忽视或无法有效服务的细分市场，通过提供特定的产品或服务来满足这些市场的需求。这种策略可以帮助企业在竞争激烈的市场中找到生存和发展的空间。

④微市场营销（完全市场细分）。这是市场细分的最高层次，企业试图将每个消费者都视为一个独立的细分市场，并为他们提供个性化的产品或服务。这种策略需要企业具备强大的数据分析和定制化能力，以实

现与消费者的深度互动和满足他们的个性化需求。

以上四种市场细分的层次并不是孤立的，企业可以根据自身情况和市场需求进行选择和组合。在不同的市场环境和竞争态势下，企业可能需要采用不同的市场细分策略来应对市场变化和挑战。

2. 选择目标市场

在细分市场的基础上，新创企业需要评估每个市场的吸引力，并选择最适合自己的一个或多个目标市场。这通常涉及对市场规模、增长潜力、竞争状况、消费者需求以及企业的资源和能力等因素的综合分析。然后在此基础上，选择营销策略。

差异性市场策略是一种以多个细分市场为目标，为每个细分市场设计不同的产品、制订不同的营销策略并匹配不同的资源组合的策略。这种策略的优点是可以更好地满足不同消费者的需求，提高产品的竞争力。然而，它也可能增加企业的生产和营销成本，因为每个细分市场都需要独立的产品和营销策略。

无差异性市场策略是把整个市场看作一个大的目标市场，忽略细分市场间的差异，采用标准化的产品、定价、促销和分销策略。这种策略的优点是可以降低生产成本和营销成本，实现规模经济。但是，它可能无法满足消费者的个性化需求，从而导致市场竞争力下降。

集中性市场策略是企业选择一个或少数几个性质相似的细分市场作为目标市场，集中资源为这些市场提供产品或服务。这种策略的优点是可以使企业在较小的目标市场上获得较大的市场份额，降低生产和营销成本。然而，它也可能增加企业的经营风险，因为目标市场相对较小，一旦市场发生变化，企业可能面临巨大的损失。①

3. 市场定位

确定了目标市场后，企业需要明确自己在该市场中的定位。这包括确定产品或服务的独特卖点（USP），即与竞争对手相比，自己的产品或服务有哪些独特的优势或价值。市场定位有助于企业在目标市场中建立清晰的品牌形象，吸引目标客户。在市场定位过程中，可以选择一些策略。

（1）避强定位策略。该策略旨在避免与实力强大的竞争对手直接竞

① 李同泽. 市场研究方法与技巧 [M]. 北京：中国经济出版社，2002.

争，通过将企业的产品或服务定位于市场的某个“空隙”或薄弱环节，以发展目标市场上没有的产品或服务，从而开拓新的市场领域。这种策略有助于企业迅速在市场上站稳脚跟，树立独特形象。

（2）迎头定位策略。该策略是企业依据自身的实力，为占有更好的市场方位，不惜与市场上占支配地位的、实力更强的竞争对手发生正面竞争，而使自己的产品进入与对手相同的市场方位。这种策略风险较大，但一旦成功，企业将获得巨大的市场优势。

（3）创新定位策略。该策略是寻找新的、未被占领但有潜在市场需求的市场方位，填补市场上的空缺，生产市场上没有的、具有某种特色的产品。这种策略要求企业具备创新能力和市场洞察力，以便在技术和经济上实现创新定位所需的产品。

（4）重新定位策略。当竞争者的产品定位于本企业产品的附近，侵占本企业的部分市场，或消费者及用户偏好发生变化，转移到竞争者的产品上时，企业就必须考虑为自己的产品重新定位。这种策略旨在改变市场对企业原有形象的认知，使目标顾客对其建立新的认识。①

此外，还有一些其他常见的市场定位策略，如产品差异化战略、服务差异化战略、人员差异化战略、形象差异化战略和促销方法差异化战略等。这些策略都是企业为了树立独特形象、满足特定消费者需求而采取的不同措施。

（三）收集数据和信息

在确定目标市场后，新创企业需要开始收集相关的数据和信息，以便更深入地了解目标市场和潜在客户的需求、竞争态势以及行业趋势。以下是收集数据和信息的一些常用方法：

（1）二手数据收集。二手数据是指已经存在并被公开的数据，这些数据可能来源于各种渠道，如政府部门、行业协会、市场研究公司、学术机构等。通过查阅行业报告、市场研究报告、统计数据等，新创企业可以获取到大量的市场信息和行业数据，从而快速了解市场概貌和竞争态势。

（2）一手数据收集。一手数据是指通过直接调查或实验等方式获取的数据。新创企业可以通过问卷调查、访谈、焦点小组讨论等方式收集目标客户和潜在客户的意见、需求和偏好。此外，企业还可以通过观察、实验等方式收集有关产品性能、用户体验等方面的数据。

① 宋冀东. 市场营销 [M]. 北京：中国电力出版社，2009.

（3）社交媒体和网络监测。社交媒体和网络平台是获取实时市场信息和客户反馈的重要渠道。新创企业可以利用社交媒体监测工具、网络爬虫等技术手段，实时监测和分析社交媒体上的讨论、话题、趋势等，以了解市场动态和客户需求。

（4）竞争对手分析。对竞争对手进行深入分析是了解市场的重要手段之一。新创企业可以通过收集竞争对手的产品信息、营销策略、市场份额等数据和信息，了解竞争对手的优势和劣势，从而制订更有效的市场策略。

（5）公开信息源。公开信息源包括公司年报、财务报告、新闻发布、行业会议等。通过查阅这些信息源，新创企业可以了解行业的最新动态、市场趋势以及潜在机会。

在收集数据和信息时，新创企业需要确保数据的准确性和可靠性，避免使用过时或不准确的数据导致决策失误。此外，企业还需要对数据进行整理和分析，提取出有价值的信息，为市场策略的制订提供有力支持。

（四）分析数据和信息

分析收集到的数据和信息是新创企业市场调查过程中的重要环节。通过对数据和信息进行深入分析，企业可以洞察市场趋势、了解客户需求、评估竞争对手实力，从而为制订有效的市场策略提供决策依据。以下是一些分析数据和信息的方法：

（1）描述性分析。描述性分析是对数据的基本统计和描述，包括数据的均值、中位数、众数、标准差等统计量，以及数据的分布情况和变化趋势。通过描述性分析，企业可以初步了解数据的特征和规律。

（2）探索性分析。探索性分析是通过数据可视化、相关性分析、聚类分析等方法，深入挖掘数据中的潜在模式和关联。这有助于企业发现市场中的新机会、新趋势或潜在问题。

（3）因果分析。因果分析是通过回归分析、实验设计等方法，探究变量之间的因果关系。这有助于企业了解哪些因素影响了市场需求、客户满意度等关键指标，从而制订针对性的市场策略。

（4）竞争对手分析。通过对竞争对手的数据和信息进行分析，企业可以了解竞争对手的市场表现、产品特点、营销策略等。这有助于企业制订更有效的竞争策略，提升市场份额。

（5）市场趋势预测。基于历史数据和市场信息，利用时间序列分析、机器学习等方法，对市场趋势进行预测。这有助于企业提前布局，把握市场机遇。

在分析数据和信息时，新创企业需要注意以下几点：

第一，确保数据的准确性和完整性，避免使用错误或不完整的数据导致分析结果失真。

第二，根据实际情况选择合适的分析方法和技术，避免盲目追求复杂或高级的分析方法。

第三，结合市场背景和业务需求，对分析结果进行解读和理解，避免单纯依赖数据分析结果而忽视实际业务情况。

通过深入分析和理解数据和信息，新创企业可以更好地把握市场机遇、制订有效的市场策略，从而在竞争激烈的市场中脱颖而出。

（五）制订市场策略

在制订市场策略时，新创企业需要综合考虑多个方面，以确保策略的全面性和有效性。

1. 制订市场策略的步骤

（1）确定产品定位。根据目标市场的需求和竞争对手的情况，确定产品的特点、功能和优势。产品定位应突出产品的独特价值和差异化特点，以吸引目标客户的关注和购买意愿。

（2）制订营销策略。根据目标市场的特点、产品定位和企业的实际情况，制订具体的营销策略。这包括确定推广渠道、广告宣传、促销活动、定价策略等。营销策略应有助于提升产品的知名度、吸引潜在客户和促进销售。

（3）优化销售渠道。选择合适的销售渠道和合作伙伴，以确保产品能够顺利进入市场并覆盖目标客户。同时，要关注销售渠道的效果和反馈，及时进行调整和优化。

（4）建立品牌形象。通过优质的产品和服务、积极的品牌传播和与消费者的互动，建立积极的品牌形象和口碑。品牌形象是企业的重要资产，有助于提升客户忠诚度和市场份额。

（5）持续创新和调整。市场环境和消费者需求是不断变化的，新创企业需要保持敏锐的市场洞察力和创新能力，及时调整市场策略和产品策略，以适应市场的变化和发展趋势。

2. 制订市场策略的要点

在制订市场策略时,新创企业还需要注意以下几点:

第一,保持与消费者的紧密互动和沟通,了解他们的需求和反馈,以便及时调整和优化产品和服务。

第二,注重与合作伙伴和行业内其他利益相关者的合作和共赢,共同推动市场的发展和进步。

第三,关注市场趋势和新兴技术的发展,以便及时把握机遇并应对挑战。

通过以上步骤和要点的制订和实施,新创企业可以制订出全面、有效的市场策略,为企业的成功打下坚实的基础。

3. 具体的市场策略

基于目标市场的特点和需求,企业需要制订相应的市场策略。这包括产品策略、推广策略和价格策略。这些策略应有助于企业在目标市场中获得竞争优势,实现市场份额的扩大和品牌的提升。

(1)产品策略

产品策略是企业为了在市场上取得成功,根据市场需求、竞争状况和企业自身条件,对产品组合、产品线、产品生命周期、新产品开发等方面进行的总体规划和策略。

①产品组合策略

扩大产品组合。增加产品线或产品项目,扩大经营范围,满足更多消费者的需求。

缩减产品组合。减少产品线或产品项目,集中资源在少数核心产品或服务上。

产品线延伸。在现有产品线基础上增加新的产品项目,如增加不同规格、型号、款式的产品。

②产品线策略

产品线宽度。决定企业经营多少不同的产品线,以满足不同消费者群体的需求。

产品线深度。决定每个产品线中应包含多少产品项目,以满足不同消费者群体的具体需求。

产品线关联度。决定不同产品线之间在最终用途、生产条件、分销渠道或其他方面的关联程度。

③产品生命周期策略

引入期。注重产品宣传和市场推广,建立品牌知名度,吸引早期采用者。

成长期。扩大市场份额,提高产品质量和服务水平,满足更多消费者的需求。

成熟期。保持市场份额,注重成本控制和效率提升,同时寻求新的市场机会。

衰退期。考虑产品的替代或升级,通过创新或重新定位来延长产品生命周期。

④新产品开发策略

创新型新产品。通过技术创新或功能创新开发全新产品,满足消费者新的需求。

改进型新产品。对现有产品进行改进或升级,提高产品质量和性能。

仿制型新产品。模仿市场上已有的产品进行开发,降低成本和风险。

组合型新产品。将不同产品的功能或特点进行组合,创造出全新的产品。

⑤品牌策略

品牌定位。明确品牌在市场中的位置和形象,与消费者建立情感联系。

品牌传播。通过广告、公关、促销等手段提升品牌知名度和美誉度。

品牌管理。对品牌资产进行保护和增值,确保品牌形象的一致性和稳定性。

⑥包装策略

包装设计。根据产品特性和目标市场需求设计合适的包装形式。

包装材料。选择符合环保要求、成本效益高的包装材料。

包装标识。在包装上标明产品名称、规格、生产日期等信息,便于消费者识别和购买。

(2)推广策略

推广策略是企业为了实现营销目标,通过一系列有计划的、协调的推广活动,将产品或服务推向目标市场的过程。以下是推广策略的一些主要方面。

①广告策略

媒体选择。根据目标市场的特点和受众的媒体习惯,选择合适的广告媒体,如电视、报纸、杂志、网络等。

广告创意。设计具有吸引力和独特性的广告创意，以引起消费者的兴趣和共鸣。

广告投放。制订广告投放计划，确定广告投放的频次、时间和地点，以达到最佳的广告效果。

②公关策略

新闻发布。通过新闻发布会、媒体采访等方式，向公众传递企业的新闻、动态和观点，提升企业的知名度和美誉度。

事件营销。利用重大事件或节日等时机，开展相关的公关活动，增强品牌与消费者的情感联系。

社会责任。积极参与社会公益活动，履行企业的社会责任，提升品牌形象和声誉。

③促销策略

优惠活动。通过打折、满减、赠品等方式，吸引消费者购买产品或服务。

会员制度。建立会员制度，为会员提供专属优惠和增值服务，增加客户忠诚度和复购率。

渠道合作。与其他企业或机构合作，共同开展促销活动，扩大推广效果。

④数字营销策略

社交媒体营销。利用社交媒体平台（如微博、微信、抖音等）进行内容营销、互动营销等，吸引粉丝和关注者。

内容营销。通过撰写博客、制作视频、发布图文等形式，提供有价值的内容，吸引潜在客户的关注和信任。

搜索引擎优化（SEO）。通过优化网站结构和内容，提高网站在搜索引擎中的排名，增加曝光率和流量。

⑤线下推广活动

路演活动。在商场、超市等公共场所举办路演活动，展示产品特点和优势，吸引消费者体验和购买。

展会参展。参加行业展会或消费者展会，展示企业形象和产品，拓展业务渠道和合作伙伴。

地面推广。通过传单、海报、户外广告等方式，在目标市场进行地面推广活动，提高品牌知名度和市场占有率。

（3）价格策略

价格策略是市场营销组合中一个非常关键的部分，它主要涉及产品的定价原则、方法、技巧和变动等。以下是价格策略的一些主要内容和方法。

①成本导向定价

这是以产品成本为主要依据的定价方法,包括成本加成定价法和目标收益定价法。成本加成定价法是在产品成本的基础上加上一定的利润率来确定价格;目标收益定价法则是根据企业预期的总销售额和总成本,确定一个能够实现目标收益率的价格。

②需求导向定价

这种方法是根据市场需求和消费者感知价值来定价的。如果消费者对产品的价值感知高,企业就可以设定较高的价格。常见的需求导向定价法包括认知价值定价法和价值定价法。

③竞争导向定价

这种方法是以市场上同类产品的价格为依据,根据产品的竞争地位和消费者的购买行为来制订价格。常见的竞争导向定价法包括随行就市定价法和密封投标定价法。

此外,企业还需要考虑价格变动策略,包括折扣和折让、地区定价、心理定价、差别定价、新产品定价和价格调整等。这些策略的选择需要根据产品的生命周期、市场需求、竞争状况等因素进行综合考虑。

在实施价格策略时,企业需要注意以下几点:

第一,价格策略需要与企业的整体营销战略相协调,不能脱离市场定位、产品策略、促销策略等孤立地制订。

第二,价格策略需要灵活调整,以适应市场变化和消费者需求的变化。

第三,价格策略需要考虑成本效益,不能为了追求短期的销售额而牺牲长期的利润。

第四,价格策略需要考虑法律法规的约束,不能违反相关的价格法规和政策。

总的来说,价格策略是企业营销战略中非常重要的组成部分,它需要根据市场需求、竞争状况、产品特点等因素进行综合考虑,以实现企业的销售目标和利润最大化。

(六)监控市场变化

监控市场变化是新创企业市场策略中至关重要的一环。市场变化包括消费者需求的变化、竞争对手的动态、政策法规的变动、技术进步等多个方面。为了有效地监控市场变化,新创企业可以采取以下措施:

（1）定期收集和分析数据。设定定期的市场数据收集和分析计划，包括销售数据、市场份额、消费者反馈等。通过对比历史数据和当前数据，可以发现市场趋势和潜在变化。

（2）跟踪竞争对手。密切关注竞争对手的动态，包括新产品发布、营销策略调整、市场份额变化等。这有助于企业及时应对竞争压力，保持市场敏锐度。

（3）关注政策法规变动。政策法规的变动可能对市场产生重大影响。新创企业应定期关注政策法规的更新和变化，以便及时调整市场策略。

（4）与技术发展保持同步。技术进步是推动市场变化的重要因素。新创企业应关注新兴技术的发展趋势，评估其对业务和市场的影响，以便抓住技术变革带来的机遇。

（5）建立市场反馈机制。与消费者保持紧密联系，建立有效的市场反馈机制。通过收集消费者的意见和建议，企业可以及时发现市场变化并作出相应调整。

（6）建立专业团队。建立具备市场洞察力和分析能力的专业团队，负责监控市场变化并为企业提供决策支持。这个团队应具备丰富的行业经验和敏锐的市场嗅觉，能够准确判断市场趋势和变化。

（7）利用市场情报工具。利用市场情报工具，如行业报告、市场研究数据、社交媒体监测等，以获取更全面的市场信息和动态。这些工具可以帮助企业及时捕捉市场变化并作出相应反应。

总之，通过有效的市场监控，新创企业可以及时发现市场变化并调整市场策略，以适应市场的快速发展和变化。这将有助于企业在竞争激烈的市场环境中保持竞争优势并实现可持续发展。

二、新创企业的财务管理

（一）财务基本知识

1. 资产、负债和权益

资产、负债和权益是会计学的三个基本概念，它们在企业的财务报表中扮演着重要的角色。

资产是指企业过去的交易或事项形成的、由企业拥有或控制的、预期会给企业带来经济利益的资源。这些资源包括现金、应收账款、存货、固定资产等。资产是企业为实现经营目标而持有的，能够带来未来经济利益的资源。

负债是指企业过去的交易或事项形成的、预期会导致经济利益流出企业的现时义务。负债包括应付账款、应付工资、应付利息、长期负债等。负债是企业为获得资金或其他资源而承担的义务或责任。

权益，也称为净资产，是指企业所有者享有的企业总资产减去总负债后的剩余权益。权益代表着企业所有者对企业的投资所带来的回报，以及他们对企业的控制权。权益通常包括股东权益和留存收益等。

在会计等式中，资产等于负债加权益。这个等式反映了企业的财务状况，即企业的资产是由负债和所有者权益共同支持的。此外，还有另外两个等式。收入减去费用等于利润以及资产等于负债加所有者权益(收入减去费用)。这两个等式分别反映了企业的经营成果和财务状况的动态变化。

总之，资产、权益和负债是企业财务报表中的三个核心概念，它们之间的关系反映了企业的财务状况和经营成果。

2. 盈利与亏损

盈利与亏损是企业在一定时期内经营活动的最终结果。盈利指的是企业在一定时期内收入超过支出，获得经济上的收益；而亏损则是指企业在一定时期内支出超过收入，导致经济上的损失。

盈利与亏损的判定通常基于企业的财务报表，特别是利润表。在利润表中，企业的收入减去相关的费用、成本等支出后，得到的净利润即为企业的盈利或亏损情况。当净利润为正数时，表示企业盈利；当净利润为负数时，表示企业亏损。

盈利与亏损的状况可以反映企业的经营效率、管理水平和市场竞争力。盈利的企业通常意味着其能够有效地运用资源、控制成本、满足市场需求，并实现经济收益。而亏损的企业可能面临成本控制不当、市场竞争激烈、管理不善等问题，需要采取措施改善经营状况。

同时，盈利与亏损也对企业的未来发展产生重要影响。盈利的企业可以积累资本、扩大规模、投资研发等，为企业的持续发展提供支持。而亏损的企业可能需要寻求外部融资、调整经营策略、优化管理等措施来改善经营状况，避免长期亏损导致经营困难甚至破产。

因此，企业在经营过程中需要密切关注盈利与亏损的状况，加强财务管理和风险控制，确保企业的稳健发展。

3. 企业的主要财务报表

企业的主要财务报表通常包括以下几种：

（1）资产负债表。这是反映企业在某一特定日期（如年末、季末或月末）的资产、负债和所有者权益数额及其构成情况的会计报表。它可以帮助投资者了解企业的资产、负债和所有者权益的构成和比例，从而评估企业的财务状况和风险水平。

（2）利润表。利润表又称“损益表”，反映企业在一定会计期间的经营成果的报表。利润表可以显示企业的收入、费用、利润或亏损的金额和构成情况，帮助投资者了解企业的盈利能力、经营效率和成本控制情况。

（3）现金流量表。这是反映企业在一定会计期间内从经营活动、投资活动和筹资活动中产生的资金流入和流出情况的报表。现金流量表可以帮助投资者了解企业的现金流动状况、偿债能力和资金运用效率。

（4）所有者权益变动表。这是反映企业股东权益（或称为所有者权益）在某一特定时期内的变动情况的报表。它可以显示企业股东权益的总量增减变动以及结构变动情况，帮助投资者了解企业股东权益的变动情况和原因。

除了上述四种主要财务报表外，企业还可能编制其他非财务性报表，如市场和人力资源报表，以便更全面地反映企业的运营状况和未来发展潜力。这些报表共同构成了企业的财务报表体系，为投资者、债权人、政府监管机构等提供了重要的决策依据。

4. 日常财务操作

日常财务操作是企业财务管理中必不可少的一部分，涉及企业日常经营活动的各个方面。

（1）记录和整理财务交易。其包括记录销售收入、采购支出、员工工资等日常交易，并确保这些记录的准确性和完整性。

（2）凭证编制和审核。根据财务交易编制相应的凭证，如收款凭证、付款凭证、转账凭证等，并对这些凭证进行审核，确保其合规性和准确性。

（3）账目核算和报表编制。按照会计准则和制度要求，进行账目核算，包括资产、负债、所有者权益、收入、费用等科目的核算。同时，根据核算结果编制各类财务报表，如资产负债表、利润表、现金流量表等。

（4）税务申报和缴纳。按照国家税收法规要求，及时申报和缴纳各类税款，确保企业税务合规。

（5）资金管理。对企业的现金流入和流出进行管理，包括制订资金计划、调度资金、控制成本等，确保企业资金的安全和有效利用。

（6）预算规划和执行。制订企业预算计划，并监控预算执行情况，及时调整预算方案，确保企业经营活动按照预算计划进行。

（7）财务风险控制。识别和评估企业面临的财务风险，建立风险控制机制，采取相应措施降低财务风险对企业的影响。

这些日常财务操作对于企业的财务管理至关重要，能够帮助企业保持财务稳健、合规和透明，为企业的长期发展提供有力支持。

（二）财务管理概述

财务管理是企业为了实现良好的经济效益，在组织企业的财务活动、处理财务关系过程中所进行的科学预测、决策、计划、控制、协调、核算、分析和考核等一系列企业经济活动过程中管理工作的全称。它基于一定的法律法规，并在一定的整体目标指导下进行，涉及企业资产的购置（投资）、资本的融通（筹资）以及经营中的现金流量（营运资金）和利润分配管理。

财务管理的主要特点是对企业生产和再生产过程中的价值运动进行管理，它是一项综合性很强的管理工作。财务管理的内容非常丰富，包括但不限于资金筹措决策、流动资产管理、固定资产管理、其他资产管理以及销售收入和利润管理。此外，从处理财务关系的视角来看，财务管理还涉及企业与债权人、债务人、投资人、受资人、政府之间的关系，以及企业内部各单位之间的财务关系和企业与职工之间的财务关系等。

财务管理的基本任务是组织资金供应，提高资金利用效果；降低产品成本，增加企业盈利；分配企业收入，完成上缴任务；实行财务监督，维护财经纪律。财务管理的职能则包括财务预测、财务决策、财务计划、财务控制、财务分析和财务检查等。其中，财务检查是按照国家财经法规制度和企业财务通则、分行业财务制度等对企业财务活动的正确性、合理性、合法性和有效性进行检查的过程，目的是保证企业行为的合法、财产的安全制度的执行。

财务管理作为企业管理的核心，对于改善企业经营和提高企业经济效益具有十分重要的作用。实践表明，财务管理水平的高低直接影响着企业的经济效益。因此，企业应重视财务管理，加强财务人员的培训，提高财务管理水平，以实现企业的长期稳定发展。

（三）新创企业财务管理的目标

新创企业财务管理的目标通常是多元化的，但主要可以归结为以下几个方面：

（1）确保企业的生存和发展。新创企业在初创阶段，资金流往往较为紧张，因此财务管理的首要目标是确保企业的生存和稳定发展。这包括有效地筹集和分配资金，以满足企业日常运营和发展的需要。

（2）最大化股东财富。对于新创企业来说，股东的投资是企业发展的重要支撑。因此，财务管理的一个重要目标是实现股东财富的最大化，这通常通过提高企业的盈利能力和市场价值来实现。

（3）优化资源配置。通过有效的财务管理，新创企业可以优化资源配置，提高资源的使用效率。这包括合理地分配资金、控制成本、提高资产周转率等。

（4）降低财务风险。新创企业在发展过程中面临着各种财务风险，如市场风险、信用风险等。财务管理的目标是通过有效的风险控制和管理，降低这些风险对企业的影响。

（5）提供决策支持。财务管理通过收集、分析和处理财务信息，为企业的决策提供有力的支持。这包括为企业的战略制订、预算编制、投资决策等提供数据和信息支持。

（四）新创企业财务管理的原则

新创企业财务管理的原则主要包括以下几个方面：

（1）系统性原则。财务管理是企业管理系统的一个子系统，它本身又由筹资管理、投资管理、营运管理和分配管理等子系统构成。新创企业在进行财务管理时，需要考虑到整个企业的系统性，确保各个子系统之间的协调和配合。

（2）风险权衡原则。新创企业在发展过程中面临着各种风险，如市场风险、技术风险、资金风险等。财务管理需要决策者对风险进行权衡，既要追求较高的报酬，又要控制风险在可承受范围内。

（3）现金收支平衡原则。新创企业在初创阶段，现金流入和流出往往不平衡，财务管理需要确保现金收入和现金支出在数量和时间上达到动态平衡，以维持企业的正常运营。

（4）成本收益权衡原则。在进行筹资、投资、营运等财务活动时，新创企业需要权衡成本和收益，确保以最小的成本获得最大的收益。

（5）利益关系协调原则。新创企业需要处理与股东、债权人、职工等利益主体之间的财务关系，确保各方的利益得到协调和平衡。

（6）保护投资者利益原则。新创企业在筹集资金时，需要保护投资者的利益，确保投资者的权益不受侵犯。

这些原则共同构成了新创企业财务管理的基本框架和指导原则，为新创企业的财务管理活动提供了方向和指导。在实际操作中，新创企业需要根据自身的特点和实际情况，灵活运用这些原则，实现财务管理的目标。

（五）新创企业资金需求量分析

新创企业的资金需求量分析是一个复杂且关键的过程，涉及多个方面的考量。以下是分析新创企业资金需求量时需要考虑的一些主要因素：

（1）初始启动资金。这是新创企业在成立之初所需的基本资金，用于支付注册费用、租赁办公场地、购置必要的设备和工具等。这部分资金通常是根据企业的规模和业务需求来确定的。

（2）运营资金。新创企业在日常运营中需要资金来支付员工工资、市场营销、研发支出、行政费用等。这部分资金的需求量取决于企业的业务规模、市场策略和管理效率等因素。

（3）研发支出。如果新创企业涉及技术研发或产品创新，那么研发支出可能会占据相当大的一部分资金。这部分资金的需求量取决于企业的技术实力、研发周期和市场前景等因素。

（4）市场推广费用。为了打开市场、提高品牌知名度，新创企业可能需要投入大量的市场推广费用。这部分资金的需求量取决于企业的市场策略、竞争环境和营销策略等因素。

（5）预期收益和回报期。新创企业需要考虑预期的收益和回报期，以便合理规划资金需求和资金来源。如果预期收益较高且回报期较短，那么企业可能需要更多的资金来支持业务的发展。

（6）资金来源。新创企业在确定资金需求量时，还需要考虑资金来源。不同的资金来源可能对资金需求量产生不同的影响，如风险投资、天使投资、银行贷款等。

新创企业的资金需求量分析是一个综合考虑多个因素的过程。企业需要根据自身的实际情况和市场环境来合理评估资金需求量，并制订相应的融资计划。同时,企业还需要注意资金的有效利用和管理,确保资金能够支持企业的稳健发展。

(六)新创企业财务管理的注意事项

新创企业在财务管理方面需要特别注意以下几个事项:

(1)建立健全财务管理制度。新创企业应建立完善的财务管理制度,包括财务审批、会计核算、成本控制、预算管理等方面,确保企业财务活动的规范性和合规性。

(2)合理规划资金流。新创企业在初创阶段,资金流往往较为紧张,因此需要合理规划资金流,确保企业日常运营和发展的需要。同时,要加强与金融机构的合作,拓展融资渠道,降低融资成本。

(3)强化成本控制。新创企业在初创阶段,需要特别关注成本控制,通过有效的成本控制,提高企业的盈利能力和市场竞争力。要注重成本核算和成本控制,发现成本异常要及时调整和优化。

(4)加强预算管理。预算管理是企业财务管理的重要组成部分,新创企业应建立完善的预算管理制度,确保预算的合理性和有效性。要加强对预算执行的监督和考核,确保预算目标的实现。

(5)注重风险管理。新创企业在发展过程中面临着各种财务风险,如市场风险、信用风险等。因此,新创企业需要建立完善的风险管理制度,加强对财务风险的识别、评估和控制,降低财务风险对企业的影响。

(6)提高财务管理信息化水平。随着信息技术的发展,财务管理信息化已经成为企业提高管理效率和竞争力的重要手段。新创企业应积极引进先进的财务管理软件和信息系统,提高财务管理的信息化水平,提升财务管理的效率和质量。

总之,新创企业在财务管理方面需要注重制度建设、资金流规划、成本控制、预算管理、风险管理和信息化建设等方面,确保企业财务活动的规范性和合规性,提高企业的盈利能力和市场竞争力。

三、新创企业的人力资源管理

(一)人力资源与人力资源管理

1.人力资源的概念与要素

人力资源指的是一个国家或地区中,具有劳动能力的人口总和。这些人口包括处于劳动年龄、未到劳动年龄但具有劳动能力以及超过劳动年龄但仍有劳动能力的人口。

人力资源的数量和质量是两个核心要素,它们之间存在密切的关系,并共同影响着企业的运营和发展。

人力资源的数量指的是一个国家或地区中具备劳动能力的人口总数。这包括了不同年龄、性别、技能和经验的人群。数量上的充足可以为企业提供更多的劳动力资源,从而满足生产和经营的需求。然而,仅仅依赖数量上的优势并不足以确保企业的成功。

人力资源的质量则是指劳动力的素质和能力水平。这包括了劳动者的体质、智力、知识、技能以及劳动态度等方面。高质量的人力资源可以为企业带来更高的生产和经营效率,推动创新和发展,进而提升企业的竞争力和市场地位。因此,质量的提升对于企业的发展至关重要。

在宏观层面,人力资源的数量和质量受到多种因素的影响。例如,总人口及其再生产、人口年龄构成、人口迁移等都会影响人力资源的数量;而遗传和其他先天因素、营养因素以及教育等则会影响人力资源的质量。为了优化人力资源的数量和质量,需要从这些影响因素入手,制订相应的政策和措施。

对于企业而言,平衡人力资源的数量和质量至关重要。过多的低质量劳动力可能导致生产效率低下和成本上升,而高质量劳动力不足则可能限制企业的创新和发展能力。因此,企业需要在招聘和培养人才时注重平衡数量和质量的关系,不断提高人力资源的质量和能力水平。

人力资源是经济学中的一个概念,被视为能够推动整个经济和社会发展的最重要的资源。与物力资源、财力资源、信息资源、时间资源等相比,人力资源是最宝贵的资源,被称为“第一资源”。

2. 人力资源的特征

人力资源主要具有以下特征：

（1）能动性。这是人力资源的首要特征，指的是人力资源在活动过程中是有目的、有计划地运用自身的能力。劳动者会根据在劳动过程开始之前已确定的目的，积极、主动、创造性地进行活动。

（2）两重性。人力资源既是生产者，也是消费者。人力资源包含丰富的知识内容，具有巨大的潜力，可以带来高增值性。

（3）时效性。人力资源不同于其他资源，如矿产资源，后者可以长期储存而不降低品质。但人力资源若储而不用，其才能可能会被荒废或退化。人的才能发挥的最佳期通常在 25 ~ 45 岁之间，37 岁为峰值。

（4）社会性。人力资源处于特定的社会和时代中，不同的社会形态和文化背景都会反映和影响人的价值观念、行为方式、思维方法。

（5）再生性。人力资源是可再生资源，通过人口总体内各个个体的不断替换更新和劳动力的“消耗—生产—再消耗—再生产”的过程实现其再生。

（6）生物性。这是人力资源行为特征的因由与结果。

（7）动态性。人力资源的使用过程也是开发过程，人力资源的开发与培训、积累、创造过程相互关联。

（8）智力性。人力资源包含智力要素，智力的高低直接影响到人力资源的价值大小。

这些特征共同体现了人力资源的复杂性和重要性，使得人力资源成为企业和社会发展的关键因素。[①]

3. 人力资源管理的概念

人力资源管理的概念可以从多个角度来理解。

首先，人力资源管理是在经济学与人本思想指导下，通过招聘、甄选、培训、报酬等管理形式对组织内外相关人力资源进行有效运用，满足组织当前及未来发展的需要，保证组织目标实现与成员发展的最大化的一系列活动的总称。这包括了人力资源规划、招聘与配置、培训与开发、绩效管理、薪酬福利管理、劳动关系管理等六大模块。这些活动旨在预测组织

① 张扬. 现代企业人才管理问题研究 [M]. 北京：中国社会科学出版社，2016.

人力资源需求并作出人力需求计划、招聘选择人员并进行有效组织、考核绩效支付报酬并进行有效激励、结合组织与个人需要进行有效开发以便实现最优组织绩效。

其次,人力资源管理也可以被看作是一种管理行为,它涉及对企业内部人力资源的合理配置和运用。这包括了企业人力资源战略的制订、员工的招募与选拔、培训与开发、绩效管理、薪酬管理、员工流动管理、员工关系管理、员工安全与健康管理等各个方面。通过这一系列的管理活动,企业可以调动员工的积极性,发挥员工的潜能,为企业创造价值,确保企业战略目标的实现。

(二)新创企业人力资源管理的特点

新创企业的人力资源管理具有一系列独特的特点,这些特点主要源于新创企业的特殊环境和挑战。以下是一些主要的特点:

(1)组织层次较少。新创企业通常规模较小,资金相对薄弱,因此在组织结构上往往较为扁平化,决策权往往集中在创业者或少数核心团队成员手中。这种组织结构的优点在于决策迅速、执行高效,有利于企业快速适应市场变化。

(2)用人机制较灵活。新创企业在用人方面通常更加灵活,不拘泥于传统的招聘和选拔模式。由于业务快速变化,新创企业更注重员工的实际能力和潜力,而非过分强调学历、经验等硬性指标。此外,新创企业往往更需要一专多能的“多面手”员工,这些员工能够迅速适应不同的工作内容和环境。

(3)家族制管理占主导。在新创企业创立初期,家族制管理是一种常见的模式。这是因为家族成员之间通常具有较高的信任度和凝聚力,有助于企业在初创阶段迅速积累原始资本。然而,随着企业的发展和规模的扩大,家族制管理可能会成为制约企业发展的因素,需要逐步向更加规范化、专业化的管理模式转变。

(4)重视员工培训和发展。新创企业通常更注重员工的培训和发展,因为员工的能力和素质对于企业的长期发展至关重要。新创企业往往会为员工提供丰富的培训机会和发展空间,以激发员工的潜力和创造力。

(5)人力资源流动性较高。由于新创企业的不确定性和风险性较高,员工流动性往往也较高。这既可能带来新鲜血液和创新思维,也可能导致企业核心人才的流失和团队的不稳定。因此,新创企业需要更加注重员工的激励和留任机制建设。

（三）新创企业人力资源管理的内容

1. 人力资源规划

人力资源规划是指企业为实现其战略目标，在预测未来的组织任务和环境对组织的要求，以及为完成这些任务和满足这些要求而提供人员的过程中，所进行的人力资源管理活动。这些活动包括人力资源需求预测、人力资源供给预测，以及为实现供需平衡而进行的各种规划活动。

人力资源规划的核心是确保企业的人力资源能够支持其战略目标的实现。为实现这一目标，人力资源规划需要进行一系列活动，包括：

（1）评估现有的人力资源状况。通过收集和分析现有人力资源的数据和信息，了解员工的数量、结构、能力、潜力等方面的情况。

（2）预测人力资源需求。根据企业的发展战略、市场趋势和业务需求，预测未来的人力资源需求，包括人员数量、岗位需求、技能要求等。

（3）预测人力资源供给。分析企业现有的人力资源供给情况，包括内部员工晋升、内部调配、外部招聘等渠道，预测未来的人力资源供给情况。

（4）制订人力资源规划方案。根据人力资源需求和供给的预测结果，制订相应的人力资源规划方案，包括招聘计划、培训计划、绩效激励计划等。

（5）实施和监控人力资源规划。将制订的人力资源规划方案付诸实施，并对其进行监控和调整，以确保人力资源规划的有效性。

人力资源规划的主要目标是确保企业的人力资源需求得到满足，同时实现人力资源的优化配置和高效利用。通过人力资源规划，企业可以更好地应对市场变化和竞争挑战，提高组织的竞争力和适应能力。

2. 工作分析

工作分析是人力资源管理中的一个重要环节，它涉及对特定职位的工作内容、职责、要求以及与其他职位的关系等进行全面、系统的研究和分析。这一过程旨在确保招聘到的人员能够胜任该职位，并为企业的发展作出贡献。

工作分析的主要目的包括：

(1)明确职位的职责和要求。通过工作分析，明确每个职位的具体职责、工作内容、所需技能、知识和经验等要求，从而为企业制订招聘标准提供依据。

(2)优化招聘流程。通过对职位的深入分析，企业可以更加准确地制订招聘计划，包括招聘渠道、面试流程、评估标准等，从而提高招聘效率和质量。

(3)制订培训计划。工作分析的结果还可以为企业的培训计划提供依据。通过对职位所需技能和知识的梳理，企业可以确定培训内容和方式，帮助新员工更快地适应职位，提升员工的整体素质。

(4)确定薪酬水平。工作分析的结果对于薪酬管理也具有指导意义。企业可以根据职位的难易程度、所需技能和市场行情等因素，制订合理的薪酬水平，吸引和留住优秀人才。

工作分析的方法包括观察法、访谈法、问卷调查法、工作日志法等。这些方法可以帮助企业收集关于职位的详细信息，为后续的招聘、培训、薪酬管理等环节提供有力支持。

3. 招聘

招聘是人力资源管理中的一个关键环节，它涉及企业人才的引进和选拔。有效的招聘不仅能为企业注入新鲜血液，还能为企业的长远发展提供坚实的人才保障。

招聘过程通常包括以下几个主要步骤：

第一，需求分析。首先，企业需要明确自身的招聘需求，包括所需职位、岗位职责、人数以及任职要求等。这一步骤的准确性和清晰性直接影响到后续招聘活动的效率和效果。

第二，制订招聘计划。根据需求分析的结果，企业需要制订具体的招聘计划，包括招聘渠道的选择、招聘时间表的安排、面试流程的设计等。

第三，发布招聘信息。通过各种渠道(如招聘网站、社交媒体、招聘会等)发布招聘信息，吸引潜在应聘者的关注。

第四，简历筛选。根据职位要求和应聘者的简历，进行初步的筛选，挑选出符合要求的应聘者进入下一轮。

第五，面试和评估。通过面试、笔试、技能测试等方式，对应聘者的能力、素质、性格等进行全面评估，确保选拔出最适合的人选。

第六，录用决策。根据面试和评估结果，作出录用决策，并向应聘者发出录用通知。

第七,入职培训和跟进。新员工入职后,需要进行必要的培训和适应期跟进,帮助他们更快地融入团队和企业文化。

在招聘过程中,企业需要注重招聘策略的有效性、招聘渠道的多样性以及招聘流程的规范性。同时,企业还需要关注人才的长期发展潜力和与企业的契合度,而不仅仅是短期的岗位匹配度。

4. 员工培训

员工培训是指一定组织为开展业务及培育人才的需要,采用各种方式对员工进行有目的、有计划的培养和训练的管理活动,公开课、内训等都是常见的员工培训形式。这种培训活动旨在提升员工的知识、技能、能力和素质,以更好地适应和胜任其工作岗位,并为企业的长远发展作出贡献。

员工培训的内容通常包括知识培训、技能培训和素质培训三个方面。知识培训是指通过讲授书本或讲座等形式,使员工获得必要的知识,理解并掌握相关概念和原理。技能培训则是指通过实际操作、模拟演练等方式,使员工掌握完成本职工作所需的操作技能和相关经验。素质培训则更注重员工的心理素质、个人工作态度、工作习惯等方面的培养,旨在提高员工的综合素质和适应能力。

员工培训的方法多种多样,包括讲授法、视听技术法、讨论法、案例研讨法、角色扮演法、自学法、互动小组法、网络培训法、场景还原法等。每种方法都有其特点和适用场景,企业可以根据培训需求和员工特点选择合适的方法。

此外,个人分析也是员工培训的重要环节。通过对员工现有的技能水平与预期未来对员工技能的要求进行比照,发现两者之间的差距,从而确定培训的重点和方向。同时,企业还需要根据员工的绩效表现和发展潜力,制订个性化的培训计划和职业发展规划,以激发员工的学习动力和职业发展潜力。

5. 绩效管理

绩效管理是一个持续的过程,旨在提高员工的工作效率和工作质量,实现组织的目标和使命。它不仅仅是对员工工作表现的评估,更是对员工潜力、能力和未来发展的关注。

绩效管理的核心目的是确保员工的工作与组织的战略目标相一致，通过制订明确的工作目标，提供持续的辅导和反馈，以及激励员工实现卓越绩效，从而实现组织的长期成功。这包括目标设定、绩效评估、反馈和指导以及激励机制等多个方面。

在绩效管理中，目标设定是至关重要的。通过与员工共同制订明确、可衡量的工作目标，可以确保员工明确自己的工作任务和职责，并与组织的战略目标保持一致。这有助于激发员工的工作积极性和创造力，提高整体绩效。

绩效评估是对员工工作表现的系统评价。通过收集和分析员工的工作数据、成果和反馈意见，对员工的工作表现进行全面、客观、公正的评估，这有助于识别员工的优点和不足，为后续的培训和发展提供依据。

反馈和指导是绩效管理中另一个关键环节。管理者需要定期与员工进行面谈，讨论他们的工作表现、进步和需要改进的地方。通过提供具体的反馈和建议，帮助员工了解自己的发展方向，提高工作技能和能力。

激励机制是绩效管理中激发员工积极性的重要手段。通过设立奖金、晋升机会、培训和其他福利，激励员工努力工作，实现个人和组织的共同目标。同时，激励机制的设计应该公平、透明和具有竞争力，以确保员工能够感受到自己的付出得到了应有的回报。

总之，绩效管理是一个综合性的过程，它涉及目标设定、绩效评估、反馈和指导以及激励机制等多个方面。通过有效的绩效管理，企业可以提高员工的工作效率和质量，实现组织的战略目标，同时促进员工的个人成长和发展。

6. 薪酬管理

薪酬管理是企业对员工报酬的支付标准、发放水平、要素结构进行确定、分配和调整的过程，是人力资源管理中的一个重要环节。它涉及员工的工资、奖金、津贴、福利等多个方面，旨在激励员工、提高工作满意度和效率，同时保持内部公平性和外部竞争力。

薪酬管理的核心目标是确保薪酬体系能够激励员工，提高他们的工作积极性和绩效。为了实现这一目标，企业需要根据自身的战略目标和市场环境，制订合理的薪酬策略和原则。这包括确定薪酬水平、薪酬结构以及薪酬调整机制等方面。

薪酬水平是指企业整体或特定职位的薪酬高低程度。企业需要根据自身的经济实力、市场行情以及员工的能力和贡献等因素，确定合理的薪酬水平。

薪酬结构是指薪酬的组成部分和比例关系，如基本工资、绩效工资、奖金、津贴等。企业需要根据职位的性质、工作内容和员工的绩效表现等因素，设计合理的薪酬结构。

薪酬调整机制则是指企业根据市场变化、员工绩效和企业经营情况等因素，对薪酬进行调整的机制。企业需要建立完善的薪酬调整机制，根据员工的绩效表现和市场变化等因素，及时调整薪酬水平和结构，以保持薪酬的内部公平性和外部竞争力。

除了以上几个方面外，薪酬管理还需要注意以下几个原则：公平性原则、竞争性原则、激励性原则和经济性原则。公平性原则要求企业在薪酬分配中保持公平和透明，避免出现内部矛盾和不公平现象。竞争性原则要求企业的薪酬水平与市场水平保持竞争力，以吸引和留住优秀人才。激励性原则要求企业通过薪酬体系设计，激励员工提高工作积极性和绩效。经济性原则则要求企业在制订薪酬策略时，充分考虑自身的经济实力和市场环境，确保薪酬体系的可行性和可持续性。

7. 职业生涯管理

职业生涯管理是指企业和员工共同参与的，旨在规划和发展员工职业生涯的一系列活动和过程。其目的是帮助员工认识自我、明确职业目标、提升职业技能和素质，实现个人和组织的共同成长。

职业生涯管理包括两个主要方面。一是组织职业生涯管理，即企业为员工提供的职业发展机会、规划和支持；二是自我职业生涯管理，即员工个人对自己的职业目标、发展规划和行动计划的制订与实施。

在组织职业生涯管理方面，企业需要制订完善的职业发展计划，为员工提供多元化的职业发展路径和晋升机会。同时，企业还需要建立有效的培训和发展体系，帮助员工提升职业技能和素质，增强职业竞争力。此外，企业还需要提供公正、透明的绩效评估体系，激励员工不断追求卓越绩效，实现个人和组织的共同发展。

在自我职业生涯管理方面，员工需要了解自己的兴趣、能力和价值观，明确职业目标和发展方向。同时，员工还需要制订具体的行动计划，包括提升职业技能、拓展人际关系、寻求发展机会等，以实现个人职业目标。此外，员工还需要不断调整自己的职业规划，根据市场变化和个人发展需求，灵活应对职业发展中的挑战和机遇。

职业生涯管理的意义在于帮助企业和员工实现共赢。对于企业而言，提供职业发展机会和支持，可以激发员工的工作积极性和创造力，提高员工满意度和忠诚度，从而提升企业整体绩效和市场竞争力。对于员工而言，通过职业生涯管理，可以明确自己的职业方向和发展目标，提升职业技能和素质，实现个人职业成长和价值提升。

四、新创企业的创新管理

新创企业的创新管理是其成功的关键之一。创新管理是指企业通过一系列策略和流程，推动内部创新、激发员工创造力、发掘新的商业模式和产品服务，从而在竞争激烈的市场中脱颖而出。对于新创企业来说，创新不仅是生存和发展的基石，也是构建竞争优势的重要手段。以下是一些关于新创企业创新管理的建议：

（1）营造创新文化。新创企业应建立一种鼓励创新、容忍失败的文化氛围。通过倡导开放、包容和协作的工作环境，激发员工的创造力和想象力，推动他们不断尝试新的想法和方法。

（2）明确创新目标。新创企业应设定清晰的创新目标，与企业的整体战略相契合。这些目标应该具有可衡量性、可实现性和挑战性，以引导员工朝着正确的方向努力。

（3）建立创新团队。新创企业应组建一支具备多学科背景和丰富经验的创新团队，负责推动企业的创新活动。这个团队应该具备快速学习、灵活适应和高效执行的能力，以应对不断变化的市场环境。

（4）实施创新流程。新创企业应建立一套完善的创新流程，包括创意收集、筛选、评估、实施和监控等环节。通过流程化管理，确保创新活动的有序进行，提高创新效率和成功率。

（5）利用外部资源。新创企业应积极利用外部资源，如合作伙伴、行业专家、科研机构等，以获取最新的技术趋势、市场需求和行业动态。通过与外部资源的紧密合作，加速企业的创新进程。

（6）持续学习与改进。新创企业应保持对新技术、新方法和新趋势的持续关注和学习。通过不断学习和改进，提高企业的创新能力和市场竞争力。

总之，新创企业的创新管理是一项复杂而重要的任务。通过建立创新文化、明确创新目标、组建创新团队、实施创新流程、利用外部资源和持续学习与改进等措施，新创企业可以不断提升自身的创新能力，实现快速发展和持续成功。

第四节　大学生创业风险的识别

一、风险与创业风险

（一）风险

风险是指某个事件发生的不确定性以及该事件对目标产生的负面影响。风险可能来自各种来源，如自然灾害、市场波动、政策变化、技术革新等。人们通常用概率和影响程度来评估风险。

风险的定义通常包括两个主要部分。

（1）发生的可能性。这指的是某个事件或情况发生的概率。概率越高，风险通常被认为越大。

（2）潜在的影响。这指的是如果事件或情况发生，它可能带来的后果或损失。后果越严重，风险通常也被认为越大。

在做出决策时，分析和管理风险是非常重要的。通过识别潜在风险、评估风险的可能性和影响、制订应对策略，可以帮助个人和组织降低风险带来的负面影响，提高决策的稳健性和可靠性。常见的风险应对策略包括风险规避、风险转移、风险减轻和风险接受。

在风险管理领域，通常会对风险进行识别、评估、控制和监控。这个过程旨在识别潜在的风险，评估其可能性和影响，然后采取措施来降低风险或准备应对风险。例如，在投资领域，风险通常与投资的潜在回报和可能的损失有关。投资者需要评估投资的风险，并确定这是否与他们的风险承受能力相匹配。

在健康和安全领域，风险可能涉及工作场所的安全条件、食品安全、环境污染等。组织需要评估这些风险，并采取适当的措施来确保员工和公众的健康和安全。

总的来说，风险是一个多维度的概念，它涉及多个领域和方面。有效地管理和控制风险对于个人、组织和社会都至关重要。

（二）创业风险

创业风险是指在创业过程中，由于各种不确定性因素的存在，导致创业失败或创业成果与预期目标偏离的可能性。创业风险是创业过程中不可避免的一部分，但合理的风险管理和控制可以降低其影响。

1. 创业风险的特点

创业风险具有多种特点，这些特点使得创业过程充满了挑战和不确定性。然而，通过有效的风险管理和决策制订，创业者可以降低风险的影响，实现创业成功。

（1）客观性。创业风险是客观存在的，不以人的意志为转移。无论创业者如何努力，都无法完全避免创业风险。因此，创业者需要正视创业风险，做好充分的风险评估和应对准备。

（2）不确定性。创业风险具有高度的不确定性，因为创业过程中会受到许多不可预见的因素影响。例如，市场环境、政策变化、技术革新等都可能导致创业风险的出现。

（3）可识别性。虽然创业风险具有一定的不确定性，但大部分创业风险还是可以通过科学的方法进行识别和评估的。创业者可以通过市场调查、技术分析、财务分析等手段，对创业风险进行识别和评估，从而制订有效的应对策略。

（4）相关性。创业风险之间具有一定的相关性。例如，市场风险可能会影响技术风险和资金风险，而人力资源风险可能会影响操作风险和法律风险。因此，在应对创业风险时，需要考虑各种风险之间的相互影响和相互作用。

（5）损益双重性。创业风险既可能带来损失，也可能带来收益。如果创业者能够正确识别和利用风险，那么就有可能实现收益的最大化。例如，通过有效的市场分析和策略调整，创业者可能将潜在的风险转化为实际的收益。

（6）相对性和可变性。创业风险在不同阶段、不同领域、不同创业者之间可能表现出不同的特点。同时，随着时间的推移和环境的变化，创业风险也可能发生变化。这要求创业者需要持续关注风险的变化，并根据实际情况做出相应的调整。

2. 创业风险的来源

创业风险主要来源于以下几个方面。

图 6-2　创业风险的来源

从市场来说，市场需求的不确定性、竞争态势的变化、消费者偏好的改变等都可能导致创业项目的失败。创业者需要对市场进行深入研究，了解行业趋势和消费者需求，以制订合适的市场策略。

从技术来说，对于技术驱动型的创业项目，技术实现的难度、技术更新换代的速度、技术团队的能力等都可能成为创业风险。创业者需要确保技术团队的实力，不断关注技术动态，以保持技术领先。

从财务来说，创业初期通常需要投入大量资金，而收入可能不稳定，导致资金短缺。此外，筹资不当、成本控制不力等也可能引发财务风险。创业者需要合理规划资金流，确保资金来源稳定，并有效控制成本。

从团队来说，创业团队的稳定性、凝聚力、执行力等都是影响创业成功的重要因素。团队成员之间的分歧、人才流失等都可能导致项目失败。创业者需要注重团队建设，建立良好的沟通和协作机制。

从法律来说，创业过程中可能涉及知识产权、合同纠纷、法律法规遵守等问题，处理不当可能导致法律纠纷和经济损失。创业者需要充分了解相关法律法规，确保合法合规经营。

二、新创企业常见风险

新创企业在发展过程中往往会遇到各种各样的风险，特别是对于大学生新创企业来说，风险更是无处不在。其中有些风险具有一定的共性。

大学生新创企业常见风险包括：

（1）项目选择风险。由于缺乏前期市场调研和论证，大学生可能仅凭自己的兴趣和想象来决定投资方向，这可能导致项目不符合市场需求，从而面临失败的风险。

（2）缺乏创业技能。大学生在创业过程中可能遇到实际操作问题，如市场策划、财务管理、团队管理等。由于大学生通常缺乏这些方面的经验和技能，因此可能导致创业计划的失败。

（3）资金风险。创业初期，大学生可能面临资金不足的问题。资金来源可能受到限制，同时，如果企业连续几个月入不敷出或者因为其他原因导致企业的现金流中断，这可能会给企业带来极大的威胁。

（4）社会资源贫乏。由于长期在校园内生活，大学生可能缺乏社会资源，如商业网络、行业联系等。这可能导致在创建企业、市场开拓、产品或服务宣传等方面遇到困难。

（5）管理风险。大学生在创业过程中可能面临管理风险，如团队内部矛盾、员工流失、决策失误等。这些问题可能对企业的运营和长期发展产生负面影响。

（6）融资渠道单一。大学生在创业时可能面临融资渠道单一的问题。他们可能难以从银行获得贷款，或者对于其他融资渠道了解有限，这可能导致资金短缺。

（7）法律法规风险。不熟悉法律法规可能导致企业在运营过程中面临法律纠纷和处罚。例如，知识产权保护、合同签署、税务处理等都可能涉及法律风险。

为了降低这些风险，大学生在创业过程中需要进行充分的市场调研，提升自己的创业技能，寻找多元化的融资渠道，积极建立社会资源网络，加强团队管理和决策能力，以及了解并遵守相关法律法规。

三、创业风险识别与管理

大学生创业风险管理是一个综合性的过程，涉及识别、评估、控制和监控创业过程中可能出现的风险。

创业风险的识别是创业风险管理的第一步，也是非常关键的一步。它涉及对创业过程中可能出现的各种风险进行系统的识别和分类，以便后续的风险评估和管理。以下是一些常用的创业风险识别方法：

（1）头脑风暴法。这是一种通过集体讨论来识别风险的方法。邀请团队成员、行业专家、顾问等一起参与讨论，共同列出可能的风险因素。

这种方法可以激发大家的思维,集思广益,提高风险识别的全面性和准确性。

(2)SWOT分析。这是一种常用的战略分析方法,也可以用于风险识别。通过对企业的优势(Strengths)、劣势(Weaknesses)、机会(Opportunities)和威胁(Threats)进行分析,可以识别出与创业项目相关的风险。

(3)风险检查表法。这是一种基于经验的风险识别方法。通过参考过去类似项目的经验,列出可能的风险因素,并检查当前项目是否存在这些风险。这种方法可以帮助创业者避免重复别人的错误,提前预见并应对风险。

(4)因果图分析法。这种方法通过分析风险因果关系来识别风险。它可以帮助创业者深入理解风险的来源和影响,从而更好地制订风险管理策略。

(5)专家调查法。这是一种利用专家知识和经验来识别风险的方法。可以邀请行业内的专家进行咨询和访谈,了解他们对创业项目的看法和建议,从而识别出可能的风险因素。

在创业风险识别过程中,还需要注意以下几点:

首先,要充分考虑各种可能的风险因素,包括市场风险、技术风险、财务风险、管理风险、法律风险等。有时候风险因素可能隐藏在细节之中,因此需要仔细分析项目的各个环节和细节。随着项目的进展和市场环境的变化,新的风险因素可能会出现。因此,风险识别需要持续进行,不断更新和完善。通过有效的风险识别,创业者可以更加清晰地了解创业过程中可能面临的风险和挑战,为后续的风险评估和管理奠定坚实的基础。

其次,在识别出风险后,创业者需要对这些风险进行评估。这包括分析风险发生的可能性、影响程度以及可能造成的损失。通过评估,可以确定哪些风险是主要的,需要重点关注,哪些风险是次要的,可以适当降低关注度。然后,制订风险管理计划。这包括确定风险管理目标、制订风险管理策略、分配风险管理资源等。风险管理计划应该明确具体的应对措施和责任人,以确保风险得到有效控制。

第三,在制订了风险管理计划后,创业者需要积极实施风险管理措施。这包括加强市场调研、提高产品或服务质量、优化财务结构、完善管理制度等。实施这些措施,可以降低风险的发生概率和影响程度。在实施风险管理措施的过程中,创业者需要不断监控和调整风险管理策略。这包括定期评估风险管理的效果、及时发现新的风险、调整风险管理措施等。监控和调整,可以确保风险管理策略始终与创业目标保持一致。

此外，大学生创业者在风险管理过程中可能会遇到各种困难和问题。因此，他们可以寻求专业支持，如咨询风险管理专家、创业导师等。这些专业人士可以为他们提供宝贵的建议和指导，帮助他们更好地管理创业风险。

总之，大学生创业风险管理是一个复杂而重要的过程。通过识别、评估、控制和监控风险，创业者可以降低风险的发生概率和影响程度，提高创业成功的概率。同时，他们也需要不断学习和积累经验，提升自己的风险管理能力。

第七章　创新创业背景下大学生就业理论素养的提升

就业理论素养是指大学生在求职过程中应具备的一系列理论知识和技能,以适应新时代的就业需求。在创新创业背景下,通过就业理论素养的培养,大学生可以在创新创业背景下更好地适应就业市场的需求,提高自己的就业竞争力。当然,就业理论素养只是就业成功的一部分,大学生还应关注自己的实际能力和综合素质,以适应企业的需求。

第一节　就业结构性矛盾分析

一、就业结构性矛盾的概念与重要性

就业结构性矛盾是指劳动力市场的供给与需求之间出现不匹配的现象。这种不匹配可能源于经济结构的调整、产业升级、技术进步等多种因素,导致某些行业或地区的就业需求增加,而其他行业或地区的就业需求减少。同时,劳动力的技能、学历、经验等方面与市场需求之间的不匹配也会引发就业结构性矛盾。

就业结构性矛盾的重要性主要体现在以下几个方面:

(1)社会稳定。就业结构性矛盾可能导致部分劳动力长期失业或就业困难,从而影响社会稳定。解决就业结构性矛盾有助于降低失业率,提高社会和谐稳定。

(2)经济发展。就业结构性矛盾会影响劳动力市场的效率和经济发展。解决就业结构性矛盾有助于提高劳动力资源配置的效率,促进经济持续健康发展。

(3)人才培养。就业结构性矛盾反映出教育和人才培养体系与市场需求的不适应。解决就业结构性矛盾有助于优化教育和人才培养体系,提高劳动力的技能水平和综合素质。

(4)社会公平。就业结构性矛盾可能导致部分群体在就业机会上的不公平。解决就业结构性矛盾有助于实现就业机会公平,促进社会公平正义。

(5)消费增长。解决就业结构性矛盾有助于提高劳动力的就业质量和收入水平,进而提高消费水平,促进经济增长。

因此,理解和解决就业结构性矛盾对于维护社会稳定、促进经济发展、实现人才培养和社会公平等方面具有重要意义。

二、大学生就业结构性矛盾的表现

大学生就业结构性矛盾是指在大学生就业市场中,由于劳动力供需双方在数量、质量、区域、行业等方面存在不匹配,导致的就业困难和失业问题。大学生就业结构性矛盾主要体现在以下几个方面。

(1)专业结构失衡。在一些行业和领域,大学生的专业背景与市场需求存在一定的偏差。例如,一些热门专业的大学生毕业生供过于求,而一些冷门专业的毕业生供不应求。这种专业结构失衡导致了大学生就业难和失业问题。

(2)技能水平不适应。在劳动力市场上,大学生的技能水平与企业需求存在一定的差距。一些企业对大学生的技能要求较高,而大学生的实际技能水平较低,导致就业困难。另一方面,一些大学生的技能水平较高,但企业的需求相对较低,导致技能浪费和失业问题。

(3)区域分布不均。在地域分布上,大学生劳动力资源在不同地区之间的分布不均,导致就业结构性矛盾。例如,一些经济发达地区对大学生劳动力的需求较高,而一些经济欠发达地区对大学生劳动力的需求较低。这种区域分布不均导致了大学生就业难和失业问题。

(4)行业结构变动。随着经济结构的调整和产业升级,大学生劳动力在不同行业之间的流动也发生了变化。一些新兴产业和高技术产业对大学生劳动力的需求增加,而一些传统产业对大学生劳动力的需求减少。这种行业结构变动导致了大学生就业结构性矛盾。

(5)期望薪资与实际薪资差距。大学生对薪资待遇的期望与企业实际提供的薪资之间存在一定的差距。这导致部分大学生难以找到符合期望的工作,同时也增加了企业的招聘难度。

解决大学生就业结构性矛盾需要从多方面着手，如优化专业设置、提高教育质量、促进区域协调发展、调整行业结构、引导薪资期望等。通过这些措施，可以逐步缓解大学生就业结构性矛盾，提高劳动力市场的整体效率。

三、大学生就业理论素养与就业结构性矛盾

就业结构性矛盾与大学生就业理论素养之间存在一定的联系。提高大学生就业理论素养能够帮助大学生更好地适应市场需求，提高自身竞争力，实现顺利就业，进而解决就业结构性矛盾。

首先，就业理论素养可以帮助大学生更好地了解就业市场和职业发展趋势。通过学习和掌握相关的就业理论，大学生可以更加深入地了解不同行业、职业的特点和发展趋势，从而更加准确地把握市场需求和自身定位。

其次，就业理论素养可以帮助大学生提高自我认知和职业规划能力。通过对自己的兴趣、能力、价值观等方面的深入分析，大学生可以更加清晰地认识自己的优势和不足，从而制订出更加符合自身特点的职业规划和发展路径。

最后，就业理论素养还可以帮助大学生提升求职技能和面试表现。通过学习和实践，大学生可以掌握更加有效的求职技巧和面试方法，提高自身的竞争力和成功率。

总之，就业结构性矛盾是当前就业市场面临的重要问题之一，而提高大学生的就业理论素养则是解决这一问题的有效途径之一。通过加强就业理论教育和实践指导，可以帮助大学生更好地适应市场需求，提高自身竞争力，实现顺利就业。

第二节　大学生就业的准备

就业准备是大学生在毕业前为了顺利进入职场而进行的一系列准备工作。这个过程涉及多个方面，包括心理准备、能力准备、知识准备和资料准备等。心理准备是就业准备的重要组成部分。大学生需要调整好自

已的心态，树立正确的就业观念，保持积极乐观的态度，并增强自信心和承受能力。面对就业市场的竞争和压力，大学生需要保持冷静和理性，不盲目追求热门行业和高薪职位，而是根据自己的兴趣和能力做出合适的选择。能力准备是就业准备的核心。大学生在大学期间需要积极提升自己的各项能力，包括学术能力、实践能力、社交能力等。通过参加各种学术活动、实践项目和社团活动，大学生可以培养自己的综合素质和职业能力，为未来的职业发展打下坚实的基础。知识准备也是就业准备中不可忽视的一部分。大学生需要掌握扎实的专业知识和技能，了解行业前沿和最新动态，保持学习的热情和动力。同时，也需要拓宽自己的知识面，掌握一些与职业相关的其他领域的知识和技能，提高自己的综合素质和竞争力。资料准备是就业准备中的具体行动。大学生需要准备好个人简历、求职信、成绩单等求职材料，以及相关的证书和证明文件。在准备这些资料时，大学生需要认真整理和完善自己的资料，突出自己的优势和特长，展现自己的实力和潜力。下面，我们就大学生就业的准备展开详细的分析。

一、就业信息的搜集与利用

（一）就业信息的作用

就业信息在毕业生求职过程中起着至关重要的作用。以下是就业信息的主要作用：

（1）获取就业机会。就业信息是毕业生寻找工作机会的重要途径。通过关注招聘信息，毕业生可以了解市场上有哪些职位空缺，从而抓住就业机遇。

（2）了解就业形势和政策。关注就业信息有助于毕业生了解当前的就业形势和国家政策，为自己的职业规划提供参考。

（3）提高求职成功率。掌握充分的就业信息可以提高毕业生的求职成功率。了解职位要求、企业背景等信息，有助于毕业生更好地准备求职材料和面试，从而提高被录取的机会。

（4）增强个人竞争力。了解市场上的职位需求和行业趋势，可以帮助毕业生提升自己的技能和知识，增强个人竞争力。

（5）为职业规划提供依据。通过对就业信息的分析，毕业生可以了解不同行业和职位的发展前景，为自己的职业规划提供有力依据。

总之,就业信息在毕业生求职过程中起着至关重要的作用。毕业生应高度重视就业信息,积极搜集和分析相关信息,以提高求职的成功率和职业发展的前景。

(二)目标明确是就业信息搜集的基础

目标明确是就业信息搜集的基础。在搜集就业信息时,毕业生需要明确自己的求职目标,以便更有针对性地搜集相关信息。明确求职目标可以帮助毕业生更有针对性地搜集就业信息,避免浏览大量与求职目标无关的信息,从而提高信息搜集的效率;使毕业生更加关注与目标职位和行业相关的信息,确保所搜集的信息对求职有实际帮助;帮助毕业生制订求职策略,如选择合适的求职渠道、准备符合职位要求的简历和面试技巧等,使毕业生更有针对性地准备求职过程,从而提高被目标职位录取的成功率;还有助于毕业生了解自己的职业兴趣和发展方向,为未来的职业规划提供依据。因此,在搜集就业信息时,毕业生应首先明确自己的求职目标,以便更有针对性地搜集相关信息,提高求职的成功率和职业发展的前景。

(三)积极的心态是就业信息搜集的前提

积极的心态是就业信息搜集的前提。在求职过程中,毕业生应保持积极的心态,这有助于提高信息搜集的效率和质量。

保持积极的心态可以使毕业生更有动力去搜集就业信息,从而在求职过程中掌握更多的机会;有助于毕业生在面对求职过程中的困难和挑战时,保持冷静和乐观,从而更好地应对各种情况;可以使毕业生在面对大量就业信息时,更加专注和高效地处理信息,从而提高信息搜集的效率;有助于毕业生在求职过程中建立良好的人际关系,如与招聘人员、校友和行业专家等保持良好的沟通,从而获取更多的就业信息和机会;还可以使毕业生在求职过程中更加自信和乐观,从而提高面试表现和被录取的机会。

总之,积极的心态对就业信息搜集至关重要。毕业生应保持积极的心态,以提高求职的成功率和职业发展的前景。同时,要注重调整自己的心态,积极应对求职过程中的挑战和压力。

（四）就业信息搜集的原则

就业信息搜集的原则主要包括以下几个方面：

（1）准确性与真实性原则。这是就业信息搜集的核心原则。信息必须真实可靠，避免虚假或过时的信息导致决策失误。对于非正式的中介机构或虚假招聘广告，要保持警惕，避免被误导。

（2）实用性与针对性原则。在搜集就业信息时，大学生应根据自己的专业、特长、能力、性格、气质等因素，有针对性地搜集相关信息。避免信息搜集范围过大，导致难以把握。同时，信息应具有实用性，能够为自己的就业决策提供有效参考。

（3）系统性与连续性原则。将搜集到的各种零碎信息进行加工、筛选，形成系统、完整的就业信息。这有助于把握当前的就业市场、就业政策、就业动向，为自己的就业规划提供更有力的支持。

（4）计划性与条理性原则。在搜集就业信息前，要明确自己的目的和所需信息的范围，制订具体的搜集计划。同时，整理信息时要保持条理性，方便后续查阅和使用。

（5）合法性原则。在搜集和使用就业信息时，要遵守法律法规和道德规范，尊重他人的隐私权和知识产权。避免使用非法手段获取或传播信息，以免陷入法律纠纷。

遵循以上原则，大学生可以更有效地搜集和利用就业信息，为自己的就业决策提供有力支持。同时，也可以提高自己的信息素养和就业竞争力，为未来的职业发展打下坚实基础。

（五）就业信息搜集的渠道

就业信息搜集的渠道主要包括以下几个方面：

（1）就业网站。如智联招聘、前程无忧等，这些网站会发布大量的招聘信息，包括企业简介、职位要求、薪资待遇等，方便求职者快速了解市场动态和用人单位需求。

（2）学校就业中心。学校就业中心是大学生获取就业信息的重要渠道。他们会发布各类招聘信息，组织校园招聘会，提供就业指导和服务。同时，也可以向学校的就业中心咨询就业政策和市场趋势。

（3）社交媒体。如微博、微信公众号等，一些企业和机构会在这些平台上发布招聘信息。此外，还可以通过社交媒体加入一些与自己专业相关的社群，与同行交流，了解行业动态和就业信息。

（4）人才交流中心和人才市场。这些地方会定期举办招聘会，提供大量的真实可靠的就业信息。同时，还可以咨询工作人员，了解就业政策和市场趋势。

（5）招聘会和双选会。各地方、学校或用人单位举办的招聘会和双选会是毕业生了解信息、成功择业的重要机会。在这些活动中，可以直接与用人单位面对面交流，了解他们的需求和条件。

（6）新闻媒体。如报纸、电视、广播等，都会报道一些招聘信息和就业政策。关注这些媒体，可以及时了解市场动态和用人单位需求。

（7）亲朋好友和专业人士。亲朋好友和专业人士可能了解一些用人单位的内部信息和招聘要求。通过与他们交流，可以获取一些有价值的就业信息。

（六）就业信息搜集的内容

就业信息搜集的内容主要包括以下几个方面：

（1）就业市场及相关行业信息。了解当前就业市场的整体状况，包括行业发展趋势、热门职位、薪资水平等。同时，关注与自己专业相关的行业信息，了解行业内的知名企业、职位需求、发展前景等。

（2）用人单位信息。搜集用人单位的基本信息，如企业规模、业务范围、企业文化等。了解用人单位的招聘需求和条件，包括职位名称、岗位职责、任职要求、工作地点、薪资待遇等。同时，可以通过网络搜索、社交媒体等途径了解用人单位的口碑和评价，以便更好地做出选择。

（3）职位信息。详细了解感兴趣的职位信息，包括职位描述、职责要求、任职要求、工作时间、薪资待遇等。同时，要注意职位的发展前景和晋升空间，以便为自己的职业规划提供参考。

（4）招聘会和双选会信息。关注各类招聘会和双选会的信息，了解活动的时间、地点、参会单位等。参加招聘会和双选会是与用人单位面对面交流的好机会，可以更加直接地了解用人单位的需求和条件。

（5）就业政策和法规信息。了解国家及地方的就业政策和法规，包括就业促进政策、创业扶持政策、劳动法律法规等。这些信息可以帮助求职者更好地了解就业市场和用人单位的要求，同时也可以保障自己的合法权益。

在搜集就业信息时，要注意信息的准确性和真实性。同时，要根据自己的实际情况和需求选择合适的渠道和方式。通过多种渠道获取信息并进行筛选和整理，可以为自己的就业决策提供有力支持。

（七）就业信息搜集的方法

就业信息搜集的方法可以多种多样，以下列举了一些常用的方法。

1. 定区域搜集法

定向区域搜集法是一种针对性的就业信息搜集方法，主要是根据求职者自身的情况和就业需求，选择一个或几个特定的区域进行就业信息的搜集。以下是具体的步骤和注意事项。

（1）步骤

第一步，确定目标区域。根据自己的专业背景、工作经验、生活习惯等因素，确定想要工作的城市或地区。考虑该地区的行业发展状况、企业分布、交通便利性等因素。

第二步，研究目标区域。通过网络搜索、新闻报道、社交媒体等途径，了解目标区域的就业市场状况、热门职位、薪资水平等。研究目标区域内的企业情况，如企业规模、业务范围、招聘需求等。

第三步，搜集信息。访问目标区域的地方性人才网站、企业官网等，寻找适合自己的职位。关注目标区域的招聘会和人才交流活动，参加线下招聘活动，与用人单位面对面交流。利用人际关系网络，如亲朋好友、同学、老师等，了解目标区域内的就业信息和机会。

第四步，筛选和整理信息。根据自己的职业规划和需求，筛选出符合要求的职位和信息。整理收集到的信息，建立自己的就业信息库，方便随时查阅和比较。

（2）注意事项

其一，针对性强。定向区域搜集法要求求职者对目标区域有明确的认知和定位，避免盲目搜集信息。

其二，及时更新信息。就业市场是不断变化的，需要定期更新搜集到的信息，保持对目标区域就业市场的敏感度。

其三，多渠道获取信息。不要只依赖一种渠道，要结合多种途径获取信息，提高信息的全面性和准确性。

其四，注重信息的真实性。在搜集信息时，要注意信息的来源和真实性，避免被虚假信息误导。

通过定向区域搜集法，求职者可以更加有针对性地了解目标区域的就业市场和机会，提高求职的成功率和效率。

2. 定方向搜集法

定方向搜集法是一种根据求职者自身的职业规划和发展方向，有针对性地搜集相关就业信息的方法。这种方法帮助求职者更加明确自己的职业目标，从而更加精准地寻找适合的职位和机会。以下是定方向搜集法的具体步骤和注意事项。

（1）步骤

第一步，明确职业目标。深入思考自己的兴趣、技能、价值观和长期职业目标。确定自己想要从事的行业、职位类型或工作领域。

第二步，研究职业方向。通过网络搜索、行业报告、专业书籍等途径，深入了解所选职业方向的市场需求、发展趋势、前景等。了解相关职位的职责要求、任职要求、薪资水平等。

第三步，搜集信息。针对所选职业方向，搜索和筛选相关的招聘信息和行业动态。关注与所选职业方向相关的专业网站、社交媒体、行业组织等，以便及时获取最新的就业信息。利用人际关系网络，如业内人士、校友、导师等，了解更多关于所选职业方向的内部信息和机会。

第四步，筛选和整理信息。根据自己的职业规划和需求，筛选出符合要求的职位和信息。整理收集到的信息，建立自己的职业信息库，方便随时查阅和比较。

（2）注意事项

其一，明确性。定方向搜集法要求求职者有明确的职业目标和发展方向，避免盲目搜集信息。

其二，专业性。需要针对所选职业方向进行深入研究和了解，提高信息的专业性和准确性。

其三，灵活性。虽然定方向搜集法强调明确性，但也要保持一定的灵活性，根据市场变化和自身发展调整职业目标和搜集方向。

其四，持续更新。职业市场和信息在不断变化，需要定期更新和整理搜集到的信息，保持对所选职业方向的敏感度。

通过定方向搜集法，求职者可以更加明确自己的职业目标和发展方向，有针对性地寻找适合的职位和机会，提高求职的针对性和成功率。

3. 全方位搜集法

全方位搜集法是一种广泛而全面的就业信息搜集方法，其核心在于覆盖所有与求职者专业相关的就业信息，再按一定的标准进行整理和筛选。以下是全方位搜集法的具体步骤和注意事项。

（1）步骤

第一步，确定搜集范围。根据自己的专业背景和兴趣，确定搜集信息的范围，包括行业、职位、地区等。

第二步，搜集信息。利用各种渠道搜集信息，包括招聘网站、社交媒体、校园招聘会、企业官网、公共就业服务机构等。不限于线上信息，也要关注线下资源，如企业宣传册、行业报告等。

第三步，整理和分类。将收集到的信息进行整理和分类，按照行业、职位、地区等进行归类。去除重复和无效信息，确保信息的准确性和有效性。

第四步，筛选和评估。根据自己的职业规划、兴趣、能力等因素，筛选出符合要求的职位和信息。对筛选出的信息进行评估，包括公司背景、职位发展前景、薪资水平等。

第五步，持续更新。就业市场是不断变化的，需要定期更新搜集到的信息，保持对市场的敏感度。

（2）注意事项

其一，广泛覆盖。全方位搜集法要求覆盖所有与求职者专业相关的就业信息，确保不漏掉任何可能的机会。

其二，时间和精力。由于信息搜集范围广泛，可能会耗费较多的时间和精力，需要合理安排时间。

其三，准确性。在搜集信息时，要注意信息的来源和准确性，避免被虚假信息误导。

其四，灵活性。虽然要求全面搜集信息，但也要根据市场变化和自身情况灵活调整搜集方向和策略。

通过全方位搜集法，求职者可以更加全面地了解与自己专业相关的就业市场和机会，为求职过程提供更多的选择和参考。同时，也需要注意信息的准确性和有效性，避免盲目投递简历和浪费时间。

（八）搜集就业信息时应克服的心理误区

在搜集就业信息时，求职者可能会遇到一些心理误区，这些误区可能会影响他们的决策和行动。

（1）消极等待。一些毕业生过分依赖学校和家庭，消极等待就业信息的提供，缺乏主动搜集信息的意识。应对策略：毕业生应树立主动求职的观念，积极搜集就业信息，提高求职的主动性。

（2）盲目跟风。部分毕业生在搜集就业信息时，容易受到他人影响，盲目跟风，缺乏独立思考。应对策略：毕业生应根据自己的兴趣、特长和职业规划选择合适的职业和行业，避免盲目跟风。

（3）信息焦虑。在面对大量就业信息时，毕业生可能会感到焦虑和迷茫。应对策略：毕业生应学会筛选和整理就业信息，关注与自己求职目标相关的信息，避免信息过载。

（4）畏难情绪。在面对竞争激烈的求职市场时，毕业生可能会产生畏难情绪。应对策略：毕业生应树立正确的就业观念，相信自己的能力，勇敢面对求职的挑战。

（5）依赖心理。部分毕业生过分依赖学校和家庭提供的就业信息，缺乏自主搜集信息的能力。应对策略：毕业生应提高自己的独立能力，学会通过多种渠道搜集就业信息，拓展求职途径。

（6）惰性心理。一些毕业生在搜集就业信息时，容易陷入惰性心理，缺乏持续搜集和更新信息的动力。应对策略：毕业生应保持积极的心态，定期更新就业信息，确保信息的时效性。

（7）抱怨心理。部分毕业生在求职过程中容易产生抱怨心理，对求职环境和自身条件进行抱怨。应对策略：毕业生应树立积极的心态，客观分析求职过程中遇到的问题，寻求解决办法。

克服这些心理误区，有助于毕业生更有效地搜集就业信息，提高求职的成功率和职业发展的前景。

（九）就业信息的分析

就业信息的分析是求职者对搜集到的就业信息进行深入研究和评估的过程，目的是做出更明智的求职决策。以下是对就业信息进行分析的一些关键步骤和方法。

1. 数据整理与分类

首先，将搜集到的就业信息进行整理和分类。可以按照行业、职位、地区、薪资等标准进行分类，以便后续的分析和比较。确保信息的准确性和完整性，去除重复或无效的信息。

2. 数据分析

对整理好的就业信息进行数据分析。可以运用统计学、图表等工具，对数据的分布、趋势、比例等进行深入研究。例如，可以分析不同行业的就业需求、职位的热门程度、薪资水平的变化等。

3. 市场趋势预测

基于数据分析的结果，尝试预测就业市场的趋势。考虑宏观经济环境、行业发展动态、技术进步等因素，预测未来一段时间内的就业市场变化。这有助于求职者把握市场脉搏，制订更具前瞻性的求职策略。

4. 职位匹配度评估

针对自己的专业背景、技能和兴趣，评估与搜集到的职位的匹配度。分析职位的职责要求、任职要求、晋升空间等，判断自己是否适合该职位。同时，也要考虑自己的职业发展规划，选择符合自己长期目标的职位。

5. 公司实力与文化评估

除了职位本身，还要对申请的公司进行实力和文化评估。了解公司的历史、规模、业务范围、财务状况等，评估公司的稳定性和发展潜力。同时，了解公司的企业文化、价值观等，判断自己是否与公司的文化契合。

6. 风险评估

对就业信息进行风险评估。考虑行业的竞争程度、职位的稳定性、公司的发展前景等因素，评估申请该职位可能面临的风险。这有助于求职者做出更全面的决策，避免盲目追求热门职位或高薪而忽视潜在风险。

总之，就业信息的分析是求职者制订求职策略的重要依据。通过对就业信息的深入研究和评估，求职者可以更加明确自己的职业方向和发展目标，为未来的职业发展奠定坚实基础。

（十）就业信息的利用

就业信息的利用是求职者根据搜集到的就业信息做出决策并采取行动的过程。以下是关于就业信息利用的一些建议。

1. 筛选和匹配

对搜集到的就业信息进行筛选，选择与自己专业、兴趣和职业规划相匹配的职位和公司。注意查看职位的职责要求、任职要求以及公司的发展前景和企业文化，确保选择的职位和公司符合自己的期望和发展方向。

2. 深入研究和比较

对于筛选出的职位和公司，进行深入研究和比较。了解公司的背景、规模、业务范围等，以及职位的具体工作内容、晋升空间、薪资待遇等。可以通过查阅公司官网、社交媒体、行业报告等渠道获取更多信息，也可以与相关人员或校友进行交流，获取一手经验和建议。

3. 制订求职计划

根据筛选和比较的结果，制订求职计划。明确求职的目标和优先级，合理安排时间和精力，制订投递简历和面试的计划。同时，注意及时调整计划，根据市场变化和自身情况做出适应性调整。

4. 主动与用人单位联系

在利用就业信息时，不要害怕主动与用人单位联系。可以通过邮件、电话等方式与用人单位取得联系，展示自己的优势和特长，并询问有关职位和公司的更多信息。这不仅可以增加求职者的曝光度，还可以提高求职者的竞争力。

5. 持续跟进和反馈

在利用就业信息后，保持与用人单位的持续跟进和反馈。了解面试结果、入职流程等相关信息，并及时反馈自己的情况和需求。这有助于建立良好的人际关系，为未来的职业发展打下良好的基础。

总之，就业信息的利用需要求职者具备筛选、匹配、研究、计划和跟进的能力。通过合理利用就业信息，求职者可以更加精准地找到适合自己的工作机会，实现职业发展的目标。

二、就业知识的准备

（一）大学生合理的知识结构

大学生合理的知识结构应该包括以下几个方面：

（1）基础学科知识。大学生应该掌握扎实的基础学科知识，如数学、物理、化学、生物等。这些基础知识为后续的专业学习和实践提供了必要的支撑。

（2）专业知识。在专业领域，大学生需要掌握系统的专业理论知识，如本专业的核心课程、专业前沿知识等。这些专业知识是大学生未来从事相关职业的基础。

（3）跨学科知识。在信息化、全球化的时代背景下，大学生需要具备跨学科的知识和能力，如计算机技术、外语能力、人文社科知识等。这些跨学科知识有助于大学生拓宽视野，提高综合素质。

（4）实践能力和创新思维。大学生应该注重实践能力的培养，通过参加实验、实习、社会实践等活动，将所学知识应用于实际中。同时，大学生还应具备创新思维和解决问题的能力，以应对复杂多变的现实环境。

（5）方法论和思维方式。大学生需要学习和掌握科学的研究方法和思维方式，如批判性思维、系统性思维、创新性思维等。这些方法论和思维方式有助于大学生更好地理解和解决问题。

（6）人文素养和道德品质。大学生还需要具备基本的人文素养和道德品质，如良好的沟通能力、团队协作能力、诚信意识、责任感等。这些素养和品质对于大学生的个人成长和社会发展都具有重要意义。

总之，大学生合理的知识结构应该是全面而均衡的，既包括扎实的基础知识和专业知识,也包括跨学科知识、实践能力和创新思维、方法论和思维方式以及人文素养和道德品质等方面。这样的知识结构有助于大学生更好地适应社会发展的需求,实现个人价值和社会价值的统一。

(二)大学生如何做好知识准备

大学生要做好知识准备,可以采取以下几个步骤:

(1)明确学习目标。首先,大学生需要明确自己的学习目标。这包括了解所学专业的核心知识和技能,以及未来职业发展的方向。通过明确学习目标,更有针对性地进行知识准备。

(2)制订学习计划。制订一个合理的学习计划是做好知识准备的关键。学习计划应该包括每天、每周或每月的学习任务和时间安排。在制订计划时,要充分考虑自己的实际情况和能力水平,确保计划既具有挑战性又可实现。

(3)注重课堂学习。课堂是获取知识的主要场所。大学生应该认真听讲,积极参与课堂讨论,及时做好笔记。同时,要主动思考和提问,加深对知识的理解和记忆。

(4)拓宽知识视野。除了课堂学习,大学生还应该积极拓宽知识视野。可以通过阅读相关书籍、参加学术讲座、关注行业动态等方式,了解所学专业的最新发展和前沿知识。此外,也可以跨学科学习,提高自己的综合素质。

(5)加强实践锻炼。实践是检验知识的最好方式。大学生应该积极参加实验、实习、社会实践等活动,将所学知识应用于实际中。通过实践锻炼,加深对知识的理解和掌握,提高自己的实践能力和创新思维。

(6)建立知识网络。建立知识网络有助于大学生更好地整合和运用知识。可以通过制作思维导图、建立知识库等方式,将所学知识进行分类和整理。同时,也可以与同学、老师或行业专家进行交流和讨论,分享彼此的知识和经验。

(7)持续学习和更新。知识是不断更新和发展的。大学生应该保持持续学习和更新的态度,不断关注所学专业的最新动态和发展趋势。通过不断学习和更新,保持自己的竞争力和适应能力。

三、就业能力的准备

（一）大学生应具有的能力

大学生应该具备以下几种能力：

（1）自我决策能力。这是指独立思考、果断行动和独立完成一项工作的能力。大学生毕业之后需要面对求职和职业选择，因此具备良好的自我决策能力至关重要。

（2）适应社会和改造社会的能力。大学生不会永远安居在象牙塔中，最终需要走上社会。因此，要培养自己面对现实生活的能力，学会以正常的情绪和处理办法应对现实生活的各种情况。同时，也应该积极承担改造社会的责任和使命，对社会和环境给予积极主动的适应。

（3）实践操作能力。大学生在接受理论知识的同时也要培养实践操作能力。特别是在教学、科研和生产的第一线，大学生实际操作能力的强弱将直接影响其作用。

（4）表达能力。这是指运用语言阐明自己的观点、意见或表达自己的感情的能力，包括口头表达能力和书面表达能力。良好的表达能力有助于大学生在人际交往和工作中更好地表达自己，与他人建立良好的关系。

（5）社交能力。这是指与他人相处的能力，也是一个人情商高低的体现。大学生进入社会后，必须与各种各样的人建立关系。因此，良好的社交能力对于大学生来说非常重要，有助于他们更好地适应社会和工作环境。

（6）组织管理能力。虽然不是每个大学毕业生都会从事管理工作，但在实际工作中，掌握一定的组织管理能力非常有必要。这可以帮助大学生更好地协调团队、完成任务，提高工作效率。

（7）学习能力。学习能力是指学生通过教师的指导而掌握科学的学习方法，包括观察力、记忆力、抽象概括能力、注意力、理解能力等。这是大学生在校期间需要不断培养和提升的能力。

（8）总结经验的能力。大学生应当具有总结经验与教训的能力，从每一次的失败与成功中总结出不足与需要改进的地方。这样的能力有助于大学生今后长远的发展。

此外，大学生还应具备专业知识或行业专业技能、自我管理约束能力、适应能力、推销自己的能力、人际交往能力等。这些能力将帮助大学生更好地适应大学生活和未来的职业发展。需要注意的是，这些能力的培养不是短时间内就能完成的,需要大学生在学习和生活中不断积累和实践。

(二)大学生如何做好就业能力的准备

大学生要做好就业能力的准备,可以从以下几个方面着手:

(1)明确职业目标。首先,大学生需要明确自己的职业目标。这可以通过自我评估、市场调研和职业规划等方式来实现。明确职业目标有助于大学生有针对性地提升自己的就业能力。

(2)积累实践经验。在校期间,大学生应积极参与各类实践活动,如实习、志愿者活动、社团活动等。这些实践经历不仅有助于大学生提升专业技能,还能培养团队合作、沟通表达等综合能力。

(3)提升综合素质。除了专业技能外,大学生还应注重提升综合素质,如沟通能力、领导力、创新思维等。这些素质对于大学生在未来的职业发展中至关重要。

(4)关注行业动态。大学生应时刻关注所在行业的最新动态,了解行业发展趋势和市场需求。这有助于大学生在求职过程中更好地把握机会,找到适合自己的职位。

(5)完善求职技能。大学生需要掌握一定的求职技能,如简历制作、面试技巧、职业规划等。这些技能可以帮助大学生在求职过程中脱颖而出,提高求职成功率。

(6)建立人脉关系。在校期间,大学生应积极参与各类社交活动,扩大自己的社交圈子。建立广泛的人脉关系有助于大学生在求职过程中获取更多的信息和机会。

(7)保持积极心态。面对求职过程中的挫折和困难,大学生应保持积极的心态。相信自己,勇敢尝试,不断学习和进步,最终一定能找到适合自己的工作。

四、就业心理的准备

就业心理准备是大学生在求职过程中需要关注的重要方面。做好心理准备,大学生可以更好地应对求职挑战,实现顺利就业。

（一）树立正确的就业观念

大学生要树立正确的就业观念，可以从以下几个方面入手：

（1）理性看待就业。大学生需要理性看待就业问题，认识到就业是一个双向选择的过程。在求职过程中，不要过于追求所谓的“热门行业”和“高薪职位”，而是要结合自己的兴趣、能力和职业规划，选择适合自己的岗位和公司。同时，也要保持积极的心态，不断学习和提升自己的能力，以应对求职过程中的挑战和竞争。

（2）重视职业发展。大学生应该重视自己的职业发展，而不仅仅是追求眼前的利益。在选择工作时，要考虑到自己的长远发展规划，选择有利于自己职业成长和发展的岗位和公司。同时，也要不断学习和提升自己的职业技能和综合素质，为未来的职业发展打下坚实的基础。

（3）注重社会贡献。大学生应该树立为社会作贡献的就业观念。在选择工作时，不仅要考虑自己的利益和发展，也要考虑到社会的需求和利益。可以选择到基层、农村、边远地区等地方工作，为当地的经济和社会发展作出贡献。这样的就业观念不仅有利于社会的发展，也有利于大学生自身的成长和发展。

（4）倡导先就业后择业。对于大学生来说，先就业后择业是一种比较实际的就业观念。在毕业后，可以先找到一份工作，通过实践和工作经验的积累，了解自己的职业兴趣和能力优势，然后再根据情况进行职业选择。这种就业观念可以帮助大学生更好地了解自己的职业发展方向和目标。

（5）树立创业意识。随着社会的发展和就业市场的变化，创业已经成为越来越多大学生的选择。大学生应该树立创业意识，了解创业的风险和机遇，积极寻找创业机会和资源，为自己的创业梦想努力奋斗。

（二）大学生就业心理准备的策略

大学生就业心理准备的策略主要包括以下几个方面：

（1）合理定位，树立正确的就业观。大学生应根据自身的专业、能力和兴趣，合理定位自己的职业发展方向，避免盲目追求热门行业和高薪职位。同时，要树立正确的就业观，理解就业是一个双向选择的过程，既要考虑自己的发展，也要考虑社会的需求。

（2）积极面对竞争，增强自信心。大学生在求职过程中要敢于竞争，善于竞争。要充分相信自己的实力，敢于通过竞争去达到理想的目标。

同时,也要善于调整自己的心态,保持自信,面对挫折时不气馁,勇于挑战自己。

（3）提高心理承受压力。大学生要明确自己的心理问题,提高自己的心理承受压力。在面对困难时,要勇于接受现状并敢于挑战自己,主动适应环境并克服自己的不足。同时,要学会合理释放压力,保持身心健康。

（4）强化择业的竞争意识。大学生要在正确自我评价的基础上,充分相信自己的实力,敢于通过竞争去达到理想的目标。同时,也要从社会进步和深化改革的角度来加深对竞争机制的认识,强化自身的竞争意识,自觉地正视社会现实,转变观念,做好参加竞争的心理准备。

（5）全面提高自身素质和能力。大学生应全面分析自己的能力,根据社会的需求进行能力的强化和知识的补充。通过参加各类实践活动、提升综合素质、关注行业动态等方式,不断提高自己的就业竞争力。

（6）勇于创业。在国家政策的支持下,大学生应积极响应号召,勇于创业。创业不仅可以实现自我价值,也可以为社会创造更多的价值。

（7）寻求专业指导。各大院校应做好大学生的就业指导工作,帮助学生树立正确的就业观念,学会心理的自我调适。同时,也可以通过组织社会实践等方式,让学生提前感受社会竞争的压力,为就业做好充分的准备。

总之,大学生就业心理准备的策略包括合理定位、积极面对竞争、提高心理承受压力、强化择业竞争意识、全面提高自身素质和能力、勇于创业以及寻求专业指导等方面。通过这些策略的实施,大学生可以更好地应对求职挑战,实现顺利就业。

五、就业材料的准备

（一）学会整理就业材料

学会整理就业材料是大学生在求职过程中必不可少的一项技能。整理就业材料不仅可以帮助大学生更好地展示自己的优势和特长,还可以提高求职成功率和效率。

一般来说,可以按照以下步骤进行:

（1）收集材料。首先,需要收集所有与就业相关的材料,包括简历、求职信、证书、成绩单、作品集、推荐信等,并确保这些材料的完整性和准确性。

(2)分类整理。将收集到的材料进行分类整理,可以按照材料类型、求职岗位、公司需求等进行分类。这样可以方便后续的查阅和使用。

(3)排序和编号。对于每一类材料,可以按照一定的顺序进行排序和编号,如按照时间顺序或重要程度进行排序。这样可以提高材料的可读性和易用性。

(4)制作清单或目录。为了方便查阅和使用,可以制作一份清单或目录,列出所有材料的名称、编号和存放位置等信息。这样可以更快地找到需要的材料。

(5)备份和存储。可以选择将材料保存在电脑、云存储或其他安全可靠的存储设备中,以防止数据丢失或损坏。

在整理就业材料时,大学生需要注意以下几点:整理和归类材料,避免出现混乱或遗漏的情况;保证材料的真实性和准确性,避免出现虚假或错误的情况;根据求职岗位和公司特点,有针对性地选择和调整材料。

还需要注意的是,就业材料整理的步骤并不是一成不变的,可以根据个人的实际情况和需求进行调整和优化。同时,在整理材料的过程中,也要注意保护个人隐私和信息安全。

总之,学会整理就业材料是大学生求职过程中必不可少的一项技能。通过整理和准备好各种材料,大学生可以更好地展示自己的优势和特长,提高求职成功率和效率。

(二)就业材料的封面

就业材料的封面是求职者给招聘单位的第一印象,因此设计一个吸引人的封面非常重要。以下是一些关于如何设计就业材料封面的建议:

(1)简洁明了。封面设计应该简洁明了,避免过于复杂或花哨的图案和颜色。使用清晰、易读的字体,突出材料的主题和重点信息。

(2)突出个人特点。封面可以展示求职者的个人特点和特长,例如使用个人照片、个人标志或简洁的自我介绍等。这些元素可以帮助招聘单位更好地了解求职者的形象和特点。

(3)符合求职岗位和公司特点。封面设计应该与求职岗位和公司特点相符合,如使用公司标志、岗位相关图案或颜色等。这样可以表明求职者对该岗位和公司的关注和热情,提高材料的针对性和吸引力。

(4)配色搭配。封面的配色搭配要协调、美观,符合求职岗位和公司的形象和风格。避免使用过于刺眼或过于沉闷的颜色,以免影响阅读体验。

(5)清晰度和质量。封面使用的图片、图标等要清晰、高质量,避免出现模糊、失真等情况。这可以体现求职者的专业和认真态度。

总之,就业材料的封面设计应该简洁明了、突出个人特点、符合求职岗位和公司特点、配色搭配协调美观,同时要保证清晰度和质量。一个吸引人的封面可以为求职者的材料增色不少,提高求职成功率。

(三)求职信

求职信是求职者向招聘单位展示自己的一种重要方式,也是求职者向招聘单位表达求职意愿和展示个人优势的重要工具。求职信的内容应当简洁、直接,并且能够清晰地表达出求职者的求职意愿和自身能力。

1. 求职信的内容结构

(1)开头。在信的开头,求职者需要对接收者(通常是招聘经理或人力资源部门)进行称呼。这通常会是“尊敬的招聘经理”或“尊敬的人力资源部门”。

(2)自我介绍。接下来,求职者需要简要介绍自己,包括求职者的名字、求职者正在寻找的职位,以及求职者是如何得知这个招聘信息的。

(3)阐述为什么选择这个职位和公司。在这个部分,求职者需要解释为什么求职者对这个职位和公司感兴趣。求职者可以谈谈公司的历史、文化、产品或服务,以及这个职位如何与求职者的职业目标和个人兴趣相符。

(4)突出个人技能和经验。在此部分,求职者需要列举一些与该职位相关的个人技能、经验和成就。这些可以包括求职者在学校或工作中的表现,求职者曾经参与的项目,或者求职者获得的任何奖项或荣誉。

(5)展示求职者对职位的理解和热情。求职者可以在此部分谈论求职者对这个职位的理解,以及求职者为什么认为自己能够胜任这个职位。求职者可以提到一些与该职位相关的特定技能或经验,以及求职者如何计划在未来的工作中使用它们。

(6)结束语。在信的结尾,求职者需要再次表达求职者对这个职位的兴趣,并感谢招聘经理或人力资源部门花时间阅读求职者的求职信。然后,求职者可以请求一次面试,并提供求职者的联系方式。

2. 求职信的撰写建议

求职信是求职者向招聘单位展示自己的一个重要机会，要抓住这个机会，充分展示自己的优势和特长，表达求职意愿和动机，同时注意语言规范和格式规范。一份优秀的求职信可以让招聘单位给求职者留下深刻的印象，提高求职成功率。

（1）简洁明了地介绍自己。在求职信的开头，要简洁明了地介绍自己的基本信息，包括姓名、学校、专业等。同时，可以适当提及自己对该岗位的兴趣和热情。

（2）突出个人优势和特长。在求职信中，要重点突出自己的优势和特长，如学术成绩、实践经验、技能证书等。这些优势可以展示求职者的能力和潜力，提高招聘单位对求职者的关注度和兴趣。

（3）与招聘单位的需求和岗位特点相契合。在写求职信时，要仔细研究招聘单位的需求和岗位特点，将自己的优势与岗位要求相契合，展示自己对该岗位的适合度和匹配度。

（4）表达求职意愿和动机。在求职信中，要清晰地表达自己的求职意愿和动机，告诉招聘单位为什么选择这个岗位和这个公司。这可以让招聘单位感受到求职者的真诚和热情。

（5）注意语言规范和格式规范。求职信的语言要规范、准确、流畅，避免出现错别字或语法错误。同时，格式也要规范，符合书信的基本格式，如称呼、正文、落款等。

3. 求职信模板

以下是一封求职信的模板。

尊敬的招聘经理：

您好！我从 [具体来源] 上得知贵公司正在寻找一位 [具体职位名称] 的优秀人才，对此我深感兴趣，并希望能有机会加入贵团队，共同为公司的发展贡献力量。

我在 [相关领域或行业] 积累了多年的丰富经验，曾在 [之前的工作单位或项目] 担任 [之前的职位]，其间负责了 [具体工作或项目内容]，并取得了显著的 [具体成就或成果]。这些经历不仅锻炼了我的专业技能，也提升了我的问题解决和团队协作能力。

我对贵公司的业务和文化有着深入的了解，尤其对 [公司的某个特定产品或服务] 充满热情。我坚信，我的专业背景和实际经验能够为贵公司带来新的视角和价值。同时，我渴望在贵公司的优秀团队中继续学习和成长，为实现公司的长远目标贡献自己的力量。

我注重细节，对工作充满热情，善于与不同背景的人进行有效沟通，能够迅速融入团队并发挥积极作用。此外，我始终秉持敬业和诚信的态度，对待每一项任务都全力以赴，追求卓越。

随信附上我的简历，以供您更全面地了解我的背景和能力。我真诚地希望能有机会与您进一步探讨，共同探索我如何能为贵公司带来更大的价值。请随时通过 [联系方式] 与我联系，以便安排面试时间。

感谢您在百忙之中考虑我的申请，期待您的回复。

此致

敬礼！

[您的全名]

[申请日期]

(四)个人简历表

个人简历是求职者向招聘单位展示自己的一种重要方式，通常用于介绍求职者的个人信息、教育背景、工作经验、技能和能力等。

1. 个人简历的类型

个人简历的类型可以根据不同的分类标准来划分。以下是根据常见的分类方式整理的个人简历类型：

(1)按照时间顺序排列。这是最常见和直接的简历类型，从最近的经历开始，逆着时间顺序逐条列举个人信息。这种简历清晰、简洁，便于阅读。

(2)功能型简历。这种简历强调的是求职者的能力和特长，而不是工作经历。工作技能与专长是功能型简历的核心内容。如果求职者的工作经历有中断或存在特殊问题，这种类型可能是一个好选择。

(3)复合型简历。这是时间型和功能型的结合运用。求职者可以按时间顺序列举个人信息，同时刻意突出求职者的成绩与优势。这种简历能最直接地体现求职者的求职目的。

（4）业绩型简历。这种类型的简历以突出成绩为主，因此一般将“成绩”栏直接提到“目的”栏后。它适合于那些有明确工作成果和业绩的求职者。

（5）目的型简历。除了上述几种主要的类型外，简历也可以完全根据求职目的来安排。这种简历明确表述求职者的职业目标，以及如何实现这些目标。

除了上述分类方式，还有一些其他的分类方法，如按照格式划分，可以分为文字型简历、表格型简历、图文结合型简历等。无论选择哪种类型的简历，最重要的是要真实、准确地展示自己，同时符合招聘单位的需求和期望。

2. 个人简历表的基本内容

个人简历表的基本内容通常包括以下几个部分：

（1）个人基本信息。包括姓名、性别、出生年月、籍贯、政治面貌、学历、联系方式（固定电话、手机、电子邮箱）等。

（2）教育背景。列出毕业学校、专业、学位、毕业时间等信息，还可以包括主修课程、辅修课程以及学习成绩等。

（3）工作经历。如果有相关工作经验，可以列出工作单位、职位、工作时间、工作内容和业绩指标等数据。

（4）项目经历。如果有参与过的重要项目，可以列出项目名称、项目时间、担任角色、项目成果和获奖情况等信息。

（5）专业技能。列出自己掌握的软件技能、资格证书、语言能力、计算机能力等。

（6）个人爱好和特长。这部分是可选的，可以列出自己的兴趣爱好、特长等，以增加个人魅力。

（7）求职意向。明确表述自己的求职目标或个人期望的工作职位、工作环境等。

3. 制作个人简历的要求

制作个人简历的要求可以概括为以下几点：

（1）简洁明了。个人简历应该简洁明了，控制在一页或两页之内，避免冗长和复杂的句子，突出重点，让招聘者在几分钟内看完并留下深刻印象。

（2）真实准确。简历中的信息应该真实准确，不夸大自己的能力和经验，避免拼写错误和打印错误，以确保简历的可信度和专业性。

（3）格式规范。个人简历的格式应该规范，使用正确的字体和格式，保持整齐和清晰，使得简历看起来更加专业和正式。

（4）针对性强。简历应该根据求职的职位和行业进行针对性的制作，强调对应的技能和经验，让招聘者看到个人能力与职位的匹配度。

（5）突出个人特点。在制作个人简历时，可以突出自己的个人特点，将个性化的元素加入其中，如使用自己的照片或特殊字体等，以增加个人魅力。

（6）清晰明了的排版。简历应该有一个清晰明了的排版，让阅读者可以快速找到所需信息。建议使用简洁的字体和易于阅读的行间距。

（7）突出成就和贡献。在描述工作经历和项目经历时，应该突出自己的成就和贡献，如获得的奖项、提高的业绩指标等，以展示自己的能力和价值。

总之，制作个人简历时需要注意简洁明了、真实准确、格式规范、针对性强、突出个人特点、清晰明了的排版以及突出成就和贡献等要求，以提高简历的通过率和求职成功率。

（五）证书和成绩单

在个人简历中，证书和成绩单是重要的证明材料，能够证明求职者的学术水平、专业技能和学习能力。因此，在制作个人简历时，求职者需要认真考虑如何展示这些证书和成绩单。

对于证书，求职者可以按照类别进行分类整理，如专业技能证书、语言证书、荣誉与奖励等。在列出证书时，要注明证书的等级、颁发机构、颁发时间等信息，以便招聘者更好地了解求职者的能力和水平。同时，要注意选择与应聘岗位相关的证书进行展示，突出自己的专业能力和特长。

对于成绩单，求职者可以将重要的成绩或排名列出，如学习成绩 top 20% 以内、英语六级、雅思 7 分以上等。如果求职者的 GPA 较高，也可以在简历中注明。在列出成绩单时，要注意注明时间、科目、成绩等信息，以便招聘者更好地了解求职者的学习情况和能力水平。同时，要注意选择与应聘岗位相关的成绩进行展示，突出自己的学习能力和专业素养。

需要注意的是，证书和成绩单只是个人简历中的一部分，还需要结合其他内容,如个人基本信息、工作经历、项目经历等,来全面展示自己的能力和优势。此外,在制作个人简历时,还需要注意简洁明了、真实准确、格式规范等要求,以提高简历的通过率和求职成功率。

除了以上提到的材料外,大学生还可以准备一些其他材料,如作品集、推荐信等。这些材料可以进一步展示大学生的能力和特长,提高求职成功率。

第三节　大学生就业前应注意的事项

一、大学生就业前面试的技巧

(一)面试的概念

面试是一种经过精心设计的、有目的的会谈,它涉及考官与应试者之间的双方面对面地观察、直接交谈或置应试者于某种特定的情景之中进行观察,从而对应试者的知识、工作能力、工作经验、性格、态度和待人接物的方式等素质进行考察的一种人员选拔的测试活动。

面试通常在特定的时间和地点进行,由面试考官与应聘者按照预先设计好的目的和程序进行面谈、相互观察和沟通。面试的目的是了解应聘者的经历、知识、技能和能力,是招聘过程中常用的一种手段,可用于招聘的初选、中选和终选阶段。

在面试过程中,考官会向求职者提供企业的概况、应聘岗位的情况及企业的人力资源政策等信息,并从求职者那里获取应聘者的专业知识、岗位技能和非智力素质等信息,以确定求职者能否成为公司的一员。最后,基于双方的相互了解,做出聘用的决定。

随着面试理论和方法的发展,面试的形式逐渐丰富多样,结构化面试成为主流,提问方式也更具弹性。同时,面试测评的内容也在不断扩展,不仅限于传统的知识、技能和经验,还包括性格倾向、意愿程度、品质和素养等方面。此外,面试考官的专业化水平也在不断提高,以确保面试的公正性和有效性。

总的来说,面试是一种重要的选拔工具,有助于招聘方和应聘者双方充分了解彼此,从而做出正确的决定。

（二）面试的种类

面试的种类非常丰富，根据不同的分类标准，可以有以下几种划分方式：

根据面试标准化程度，可以分为结构化面试、非结构化面试和半结构化面试。结构化面试是一种标准化的面试方式，有固定的程序和问题，所有应聘者都接受相同的测试；非结构化面试则没有固定的程序和问题，面试官可以随意提问，对应聘者进行自由的评估；半结构化面试则介于两者之间，有一定的标准化程序，但也会根据具体情况进行适当调整。

根据面试目的，可以分为压力面试和非压力面试。压力面试通过给应聘者施加压力，考察其应对压力的能力，常用于选拔中高层管理人员；非压力面试则主要考察应聘者的专业技能和素质，不涉及压力情境。

根据面试形式，可以分为单独面试和集体面试。单独面试是一个应聘者面对一个或多个面试官的面试形式，便于深入了解应聘者的专业技能和素质；集体面试则是多个应聘者同时参加面试，常用于选拔初级职位或需要团队合作的职位。

根据面试进程，可以分为一次性面试和分阶段面试。一次性面试是在一次面试中完成所有的面试任务，常见于招聘初级职位；分阶段面试则将面试过程分为多个阶段，每个阶段都有不同的面试内容和目的，常见于招聘中高级职位。

此外，还有一些其他的面试种类，如视频面试、电话面试、随机面试等。视频面试是通过视频技术进行远程面试的形式，常见于跨国企业或远程招聘；电话面试是通过电话进行面试的形式，常用于初步筛选应聘者；随机面试则是在应聘者不知情的情况下进行的面试，常用于考察应聘者的真实能力和素质。

总之，面试的种类非常多，每种面试都有其特点和适用范围。在实际招聘中，招聘方可以根据具体需求和情况选择合适的面试种类，以达到最佳的招聘效果。

（三）面试的特点

面试的特点主要表现在以下几个方面：

（1）直观性。面试是通过考官与应聘者面对面的观察、交流和沟通，考官可以直观地了解应聘者的外貌、气质、口头表达能力、思维能力、行为举止等方面的素质，这是笔试等其他甄选方式所无法替代的。

（2）全面性。面试是一种综合性的考试，可以在有限的时间内对应聘者的多个方面进行考察，包括口头表达能力、思维能力、人际交往能力、兴趣爱好、个性特点、道德品质等，从而更全面地了解应聘者的素质和能力。

（3）目标性。面试的过程和问题是围绕考察应聘者的特定素质和能力而设计的，具有明确的目的和针对性。考官可以通过对特定问题的提问和回答，深入了解应聘者的某些方面的情况或素质，从而做出更准确的评估。

（4）主观性。面试的评价标准往往带有较强的主观性，因为考官的评价受到个人主观印象、情感、知识和经验等因素的影响。然而，这种主观性也反映了考官的专业素养和经验，有助于从多个角度全面评估应聘者。

（5）互动性。面试是一种双向沟通的过程，不仅是考官对应聘者的评估，也是应聘者向考官展示自己的机会。应聘者可以通过回答问题和展示自己的才能，向考官表达自己的意愿和态度，从而影响考官的评价。

（四）面试的作用

面试在招聘和评估过程中具有多种重要作用，主要表现在以下几个方面：

第一，面试可以评估候选人的能力和经验。通过直接交流和提问，面试官可以深入了解候选人在特定领域的知识和技能，以及他们在实际工作中的表现和成就。

第二，面试有助于了解候选人的个人特质和人际关系能力。通过观察候选人的表现、提问和与候选人的互动，面试官可以评估候选人是否适合与团队合作，以及他们是否适应公司的文化和价值观。

第三，面试还可以确定候选人的职业目标和动机。通过询问候选人为什么申请这个职位，以及他们对该行业或公司的兴趣和动机，招聘团队可以了解候选人是否真正对该职位感兴趣，并且是否有长期发展的潜力。

第四，面试是一个双向的交流过程。它不仅是面试官提问候选人，候选人也可以提问面试官。这种互动和交流可以帮助双方更好地了解彼此，进一步评估是否适合合作。

第五，面试还可以帮助应聘者提升职业素养和自我认知。无论是否获得工作机会，面试都是一个学习和成长的过程。通过面试，应聘者可以了解自己在职业素养和沟通能力方面的优点和不足，从而制订更明确的职业发展规划。

第六，面试也是一种开拓视野和锻炼思辨能力的绝佳机会。通过了解不同公司和行业的情况，以及面对各种面试问题，应聘者可以拓宽自己的视野，提高自己的思辨能力和应对能力。

（五）面试的相关技巧

面试相关技巧主要涉及面试前的准备、面试过程中的表现以及面试后的总结。以下是一些关键的面试技巧。

1. 面试前的准备

（1）深入了解公司。在面试前，对公司进行深入的研究，包括公司的文化、历史、业务、竞争对手等。这将有助于求职者更好地理解这个职位以及公司对你的期望。

（2）准备常见问题。提前准备并熟悉常见的面试问题，如“你为什么选择我们公司？”“你的优点和缺点是什么？”等，并针对这些问题提前思考并准备好答案。

（3）准备自我介绍。准备一个简洁明了、有针对性的自我介绍，突出求职者的技能和经验，以及求职者如何适合这个职位。

（4）着装得体。根据公司文化和面试类型选择合适的着装，确保求职者的穿着得体、整洁。

2. 面试过程中的表现

（1）保持冷静和自信。在面试过程中保持冷静，不要过于紧张或焦虑。对自己有信心，相信自己的能力和价值。

（2）注意非语言沟通。除了口头回答外，还要注意自己的非语言沟通，包括眼神接触、肢体语言、面部表情等。这些都会影响面试官对求职者的印象。

（3）展示自己的技能。通过具体的例子来展示自己的技能和经验，让面试官更好地了解求职者的能力。

（4）提问。在面试结束时，准备一些与公司和职位相关的问题来提问。这不仅可以显示求职者对这个职位的兴趣，还可以给自己更多了解公司的机会。

3. 面试后的总结

（1）及时跟进。面试后尽快发送一封感谢信给面试官，对他们的时间和考虑表示感谢。这不仅可以加深他们对自己的印象，还可以显示自己的职业素养。

（2）总结反馈。在每次面试后，总结自己的表现，找出自己的优点和不足，以便在下次面试中改进。

以上是一些关键的面试技巧，但最重要的是要真诚、自信，并始终保持积极的态度。通过充分的准备和良好的表现，求职者可以大大增加获得这个职位的机会。

二、大学生就业前笔试应注意的事项

在求职过程中，笔试是许多公司和组织用来评估求职者能力和素质的常见方式。通过充分了解笔试种类、认真准备并注意相关事项，求职者可以提高自己在笔试中的表现，从而增加获得面试机会的可能性。

（一）笔试的种类

求职笔试的种类繁多，每一种都有其特定的评估目标和内容。以下是一些常见的求职笔试种类：

（1）专业知识测试。这是最常见的笔试类型之一，主要考察应聘者对应聘岗位的专业知识掌握情况。这类测试通常包括选择题、填空题、简答题和论述题等，旨在评估应聘者的基础知识、专业素养和实际应用能力。

（2）智力测试。主要测试应聘者的分析问题能力、综合归纳能力、思维反应能力等。这类测试通常包括逻辑推理、数学运算、空间想象等题目，以评估应聘者的智力水平和思维能力。

（3）技能测试。主要评估应聘者的实际操作能力和岗位相关技能。根据岗位的不同，技能测试的内容也会有所不同，如计算机编程、语言能力、机械操作等。

（4）心理测试。这类测试主要评估应聘者的心理素质，如动机、态度、兴趣、性格等。心理测试通常采用标准化心理测试问卷，以评估应聘者的心理特征和适应性。

（5）综合素质测试。这是一种综合性的笔试类型，主要考察应聘者的综合素质和潜在能力。这类测试通常包括智商测试、心理测试、实际操作能力测试等,以全面评估应聘者的能力和潜力。

此外,还有一些特殊的笔试类型,如论文笔试,主要测试应聘者的文字表达能力和思维逻辑;模拟实际工作场景测试,通过模拟实际工作场景来评估应聘者的应变能力和实际操作能力;团队合作能力测试,通过团队合作任务来评估应聘者的团队合作能力和沟通能力等。

总之,求职笔试的种类繁多,每一种都有其特定的评估目标和内容。在参加笔试前,应聘者应了解笔试的种类和可能涉及的内容,以便有针对性地准备,展示自己的能力和素质。

(二)笔试的特点

笔试的特点如下:

(1)客观性。笔试题目通常有明确的答案和评分标准,评卷过程较为客观,减少了人为因素的干扰。这有助于确保选拔的公平性。

(2)广泛性。笔试内容可以涵盖多个领域,如基本知识、专业知识、管理知识、综合分析能力、文字表达能力等。这有助于全面评估应聘者的综合素质。

(3)规范性。笔试通常有明确的考试时间和地点,以及固定的试卷格式。这有助于确保选拔过程的规范性和标准化。

(4)系统性。笔试题目通常按照一定的逻辑顺序排列,有助于引导应聘者逐步展示自己的知识和能力,更有助于招聘者全面、系统地评估应聘者的综合素质。

(5)保密性。笔试题目通常在考试前严格保密,以防止作弊和抄袭。这有助于确保选拔的公平性和公正性。

(6)量化评价。笔试成绩可以量化为具体的分数,有助于比较不同应聘者的能力水平。这为企业选拔人才提供了直观的依据。

(7)时间效率。笔试可以在相对短的时间内完成,有助于提高招聘效率。同时,笔试成绩可以作为面试的参考,有助于提高选拔的准确性。

然而,笔试也有其局限性,如不能全面考察应聘者的工作态度、品德修养,以及企业管理能力、口头表达能力和操作能力等。因此,在招聘过程中,笔试通常只是初次竞争的一种方式,成绩合格者才能继续参加面试或下一轮的竞争。

（三）笔试前的知识准备

应聘笔试前的知识准备是指毕业生在参加企业招聘笔试前，应做好哪些知识方面的准备，以提高笔试的成功率。以下是一些建议：

（1）了解企业背景。毕业生应了解应聘企业的行业地位、业务范围、企业文化等信息，以便在笔试中更好地展示自己的兴趣和适应能力。

（2）掌握岗位要求。毕业生应详细了解应聘岗位的工作职责、技能要求等信息，以便在笔试中突出自己的优势和特点。

（3）复习基础知识。毕业生应根据应聘岗位的要求，复习相关的基础知识，如专业知识、管理知识、法律法规等，确保自己在笔试中有扎实的理论基础。

（4）提高综合素质。毕业生应关注自己的综合素质，如思维能力、创新能力、沟通能力等，并在笔试中体现出来。这有助于企业全面评估应聘者的潜力。

（5）学习答题技巧。毕业生应掌握一些答题技巧，如时间管理、审题策略、解题方法等，以便在笔试中更有效地展示自己的能力。

（6）准备参考资料。毕业生应准备一些参考资料，如专业书籍、题库、模拟试卷等，以便在笔试前进行系统的学习和复习。

（7）参加模拟考试。毕业生可参加一些模拟考试，以熟悉笔试的环境和流程，提高自己的应试能力。

通过以上知识准备，毕业生可以在应聘笔试中更好地展示自己的能力，提高笔试的成功率。然而，知识准备只是笔试成功的一部分，毕业生还应关注自己的综合素质和实际能力，以适应企业的需求。

（四）笔试的相关注意事项

就业笔试是求职者展示自己专业知识和能力的重要方式。以下是一些就业笔试的相关注意事项：

（1）时间管理。在笔试过程中，要注意合理分配时间，确保每个题目都有足够的时间进行思考和回答。避免在某个题目上花费过多时间，导致其他题目无法完成。

（2）仔细阅读题目。确保完全理解题目的要求，避免因为误解题目而导致答案偏离主题。同时，注意题目中的关键词和提示信息，以便更好地把握答题方向和重点。

（3）清晰表达。在回答论述题或自由应答型试题时，要确保表达清晰、逻辑严密。使用简洁明了的语言阐述观点，避免使用过于复杂或模糊的表述。

（4）保持冷静。遇到难题时，不要慌张，保持冷静。可以先尝试解答其他题目，最后再回来思考难题。同时，相信自己的实力，增强自信心。

（5）注意卷面整洁。保持良好的书写习惯，确保卷面整洁。这不仅可以给考官留下良好的印象，还有助于提高答题的清晰度和可读性。

总之，就业笔试是求职者展示自己专业知识和能力的重要方式。充分准备、注意时间管理、仔细阅读题目、清晰表达、保持冷静、注意卷面整洁以及了解公司背景等技巧，可以提高自己在笔试中的表现，增加获得面试机会的可能性。

三、大学生的求职礼仪

求职礼仪是指在求职过程中，毕业生应遵循的一系列礼节和规范，以展示自己的职业素养和礼貌，提高求职的成功率。它包括着装礼仪、举止仪态礼仪、行为礼仪、语言技巧等。

（一）着装礼仪

1. 男生求职时的着装礼仪

男生在求职时的着装礼仪非常重要，因为它能够给面试官留下良好的印象，传达出求职者的专业和严谨态度。以下是一些建议：

（1）西装。西装是最常见的求职着装，应选择深色的西装，如黑色、深蓝或深灰色，这些颜色能够传达出稳重和正式的印象。注意不要穿着过于老旧或过于花哨的西装，要保证其干净整洁，合身且不过于紧绷。

（2）衬衫。衬衫的颜色可以选择与西装同色系的颜色，带有条纹或格子的衬衫也可以。避免选择过于花哨或有图案的衬衫。质地要柔软舒适，领口要与西装领口相匹配，不要过于宽松或紧绷。

（3）领带。如果选择戴领带，应选择颜色与西装和衬衫相搭配的领带，避免颜色过于跳跃或过于沉闷。领带的长度应该在皮带扣和领口之间，不要过长或过短。

（4）鞋子。选择黑色或棕色的皮质鞋子，颜色要与西装和皮带相协调。要确保鞋子干净整洁，不要有划痕或污渍。在面试前最好擦拭干净并上些鞋油。

（5）裤子。选择直筒裤并保持笔挺，裤子长度应该盖住皮鞋，但不要过长拖地。注意不要穿着过于老旧或磨损的裤子。

（6）其他配件。男生最好少戴饰品，越简单越好，不要佩戴项链、手链等，手表是可以接受的。如果选择戴眼镜，要确保镜框的佩戴能使人感觉稳重、调和。

在求职着装中，要注意整体的协调性和个人风格的体现。要避免过于花哨或过于随意的着装，保持整洁、得体的形象。同时，也要注意自己的仪态和姿态，做到从内到外都散发出自信和专业的形象。

2. 女生求职时的着装礼仪

女生在求职时的着装礼仪同样重要，合适的着装能够展现出求职者的专业素养、严谨态度和个人魅力。以下是一些建议：

（1）套装。选择一套合身的套装，颜色以淡雅或同色系的搭配为宜。剪裁得体的西装套裙搭配色彩相宜的衬衫和半截裙，会显得稳重、自信、大方、干练，给面试官留下“信得过”的印象。套装长度应在膝盖左右或以下，避免太短显得不够庄重。

（2）衬衫。衬衫可以选择白色、条纹、雪纺或白色打底衫等。避免选择过于花哨或有图案的衬衫，保持简洁大方的风格。

（3）鞋子。选择黑色或棕色的皮质鞋子，款式简洁大方，不要有太多的装饰。保持干净整洁的外观，不要有划痕或污渍。

（4）配饰。女生可以适当地佩戴一些配饰，但要避免过于繁琐或过于夸张的款式。可以选择简洁的耳环、项链或手链等，增添一些个人魅力。

（5）发型和妆容。发型要文雅、庄重，梳理整齐，不要过于花哨或过于鲜艳。化淡妆，保持自然清新的妆容，不要过于浓重或夸张。

在求职着装中，女生同样要注意整体的协调性和个人风格的体现。要避免过于花哨或过于随意的着装，保持整洁、得体的形象。

总之，无论是男生还是女生，在求职时的着装礼仪都非常重要。选择合适的着装，展现出自己的专业素养、严谨态度和个人魅力，将有助于求职者在面试中脱颖而出，获得理想的工作机会。

（二）举止仪态礼仪

在求职过程中，举止仪态也是非常重要的，因为它们能够体现出一个人的性格、修养和文明素质。以下是一些关于求职时举止仪态的建议：

（1）站姿。站立时应保持身体直立，重心放在两脚之间，双脚并拢或微微分开。双手自然下垂或放在体前，挺胸收腹，双肩放松，目视前方，面带微笑。避免站立时东张西望、倚靠墙壁或桌子等不雅行为。

（2）坐姿。入座时要轻稳，坐在椅子的前半部分，身体稍微向前倾，表示尊重和谦虚。双手放在桌面或膝盖上，双脚并拢或微微分开，保持身体的平衡。避免跷二郎腿、晃动椅子或抖动腿部等不雅行为。

（3）手势。在交流过程中，适当的手势能够增强表达力，但手势过多或过于夸张会显得不自然。要注意手势的幅度和频率，避免过于生硬或过于随意。同时，双手不要交叉抱在胸前或脑后，这会给人一种傲慢或不耐烦的印象。

（4）面部表情。面部表情是传达情感的重要方式，应保持自然、真诚和友善。在面试过程中，要保持微笑，避免面无表情或过于紧张的表情。同时，要注意眼神交流，与面试官保持良好的互动。

总之，在求职过程中，举止仪态的得体与否会直接影响到面试官对求职者的印象和评价。因此，要注意保持良好的举止仪态，展现出自己的自信、专业和素养。

（三）行为礼仪

在求职过程中，行为礼仪同样重要，它体现了求职者的个人素质和对他人的尊重。以下是一些关于求职时行为礼仪的建议：

（1）守时。面试时要提前到达面试地点，这不仅能体现求职者的诚意和对面试官的尊重，还可以利用这段时间调整心态和仪态。如果因为某些原因可能会迟到，一定要提前通知面试官。

（2）礼貌待人。在接待室遇到其他人时，无论是否认识，都应主动打招呼或点头示意。对工作人员也要以礼相待，这可能会给求职者带来意想不到的好运。

（3）入室敲门。进入面试房间前，应先敲门，即使面试房间是虚掩的，也应先敲门。敲门时要注意门声的大小和敲门的速度，一般用右手的手指关节轻轻地敲三下，问一声："我可以进来吗？"待听到允许后再轻轻地推门进去。

（4）微笑示人。求职者在踏入面试房间的时候，应面露微笑。如果有多位考官，应面带微笑地环视一下，以眼神向所有人致意。一般而言，陌生人在相互认识时，彼此会首先留意对方的面部，然后才是身体的其他部分。面带真诚、自然、由衷的微笑，可以展示一个人的风度、风采和魅力，有助于求职者塑造自己的形象，给人留下美好的印象。求职者与主考官相识之后，便要稍微收敛笑容，集中精神，平静的面容有助于求职者面试成功。

（5）请才入座。求职者不要自己坐下，要等面试官请自己就座时再入座。面试官叫求职者入座，求职者应该表示感谢，并坐在面试官指定的椅子上。如果椅子不舒适或正好面对阳光，求职者不得眯着眼，那么就最好提出来。

（6）递物大方。求职者求职时必须带上个人简历、证件、介绍信或推荐信，面试时一定要保证不用翻找就能迅速取出所有资料。如果送上这些资料，应双手奉上，表现得大方和谦逊。①

（四）语言技巧

在求职过程中，语言技巧的运用对于成功至关重要。以下是一些关于求职时语言技巧的建议：

（1）清晰表达。在面试时，要确保自己的语言清晰、准确，让面试官能够轻松理解自己的意思。避免使用过于复杂或专业的术语，用简单明了的语言来解释自己的观点和经验。

（2）积极自信。在回答问题时，要保持积极自信的态度。用肯定的语气表达自己的观点，展现出自己对工作的热情和对自己能力的信心。

（3）条理清晰。在回答面试官的问题时，要条理清晰地阐述自己的想法和经验。可以按照时间顺序、重要性或者因果关系来组织语言，让面试官更容易理解自己的思路。

（4）适度幽默。在适当的场合下，可以使用一些幽默的语言来活跃气氛，展现自己的个性和魅力。但要注意不要过度使用幽默，以免让面试官觉得自己不够专业或过于轻浮。

（5）注意语速和音量。在面试时，要注意控制自己的语速和音量，保持平稳、自然的语速和适中的音量。避免说得太快或太慢，让面试官难以

---

① 高洪海，于雷．大学生就业指导 [M]. 济南：山东人民出版社，2014.

理解自己的意思。

（6）用事实和数据支持观点。在回答问题时，如果能用事实和数据来支持自己的观点，会更具说服力。可以举例说明自己在过去的工作或学习中所取得的成果和进步，让面试官对自己的能力有更深入的了解。

（7）注意倾听。在面试过程中，不仅要善于表达自己的想法，还要注意倾听面试官的问题和反馈。通过倾听，自己可以更好地理解面试官的需求和期望，从而调整自己的回答和表现。

总之，在求职过程中，良好的语言技巧能够帮助自己更好地展示自己的能力和魅力，给面试官留下深刻的印象。因此，要注意练习和提高自己的语言技巧，为成功求职做好充分的准备。

第四节　大学生就业权益与法律保障

大学毕业生就业工作是各级政府、高校全力抓好的一项工作，也是一项非常复杂的系统工程。大学生要成功择业、顺利就业，除了具备良好的自身素质并做好各种就业准备外，还必须了解掌握择业过程中的每一个程序，了解自身的就业权益，这样才能达到事半功倍的效果。本节将对大学生的就业权益与法律保障的相关知识进行简要阐述。

一、大学生的就业权益

（一）大学生就业权益的具体内容

大学生就业权益是保障大学生顺利就业和维护其合法权益的重要保障措施。大学生应当了解自己的就业权益，积极维护自己的权益，同时也应当遵守相关法律法规和职业道德规范，做到诚信就业。大学生就业权益的具体内容主要包括以下几个方面：

（1）就业信息知情权。毕业生有权及时全面地获取应该公开的就业信息，包括用人单位的情况、招聘条件、招聘程序、招聘结果等。

（2）接受就业指导权。高等学校应当为毕业生、结业生提供就业指导和服务，帮助他们了解就业政策、就业形势和就业市场，树立正确的就业观念，提高就业能力和创业能力。

（3）被推荐权。学校应当为毕业生提供被推荐到用人单位的权利，推荐过程应当公正、公平、公开，推荐内容应当真实、准确。

（4）平等就业权。毕业生在就业过程中享有平等的就业权利，不因民族、种族、性别等因素而受到歧视。

（5）就业选择自主权。毕业生有权根据自己的意愿选择职业，任何人不得干涉其自主择业的权利。

（6）择业知情权。毕业生有权了解用人单位的主体资格、劳动岗位、劳动条件、劳动报酬以及规章制度等情况，以便做出正确的就业选择。

（7）违约求偿权。如果用人单位无故解除就业协议或违反协议规定，毕业生有权要求用人单位承担违约责任，包括支付违约金等。

此外，大学生就业权益还包括公平待遇权、试用期权益保护等。为了保障大学生的就业权益，国家和地方各级政府也出台了一系列相关法律法规和政策文件，如《中华人民共和国劳动法》《劳动合同法》《就业促进法》等。这些法律法规和政策文件为大学生提供了更加全面、更加有力的保障。

（二）大学毕业生就业的义务

大学毕业生就业的义务主要包括以下几个方面：

（1）服从国家需要的义务。当国家重点建设项目或某些行业急需人才的时候，毕业生应积极为国家的重点建设工程或项目服务，如参与西部志愿者、“三支一扶”、服兵役等。

（2）向用人单位如实介绍个人情况的义务。毕业生在向用人单位进行自我推荐、自我介绍和接受考察时，应全面地、实事求是地反映个人情况，不得夸大其词或弄虚作假。

（3）接受用人单位组织的测试或考核的义务。用人单位为了招聘到符合要求的毕业生，一般都会通过一些测试或考核手段来了解毕业生的情况，毕业生应积极配合，充分展现自己的能力。

（4）严格遵守就业协议及其他合法约定的义务。毕业生一旦与用人单位签订了就业协议或劳动合同，就应严格遵守其中的各项规定，如违约则需主动承担违约责任。

（5）依照职责完成工作的义务。毕业生在工作岗位上应尽心尽力完成工作任务，遵守公司的各项规章制度，保护公司的利益，维护公司的形象和声誉。

以上这些义务都是大学毕业生就业过程中应当履行的基本职责，也是维护自己职业生涯稳定和发展的重要保障。同时，毕业生还应不断提高自己的综合素质和能力水平，积极适应职场需求，实现自身职业发展。[①]

（三）大学生求职过程中的权益保护

求职权益保护是指在求职过程中维护毕业生的合法权益，确保他们在平等、公正的环境下获得就业机会。

1. 求职权益保护的相关措施

以下是一些求职权益保护的措施：

（1）立法保护。国家应制订相关法律法规，保障毕业生在求职过程中的平等就业权、自主择业权等权益。对侵犯求职者权益的行为进行处罚，维护求职市场的公平与正义。

（2）政策扶持。政府应出台一系列政策，为毕业生提供就业指导、职业培训、创业扶持等服务，帮助他们顺利实现就业。

（3）企业自律。企业应遵守法律法规，确保招聘过程的公正透明，不得歧视求职者。同时，企业应加强对员工的培训和发展，提高员工的职业素养和技能水平。

（4）毕业生自我保护。毕业生在求职过程中应增强自我保护意识，了解自己的权益，避免上当受骗。

（5）了解劳动法律法规。在求职前，了解相关的劳动法律法规，包括劳动合同、劳动报酬、工作时间、休假、社会保险等方面的规定，以便在求职过程中维护自己的权益。

（6）审查招聘信息。在投递简历前，仔细审查招聘信息，确保招聘单位真实可靠，避免遇到虚假招聘或欺诈行为。

（7）保留证据和记录。在求职过程中，保留好所有的求职材料、面试通知、邮件记录等证据和记录，以备后续维权使用。

（8）谨慎签订劳动合同。在签订劳动合同前，认真阅读合同内容，确保合同内容明确、合法、公正，特别是关于薪酬待遇、工作时间、休假、社会

---

① 胡恩立，李玲，吴根甫，等. 大学生就业指导 [M]. 北京：高等教育出版社，2018.

保险等方面的条款。

(9)维护平等就业权。在求职过程中,不因性别、年龄、民族等因素而受到歧视,维护自己的平等就业权。

(10)注意保护个人隐私。在求职过程中,注意保护个人隐私,不要随意透露个人信息,避免个人信息泄露。

(11)寻求帮助和支持。如果大学生在求职过程中遇到权益受到侵害的情况,可以向学校、劳动监察部门、劳动仲裁机构等寻求帮助和支持,维护自己的合法权益。

(12)社会监督。社会各界应对求职市场进行监督,对侵犯求职者权益的行为进行举报和曝光。同时,媒体应加强对求职权益保护的宣传,提高公众的法律意识。

(13)争议解决。在求职过程中发生争议时,毕业生可通过协商、调解、仲裁等途径解决纠纷,维护自己的合法权益。

以上措施,可以有效地保护毕业生的求职权益,提高求职的成功率和职业发展的前景。毕业生应了解自己的权益,积极维护自己的合法权益。

2. 求职权益保护的相关渠道

大学生在求职过程中,如果权益受到侵害,可以通过以下渠道进行维权:

(1)校内就业指导中心。大学通常设有就业指导中心,提供就业咨询和指导服务。如果大学生在求职过程中遇到问题,可以先向就业指导中心求助,寻求专业的建议和支持。

(2)用人单位或企业工会。如果大学生认为自己的权益受到用人单位的侵害,可以尝试与用人单位或企业工会沟通,寻求解决方案。

(3)劳动监察部门。如果大学生认为用人单位存在违法行为,如未按时支付工资、未签订劳动合同等,可以向当地劳动监察部门投诉,要求介入调查。

(4)劳动仲裁机构。如果大学生与用人单位之间发生劳动争议,如工资纠纷、工伤赔偿等,可以向当地劳动仲裁机构申请仲裁,通过法律途径解决争议。

(5)法律服务机构。大学生也可以寻求法律服务机构的帮助,如律师事务所、法律援助中心等,咨询法律问题,寻求法律帮助。

(6)社交媒体和在线平台。此外,大学生还可以利用社交媒体和在线平台,如微博、知乎等,分享自己的遭遇,寻求公众支持和帮助。

在维权过程中，大学生应保留好相关证据，如劳动合同、工资单、聊天记录等，以便在需要时提供证明。同时，大学生也应提高自己的法律意识和法律素养，了解劳动法律法规，更好地保护自己的权益。

以上建议仅供参考，具体维权途径可能因地区和具体情况而异。如果大学生在求职过程中遇到问题，建议咨询专业人士或机构，以获得更准确的建议。

二、大学生就业的法律保障

大学生就业的法律保障是一个多方面的体系，包括就业协议、劳动合同、平等就业和受教育权等方面的法律保障。这些法律保障措施为大学生提供了更加全面、更加有力的保障，促进了大学生顺利就业和职业发展。

（一）就业协议书

就业协议书是毕业生、用人单位和学校三方之间的一种书面协议，用于明确各方在就业过程中的权利和义务。它是保障毕业生和用人单位权益的重要文件，具有法律效力。

就业协议书的主要内容通常包括：

（1）基本信息。包括毕业生、用人单位和学校的基本信息，如姓名、地址、联系方式等。

（2）就业意向。毕业生与用人单位就工作岗位、工作地点、工作时间、薪资待遇等进行协商，并在协议中明确约定。

（3）权利和义务。明确毕业生、用人单位和学校各自在就业过程中的权利和义务，如提供就业信息、推荐就业、办理就业手续等。

（4）违约责任。约定违反协议的责任和相应的赔偿方式，以保障各方的权益。

就业协议书的签订流程一般如下：

（1）双方协商。毕业生与用人单位就就业相关事项进行协商，达成一致意见。

（2）填写协议书。按照协议书的格式和要求，填写各项内容，确保信息准确无误。

（3）签署协议书。毕业生、用人单位和学校三方在协议书上签字盖章，表示同意协议内容。

（4）保存协议书。协议书签署后，各方应妥善保存，以备后续需要使用。

需要注意的是，就业协议书具有法律效力，一旦签订就对各方具有约束力。因此，在签订就业协议书前，毕业生应认真了解协议内容，确保自己的权益得到充分保障。同时，用人单位和学校也应履行自己的义务，为毕业生顺利就业提供支持和帮助。

就业协议书的内容如图 7–1 所示。

填写就业协议书时，毕业生需要注意以下几个重要事项：

（1）基本信息填写准确。确保自己的姓名、联系方式、学校、专业等基本信息准确无误。同时，用人单位的名称、地址、联系方式等信息也需要仔细核对。

（2）明确就业意向。在就业协议书中，毕业生应与用人单位明确约定工作岗位、工作地点、工作时间、薪资待遇等具体事项。这些约定应具有明确性、具体性和可操作性，以避免后续的纠纷。

（3）注意协议条款的合法性。毕业生在签订就业协议书前，应认真阅读协议条款，确保其内容合法、公正、合理。如果发现有违法或不合理的内容，应及时与用人单位沟通协商，进行修改或补充。

（4）保护自己的权益。毕业生在签订就业协议书时，应注意保护自己的合法权益。例如，可以约定试用期、违约金等条款，以确保自己在就业过程中的权益得到充分保障。

（5）注意协议的有效期。就业协议书通常具有一定的有效期，毕业生需要注意协议的有效期限，并在协议到期前与用人单位协商续签或终止协议。

（6）妥善保管协议。就业协议书签署后，毕业生应妥善保管协议原件，以备后续需要使用。同时，也应保留好协议书的复印件或电子版，以备不时之需。

总之，填写就业协议书时，毕业生应认真仔细，确保各项信息准确无误，并注意保护自己的合法权益。如果有任何疑问或不确定的地方，可以咨询学校或法律专业人士的意见和建议。

<table>
<tr><td rowspan="5">毕业生情况及意见</td><td>姓名</td><td></td><td>性别</td><td></td><td>年龄</td><td></td><td>民族</td><td></td></tr>
<tr><td>政治面貌</td><td></td><td colspan="2">培养方式</td><td colspan="2"></td><td>健康情况</td><td></td></tr>
<tr><td>专业</td><td></td><td colspan="2"></td><td>学制</td><td></td><td>学历</td><td></td></tr>
<tr><td>家庭地址</td><td></td><td colspan="2"></td><td colspan="2"></td><td></td><td></td></tr>
<tr><td colspan="8">应聘意见：

毕业生签名： 年 月 日</td></tr>
<tr><td rowspan="6">用人单位情况及意见</td><td>单位名称</td><td colspan="5"></td><td>单位隶属</td><td></td></tr>
<tr><td>联系人</td><td></td><td colspan="2">联系电话</td><td colspan="2"></td><td>邮政编码</td><td></td></tr>
<tr><td>通讯地址</td><td></td><td colspan="2"></td><td colspan="2">所有制性质</td><td colspan="2">□全民 □集体
□合资 □其他</td></tr>
<tr><td>单位性质</td><td colspan="7">□党政机关 □科研事业单位 □学校 □商贸公司
□厂矿企业 □部队 □其他</td></tr>
<tr><td colspan="2">档案转寄详细地址</td><td colspan="6"></td></tr>
<tr><td colspan="4">用人单位意见：

签章
年 月 日</td><td colspan="4">用人单位上级主管部门意见：
（有用人自主权的单位此栏可略）

签章
年 月 日</td></tr>
<tr><td rowspan="3">学校意见</td><td>学校联系人</td><td></td><td colspan="2">联系电话</td><td colspan="2"></td><td>邮政编码</td><td></td></tr>
<tr><td colspan="2">学校通信地址</td><td colspan="6"></td></tr>
<tr><td colspan="4">院（系、所）意见：

签章
年 月 日</td><td colspan="4">学校毕业生就业部门意见：

签章
年 月 日</td></tr>
<tr><td>备注</td><td colspan="8">（补充条款）</td></tr>
</table>

图 7-1 大学生就业协议书内容

(二)劳动合同

劳动合同是劳动者与用人单位之间确立劳动关系、明确双方权利和义务的协议。它是保障劳动者权益的重要法律文件,也是用人单位和劳动者之间进行管理和约束的依据。

1. 劳动合同的基本内容

劳动合同通常包括以下内容:

(1)合同双方的基本信息。包括劳动者和用人单位的名称、地址、联系方式等。

(2)工作内容和工作地点。明确劳动者的工作岗位、工作职责和工作地点,以便劳动者了解自己的工作范围和要求。

(3)工作时间和休息休假。规定劳动者的工作时间、休息时间和休假制度,保障劳动者的休息和健康权益。

(4)劳动报酬。明确劳动者的工资待遇、支付方式、支付时间等,确保劳动者获得合法的劳动报酬。

(5)社会保险和福利。规定用人单位为劳动者缴纳社会保险和提供福利待遇的义务,保障劳动者的社会保障权益。

(6)劳动保护、劳动条件和职业病防护。明确用人单位为劳动者提供的劳动保护、劳动条件和职业病防护措施,保障劳动者的劳动安全和健康。

(7)劳动合同的期限、变更、解除和终止。规定劳动合同的期限、变更、解除和终止的条件和程序,以便劳动者和用人单位在合同期限内进行管理和约束。

劳动合同的签订应遵循平等、自愿、公平、诚实信用的原则,合同内容应合法、公正、合理。劳动者和用人单位在签订劳动合同时,应认真了解合同内容,确保自己的权益得到充分保障。同时,劳动者和用人单位也应履行自己的义务,共同维护劳动合同的严肃性和有效性。

2. 劳动合同的特征

劳动合同的特征主要包括以下几个方面:

(1)主体特定性。劳动合同的一方是劳动者,即具有劳动权利能力和劳动行为能力的中国人、外国人和无国籍人;另一方是用人单位,即具有使用劳动能力的权利能力和行为能力的企业个体经济组织、事业组织、国家机关、社会团体等用人单位。双方在实现劳动过程中具有支配与被支配、领导与服从的从属关系。

（2）内容统一性和对应性。劳动合同的内容具有劳动权利和义务的统一性和对应性。这意味着一方的劳动权利是另一方的劳动义务，反之亦然。没有只享受劳动权利而不履行劳动义务的，也没有只履行劳动义务而不享受劳动权利的。

（3）客体单一性。劳动合同的客体具有单一性，即劳动行为。劳动合同的目的是要求劳动者按照用人单位的指示提供劳动，劳动者提供劳动本身便是劳动合同的目的。

（4）有偿性。劳动合同是一种有偿合同，用人单位根据劳动者劳动的数量和质量给付劳动报酬，不能无偿使用劳动力。这体现了劳动者与用人单位之间的等价交换关系。

（5）双务合同。劳动合同是诺成、有偿、双务合同。这意味着劳动者与用人单位就劳动合同条款内容达成一致意见，劳动合同即成立。同时，双方享有一定的权利并履行相应的义务。

（6）涉及第三人利益。劳动合同往往涉及第三人的物质利益关系。例如，劳动合同必须具备社会保险条款，同时劳动合同双方当事人也可以在劳动合同中明确规定有关福利待遇条款，而这些条款往往涉及第三人物质利益待遇。

这些特征使得劳动合同成为一种特殊的合同类型，旨在保护劳动者的权益，维护劳动关系的和谐稳定。同时，也要求劳动者和用人单位在签订和履行劳动合同时，遵循平等、自愿、公平、诚实信用的原则，确保合同的合法性和有效性。

3. 劳动合同的形式

劳动合同的形式主要分为主合同和合同附件两种形式，以及口头合同和书面合同两种形式。

主合同和合同附件形式是根据表达方式的不同而划分的。主合同是当事人双方签字的合同文本，是合同的主要部分，当事人可以对劳动合同的内容进行充分的协商。而合同附件则是在劳动合同缔结时已经作为合同前置条件存在的文件，通常是对劳动纪律、奖惩等内容作出规定，劳动者只能对此作出接受或拒绝的选择。

口头合同和书面合同则是根据合同是否形成文字材料来划分的。在中国，一般要求采用书面形式订立劳动合同，因为书面形式具有证据效力，能够明确双方的权利和义务，减少争议的发生。但在一些特殊情况下，如简单的工作、临时性的工作等，也可以采用口头合同的形式。

此外，根据劳动合同期限的不同，劳动合同还可以分为固定期限劳动合同、无固定期限劳动合同和以完成一定工作任务为期限的劳动合同。具体选择哪种类型的劳动合同，应根据实际情况进行协商和确定。

固定期限劳动合同是指劳动合同双方当事人在劳动合同中明确规定了合同效力的起始和终止时间的劳动合同。这种合同类型适用于工作期限有明确目标或项目的情况，合同期限一般根据工作任务的完成时间来确定。在固定期限劳动合同到期时，如果双方没有续签，合同关系即行终止。

无固定期限劳动合同则是指劳动合同双方当事人没有约定合同终止时间的劳动合同。这种合同类型适用于长期、稳定的工作关系，如企业中的长期职工。无固定期限劳动合同可以随时解除，但解除必须符合法定条件，如双方协商一致、劳动者提前通知用人单位等。

以完成一定工作任务为期限的劳动合同则是指劳动合同双方当事人将完成一定工作任务作为合同期限的劳动合同。这种合同类型适用于工作任务明确、时间较短的情况，如某个具体项目或任务的完成。当工作任务完成后，劳动合同即行终止。

在选择劳动合同类型时，应根据实际情况进行协商和确定。对于劳动者而言，应根据自身的工作情况、职业规划等因素选择合适的劳动合同类型，并认真了解合同内容，确保自己的权益得到充分保障。对于用人单位而言，应根据工作需求、用人计划等因素选择合适的劳动合同类型，并遵守相关法律法规，保障劳动者的合法权益。

需要注意的是，不同类型的劳动合同在解除、终止等方面有不同的规定，劳动者和用人单位在签订劳动合同时应明确约定，并遵守相关法律法规的规定。同时，在劳动合同履行过程中，双方应遵守合同约定，共同维护劳动合同的严肃性和有效性。

4. 签订劳动合同的注意事项

在签订劳动合同时，劳动者和用人单位都需要注意一些事项，以确保合同的合法性和有效性，保障双方的权益。以下是一些签订劳动合同的注意事项：

（1）确认对方身份和资质。在签订劳动合同前，劳动者应核实用人单位的身份和资质，确保其具备用工主体资格，避免与不具备用工主体资格的单位或个人签订劳动合同，导致合同无效。

（2）仔细阅读合同条款。劳动者在签订劳动合同时应认真阅读合同条款，了解合同的内容、权利义务、违约责任等，确保合同内容合法、公正、合理。如有疑问或不明确的地方，应及时向用人单位咨询并要求解释。

（3）明确工作内容和地点。劳动合同应明确约定劳动者的工作内容、工作地点等，以便劳动者了解自己的工作范围和要求，避免在后续工作中发生纠纷。

（4）确认劳动报酬和福利待遇。劳动合同应明确约定劳动者的劳动报酬、福利待遇等，确保劳动者的权益得到充分保障。同时，劳动者也应注意了解用人单位的薪酬制度和福利待遇，避免在后续工作中产生误解或不满。

（5）注意合同期限和试用期。劳动合同应明确约定合同期限和试用期等相关条款。劳动者应注意了解试用期的时间、待遇等相关规定，避免在试用期内被无故解雇或权益受到侵害。

（6）保留合同副本。劳动者在签订劳动合同后应保留一份合同副本，以便随时查看和了解自己的权益和义务。同时，也应在合同副本上注明签订日期、签订地点等相关信息。

（7）遵守合同约定。在劳动合同履行过程中，劳动者和用人单位都应遵守合同约定，共同维护合同的严肃性和有效性。如需变更合同内容或解除合同，应依法依规进行协商和处理。

总之，签订劳动合同是保障劳动者权益的重要措施之一。劳动者在签订劳动合同时应注意以上事项，确保合同的合法性和有效性，维护自己的合法权益。同时，也应在合同履行过程中遵守约定，共同构建和谐稳定的劳动关系。

5. 劳动争议的处理

劳动争议的处理是一个复杂而重要的过程，涉及劳动者和用人单位之间的权益冲突和矛盾的解决。劳动争议的处理主要遵循《中华人民共和国劳动法》和《劳动争议调解仲裁法》等相关法律法规的规定，通过协商、调解、仲裁和诉讼等方式进行解决(国外的就业的参考所在国法律法规）。

首先，当劳动争议发生时，劳动者可以与用人单位进行协商，寻求解决方案。协商是解决劳动争议的首选方式，双方可以就争议问题进行直接沟通，寻求双方都能接受的解决方案。如果协商不成，劳动者可以向企业劳动争议调解委员会或基层调解组织申请调解。调解是一种非强制性的解决方式,通过调解员的调解,帮助双方达成和解协议,解决争议。

如果调解不成或者调解协议履行后出现争议,劳动者可以向劳动争议仲裁委员会申请仲裁。仲裁是一种准司法性质的解决方式,仲裁裁决具有法律效力,一方不履行仲裁裁决的,另一方可以申请人民法院强制执行。在申请仲裁时,劳动者需要提交申请书和相关证据,并按照规定的程序进行仲裁。

如果劳动者对仲裁裁决不服,可以向人民法院提起诉讼。诉讼是解决劳动争议的最后一道程序,具有强制执行力。在诉讼过程中,法院将依法对争议进行审理,并作出判决。判决结果具有法律效力,双方必须执行。

需要注意的是,在处理劳动争议时,劳动者和用人单位都应遵循合法、公正、及时、合理的原则,尊重对方的权益,通过合法途径解决争议。同时,也应加强预防和调解工作,尽量避免劳动争议的发生,维护劳动关系的和谐稳定。

三、大学生的求职陷阱及防范研究

(一)求职陷阱的概念

求职陷阱是指犯罪分子利用人们求职心切的心理,通过一些欺诈手段骗取求职人员的财物、个人信息或者低廉甚至免费的人工。这些欺诈手段可能包括虚假招聘、黑中介、假猎头、试用期陷阱、工资陷阱等。这些陷阱往往以高薪、轻松工作等为诱饵,诱使求职者上当。

(二)大学生遭遇求职陷阱的原因

大学生遭遇求职陷阱的原因主要有以下几个方面:

(1)思想单纯,防范意识差。大学生初涉社会,缺少社会历练,辨别能力较弱,容易相信他人。一些不法分子利用大学生的这种单纯和信任,以虚假招聘、高薪诱惑等手段骗取他们的财物或个人信息。

(2)就业压力较大,急于找工作。当前社会竞争激烈,大学生在就业方面面临着很大的压力。这种压力可能导致他们在求职过程中过于急躁,缺乏冷静思考和判断,从而容易被不法分子利用。

(3)对招聘市场和行业了解不足。许多大学生在求职前对招聘市场和行业了解不足,缺乏足够的职业规划和就业指导,难以识别招聘陷阱和虚假信息。同时,一些不法分子也利用这种信息不对称,发布虚假招聘信息,骗取大学生的信任。

（4）法律意识淡薄,对自身行为性质认识不够。一些大学生在求职过程中缺乏法律意识,对自己的权益保护不够重视,容易在签订劳动合同时忽略重要条款,或者在遭受欺诈后不及时寻求法律帮助。

（5）纠结于沉没成本,未能即时退出。一些大学生在发现求职陷阱后,由于已经投入了一定的时间和精力,纠结于沉没成本,难以下决心及时退出,从而继续遭受损失。

为了避免遭遇求职陷阱,大学生应该保持警惕,提高自我保护意识,增强对招聘市场和行业的了解,加强法律意识,及时寻求帮助和维权。同时,政府和社会也应该加强对招聘市场的监管,打击不法分子的欺诈行为,保护大学生的合法权益。

（三）大学生常见的求职陷阱

大学生在求职过程中可能会遇到多种陷阱,以下是一些常见的求职陷阱:

（1）虚假招聘。一些不法分子或不良企业会发布虚假的招聘信息,以高薪、轻松工作等为诱饵,吸引大学生前来应聘。在求职者缴纳一定的费用或提交个人信息后,这些不法分子就会消失或者以各种理由拒绝录用。

（2）黑中介。一些黑中介会以介绍工作为名,收取高额的中介费或其他费用,但实际上并不能为求职者提供真实可靠的招聘信息或面试机会。这些黑中介往往会利用求职者急于找工作的心理,进行欺诈和骗取财物。

（3）试用期陷阱。一些企业会在招聘时承诺给予高薪或优厚待遇,但实际上在试用期内却存在工资欺诈、超时加班等问题。试用期本是双方互相了解、协商选择的阶段,一些不良企业却利用这一阶段进行欺诈,损害求职者的权益。

（4）工资陷阱。一些企业会在招聘时承诺给予高薪,但实际上却存在工资不按时发放、工资低于约定标准等问题。这些企业往往会利用求职者对薪资的期望,进行欺诈和压低薪资。

（5）职位陷阱。一些企业会在招聘时夸大职位的职责和权力,承诺给予求职者很高的职位和待遇,但实际上却要求求职者从事与职位不符的工作或承担过多的工作任务。这些企业往往会利用求职者的职业发展期望,进行欺诈和剥削。

除了以上几种常见的求职陷阱外,还有一些其他的陷阱也可能出现在求职过程中,如传销、色情陷阱等。因此,大学生在求职时应保持警惕,提高自我保护意识,认真核实招聘信息的真实性和可靠性,避免受到欺诈和损失。同时,政府和社会也应该加强对招聘市场的监管,打击不法分子的欺诈行为,保护大学生的合法权益。

(四)大学生求职陷阱的防范

1.识别求职陷阱

要识别求职陷阱,大学生需要注意以下几个方面:

(1)查看招聘信息来源。首先要仔细查看招聘信息的来源,是否来自正规的招聘网站、企业官网或者官方招聘平台。避免被一些不明来源的招聘信息所蒙骗。

(2)核实公司信息。在应聘前,要对公司的信息进行核实,包括公司名称、地址、业务范围等。可以通过搜索引擎、企业信用信息公示系统等渠道查询相关信息,确保公司的真实性。

(3)警惕高薪诱惑。如果招聘信息中承诺的薪资远高于同行业同岗位的平均水平,那么就需要警惕了。这种高薪诱惑很可能是虚假的,可能是为了骗取求职者的个人信息或者收取高额费用。

(4)注意职位要求和工作内容。如果职位要求过低或者工作内容与实际职位不符,那么很可能是陷阱。比如招聘的职位要求非常简单,但工作内容却非常繁琐或者需要承担很多责任,这很可能是企业为了骗取求职者的劳动力。

(5)谨慎对待面试邀请。如果面试邀请非常急促或者面试过程非常随意,那么就需要谨慎对待了。在面试前,要了解公司的面试流程和要求,避免被一些不良企业利用面试进行欺诈。

(6)避免缴纳任何费用。在求职过程中,不要轻易缴纳任何费用,包括押金、培训费、服装费等。这些费用很可能是企业为了骗取求职者的钱财而设下的陷阱。

2. 注意“三忌”

大学生在求职过程中，为了避免陷入求职陷阱，应当注意“三忌”。

（1）忌急于求成。大学生在求职时往往面临就业压力，希望尽快找到工作。然而，这种急于求成的心态可能导致他们忽视一些重要的细节和潜在的风险。因此，大学生应该保持冷静和理性，认真选择适合自己的岗位，并仔细研究招聘信息和公司背景，避免盲目投递简历或轻易接受工作邀请。

（2）忌贪心不足。一些大学生在求职时过分追求高薪、高职位或轻松的工作，容易被虚假招聘或陷阱所吸引。他们可能忽视了自己的实际能力和市场需求，盲目追求所谓的“理想工作”。因此，大学生应该根据自身能力和市场需求，合理设定求职期望，避免贪心不足而陷入求职陷阱。

（3）忌轻信他人。大学生在求职过程中需要与他人交流、合作，但也要保持警惕，不要轻易相信陌生人或不可靠的信息来源。例如，一些黑中介或不良企业可能会利用大学生的信任心理，以介绍工作为名骗取财物或个人信息。因此，大学生应该学会辨别信息的真伪，选择正规、可靠的招聘渠道和信息来源，并谨慎对待与他人的交流和合作。

3. 遵循两大原则

大学生在求职过程中，为了确保自身权益和避免陷入求职陷阱，需要遵循两大原则。

一是选择正规的招聘平台和渠道。在求职时，大学生应该选择知名度高、信誉良好的招聘平台或渠道，如大型招聘网站、校园招聘会、企业官网等。避免通过不明来源或非法渠道获取招聘信息，以免被虚假招聘或陷阱所蒙骗。

二是保护自身的合法权益。在求职过程中，大学生需要时刻保持警惕，注意保护个人信息和财物安全。不要轻易泄露个人敏感信息，如身份证号码、银行账户等。同时，对于要求缴纳任何费用或提供个人隐私信息的招聘邀请，应该谨慎对待，并及时核实相关信息的真实性。如果遇到欺诈行为或疑似陷阱，要及时报警或寻求相关部门的帮助，维护自己的合法权益。

4. 合理运用“四法”

大学生在求职过程中，可以合理运用以下“四法”来识别求职陷阱并保护自身权益。

（1）查证法。在收到招聘信息后，首先要通过搜索引擎、企业信用信息公示系统等渠道核实公司的真实性。查看公司的注册信息、经营范围、企业信用记录等，确保公司不是虚假注册或存在不良记录。同时，也可以搜索该公司的相关评价、员工反馈等信息，以便更全面地了解公司的实际情况。

（2）咨询法。在决定应聘前，可以向身边的同学、老师或亲友咨询，了解该公司的声誉、口碑等情况。他们可能有一些经验或建议，能够帮助求职者更好地判断该公司是否可靠。同时，也可以向专业的就业指导机构或职业顾问寻求帮助，获取更准确的建议和指导。

（3）比较法。在求职过程中，不要急于接受第一个工作邀请。可以多了解一些招聘信息，比较不同公司的待遇、职位要求、工作内容等方面，以便更准确地判断哪个岗位更适合自己。同时，也要注意比较不同招聘信息的真实性和可靠性，避免被虚假招聘所蒙骗。

（4）保护法。在求职过程中，要时刻保护个人信息和财产安全。不要轻易泄露个人敏感信息，如身份证号码、银行账户等。对于要求缴纳任何费用或提供个人隐私信息的招聘邀请，要谨慎对待，并及时核实相关信息的真实性。如果遇到欺诈行为或疑似陷阱，要及时报警或寻求相关部门的帮助，维护自己的合法权益。

总之，大学生在求职过程中应该合理运用查证法、咨询法、比较法和保护法等方法，增强自我保护意识，认真核实招聘信息的真实性和可靠性，避免受到欺诈和损失。同时，也要积极了解求职市场的行情和企业的招聘流程，提高自己的求职竞争力。

第八章　创新创业背景下大学生就业能力素养的提升

在当今这个充满机遇与挑战的时代，创新创业已成为推动社会进步的重要动力。作为新时代的大学生，不仅要掌握扎实的专业知识，还要具备全面的就业能力素养，以应对日益激烈的就业竞争。本章从大学生法治与安全素质、大学生信息与网络素质、大学生心理与礼仪素质、大学生道德与人文素质这几方面入手，深入探讨在创新创业背景下，如何提升大学生的就业能力素养，旨在帮助大学生更好地适应时代需求，实现个人价值与社会价值的和谐统一，为未来的职业生涯奠定坚实的基础。

第一节　大学生法治与安全素质

在创新创业的浪潮中，大学生作为时代的弄潮儿，不仅要有敏锐的洞察力和创新的精神，更要有坚实的法治观念和安全意识。法治与安全素质是大学生综合素质的重要组成部分，对于保障大学生个人权益、维护社会稳定、推动社会进步具有重要意义。法治素质是大学生必备的基本素质之一。作为未来社会的建设者和接班人，大学生必须树立牢固的法治观念，自觉遵守国家法律法规，维护法律的尊严和权威。同时，大学生还应该具备运用法律知识解决实际问题的能力，能够在遇到法律问题时正确维护自己的合法权益。安全素质同样不容忽视。在创新创业的过程中，大学生可能会面临各种安全风险和挑战，如网络安全、人身安全、财产安全等。因此，大学生需要增强安全意识，提高自我保护能力，确保自身安全不受侵害。同时，大学生还应该关注社会安全问题，积极参与社会安全治理,为维护社会稳定和和谐贡献力量。

一、法治素养

(一)宪法赋予大学生的权利与义务

《中共中央关于全面推进依法治国若干重大问题的决定》中明确指出“要坚持把全民普法、守法作为依法治国的长期基础性工作”。因此,大学生掌握法律知识是十分必要的,从而更好地培养大学生的法治素养。具体来说,法学生需要掌握的法律知识主要包含自身的权利与义务。

1. 宪法赋予大学生的权利

宪法作为国家的根本大法,赋予了公民包括大学生在内的广泛权利。这些权利涵盖了政治、经济、社会、文化等各个领域,为大学生的成长和发展提供了坚实的法律保障。以下是一些宪法赋予大学生的主要权利:

(1)受教育权。宪法规定,国家保障公民受教育的权利。大学生作为正在接受高等教育的人群,享有接受高质量教育的权利,包括获得公正评价、获得奖学金和助学金、获得学位证书等。

(2)言论自由权。宪法保障公民言论自由的权利。大学生有权在校园内外发表自己的观点和意见,参与学术讨论和社会热点问题的探讨,促进思想交流和知识创新。

(3)出版自由权。宪法规定,公民有出版自由。大学生可以通过创作、发表学术论文、文学作品等方式行使出版自由权,展示自己的研究成果和才华。

(4)人身自由权。宪法规定,公民的人身自由不受侵犯。大学生享有不受非法拘禁、搜查、逮捕等侵犯人身自由的行为的权利,同时也有权维护自己的人格尊严和隐私权。

(5)平等权。宪法强调公民在法律面前一律平等。大学生在享有宪法和法律规定的权利时,不受性别、民族、家庭出身、财产状况等因素的影响,享有平等的权利和机会。

总之,宪法赋予大学生的权利是广泛而全面的,旨在保障大学生的合法权益,促进他们的全面发展。大学生应当充分了解并行使这些权利,同时也要尊重他人的权利,共同维护社会的和谐稳定。

2. 宪法赋予大学生的义务

宪法不仅赋予了大学生广泛的权利,同时也规定了他们应当履行的义务。以下是一些宪法赋予大学生的主要义务:

(1)遵守宪法和法律。大学生作为公民,有义务遵守国家的宪法和法律,维护法律的尊严和权威。他们应当自觉遵守校规校纪,不参与任何违法乱纪的行为。

(2)维护国家统一和全国各民族团结。大学生应当维护国家的统一和各民族之间的团结,反对任何形式的分裂行为。他们应当尊重不同民族的文化和传统,促进民族团结和社会和谐。

(3)维护国家安全、荣誉和利益。大学生有义务维护国家的安全、荣誉和利益。在面临国家安全威胁或荣誉受损时,他们应当挺身而出,捍卫国家的尊严和利益。

(4)依法服兵役。宪法规定,保卫祖国、抵抗侵略是中华人民共和国每一个公民的神圣职责。大学生在符合条件的情况下,有义务依法服兵役,为国家的安全和稳定贡献力量。

(5)依法纳税。大学生作为公民,有义务依法纳税。他们应当了解税收的制度和规定,按时缴纳税款,为国家的发展和建设贡献自己的一份力量。

(6)受教育的义务。虽然受教育主要是大学生的权利,但同时也伴随着一定的义务。大学生应当珍惜受教育的机会,努力学习科学文化知识,提高自己的综合素质和能力水平。

总之,宪法赋予大学生的义务是多方面的,旨在培养具有高度社会责任感和法律意识的公民。大学生应当自觉履行这些义务,为社会的和谐稳定和国家的繁荣发展贡献自己的力量。

(二)重视大学生法律知识教育

1. 大学生法律知识教育的重要性

(1)促进法治社会建设。大学生作为社会的未来中坚力量,他们的法律素养将直接影响到法治社会的建设。通过法律知识教育，可以培养大学生的法治思维和法治方式，推动他们积极参与法治实践，为法治社会建设贡献力量。

（2）预防法律风险。大学生在日常生活和学习中可能会遇到各种法律风险，如合同纠纷、知识产权侵权等。通过法律知识教育，可以帮助他们识别和预防这些风险，减少不必要的损失。

（3）提高综合素质。法律知识教育也是大学生综合素质教育的重要组成部分。学习法律知识，可以提高大学生的综合素质，使他们在未来的职业生涯中更具竞争力。

因此，高校应该加强对大学生的法律知识教育，将法律知识纳入课程体系，开设相关课程，加强实践教学，提高大学生的法律素养和实践能力。同时，也应该注重培养大学生的法治思维和法治方式，推动他们积极参与法治实践，为法治社会建设贡献力量。

2. 提升大学生法律意识的方法

提升大学生法律意识的方法有很多，以下是一些具体的方法：

（1）加强法律课程教育。高校可以增设法律课程，如法律基础、法律实务等，让学生在学习专业知识的同时，也能了解法律的基本知识和应用。

（2）举办法律讲座和研讨会。定期邀请法律专家、律师、法官等来校举办讲座和研讨会，让学生直接接触法律实践，了解法律案例，提高法律素养。

（3）组织模拟法庭和辩论赛。通过模拟法庭和辩论赛的形式，让学生参与到法律实践中，培养他们的法律思维能力和实践能力。

（4）开展法律实践活动。如法律援助、法律咨询等，让学生在实践中学习和运用法律知识，提高他们的法律素养。

（5）加强校园法治文化建设。通过校园广播、校报、宣传栏等渠道，普及法律知识，营造良好的法治氛围。

（6）鼓励学生自主学习。引导学生利用课余时间自主学习法律知识，如阅读法律书籍、观看法律节目等，提高他们的法律素养。

这些方法可以帮助学生更好地了解法律，提高他们的法律素养和实践能力，从而培养他们的法律意识和法治精神。同时，这些方法也可以帮助学生更好地维护自己的合法权益，预防法律风险，为他们的未来发展打下坚实的基础。

二、安全素养

(一)大学生增强安全意识的重要性

大学生增强安全意识的重要性体现在以下多个方面。

1. 有助于个人安全与保护

增强安全意识可以帮助大学生在面对潜在危险时及时采取自我保护措施,避免受到伤害。例如,在网络安全方面,了解如何保护个人信息、识别网络诈骗等,可以有效减少网络攻击和数据泄露的风险。

2. 有助于大学生心理健康

安全意识的提升有助于大学生应对心理压力和困难,维护良好的心理状态。在面对如校园欺凌、网络暴力等问题时,能够采取积极的应对措施,避免心理问题的发生。

3. 有助于社会和谐与稳定

大学生作为社会的重要组成部分,其安全意识的提升有助于维护社会的和谐与稳定。通过加强安全教育,培养大学生的社会责任感,使其更加关注社会安全问题,共同为创建安全、和谐的社会环境贡献力量。

4. 有助于大学生学业与职业发展

安全意识的提升有助于大学生在学业和职业发展中取得更好的成绩。具备良好的安全意识意味着大学生能够更好地应对各种挑战和风险,从而在学术研究、社会实践等方面取得更好的成果。同时,用人单位也更加注重应聘者的综合素质,包括安全意识和应对能力,因此提升安全意识也有助于大学生在就业市场上获得更多机会。

5. 有助于培养大学生独立生活能力

大学生正处于从家庭走向独立生活的过渡阶段,增强安全意识可以帮助他们更好地应对独立生活中可能遇到的各种安全问题,如交通安全、住宿安全等,从而培养独立生活的能力。

(二)大学生面临的安全问题及应对策略

在创新创业的过程中,大学生确实可能会面临多种安全风险和挑战,这些风险和挑战可能来自多个方面,包括但不限于网络安全、人身安全和财产安全。以下是对这些风险的详细分析以及相应的应对策略。

1. 网络安全风险

(1)风险描述。在创新创业过程中,大学生可能会涉及在线项目开发、数据传输、数据存储等活动,这些活动可能面临黑客攻击、数据泄露、恶意软件感染等网络安全威胁。

(2)应对策略。大学生应该加强网络安全意识,学习并运用基本的网络安全知识。此外,使用可靠的安全软件、定期更新系统、备份重要数据、避免使用弱密码等也是必要的防范措施。

2. 人身安全风险

(1)风险描述。在创业过程中,大学生可能需要经常外出、参加各种会议或活动,这可能会涉及交通安全、公共场所安全等问题。

(2)应对策略。大学生应该时刻保持警惕,遵守交通规则,避免独自前往陌生或危险的地方。在参加活动时,要了解活动的安全情况,提前做好准备。此外,与家人或朋友保持联系,让他们知道自己的行踪也是非常重要的。

3. 财产安全风险

(1)风险描述。在创业过程中,大学生可能会涉及资金投入、合同签订等财务活动,这些活动可能面临诈骗、合同纠纷等财产安全风险。

（2）应对策略。大学生应该加强财务知识的学习，了解基本的财务规则和风险。在签订合同时，要认真阅读合同条款，确保自己的权益得到保障。同时，避免与不熟悉的人或机构进行大额资金交易，以防诈骗。

除了以上提到的风险外，大学生在创新创业过程中还可能面临其他风险，如知识产权侵权、商业机密泄露等。因此，大学生应该加强自身的法律意识和知识产权保护意识，避免陷入不必要的法律纠纷。总之，大学生在创新创业过程中应该时刻保持警惕，加强自身的安全意识和防范能力，确保自己的人身和财产安全。同时，也要积极学习相关知识和技能，为创业成功打下坚实的基础。

第二节　大学生信息与网络素质

随着信息时代的到来，互联网已经深深地渗透到我们生活的方方面面，尤其是在大学校园中，网络已成为大学生学习、生活和娱乐的重要工具。然而，网络的发展在带来便利的同时，也对大学生的信息与网络素质提出了新的挑战。大学生需要掌握基本的信息技术知识，提高网络素养，以便更好地适应信息化社会的发展需求。

一、信息与网络素质的概念与内容

（一）什么是信息与网络素质

简单来说，信息与网络素质是指个体在获取、处理、利用和发布信息的过程中所表现出的能力和素养。这种能力不仅包括基本的计算机和网络操作技能，更重要的是对信息的筛选、判断、整合和创新的能力。

（二）信息与网络素质的内容

信息与网络素质是一个综合性的概念，涵盖了多个方面。以下是构成信息与网络素质的主要内容：

(1)信息意识。这是指对信息的敏感度和关注度。一个具有良好信息意识的人,能够敏锐地察觉到信息的变化,对信息有持续的关注和兴趣。他们知道何时需要信息,并能够主动地去寻找和获取。

(2)信息知识。这涉及对信息的基本理解,包括信息的类型、来源、传播方式等。了解这些信息知识,有助于人们更有效地利用和处理信息。

(3)信息能力。这是指人们获取、处理、利用和创造信息的能力。这包括信息搜索、筛选、整合、分析、评价、创新等多个方面。

(4)信息道德。在信息活动中,遵循一定的道德规范和伦理原则是非常重要的。这包括尊重知识产权、保护个人隐私、避免信息滥用等。

(5)网络安全意识。在网络环境中,保护个人信息和系统安全是非常重要的。这涉及对网络安全风险的认识,以及采取适当的措施来预防和保护。

(6)网络社交能力。在网络环境中,人们需要具备良好的社交能力,包括与他人进行有效的沟通、协作和分享信息。

(7)终身学习意识。随着信息技术的不断发展,人们需要持续学习,以适应新的信息环境和挑战。这涉及对新技术的接受和学习,以及对新信息的持续关注和更新。

二、大学生培养信息与网络素质的重要性

随着信息技术的迅猛发展,现代社会已经进入了一个全新的信息时代。在这样的时代背景下,大学生作为国家的未来和希望,他们的信息与网络素质显得尤为重要。这不仅关乎他们个人的发展,更关系到整个国家和社会在信息化时代的竞争力。

第一,良好的信息与网络素质是大学生适应信息化社会的基本要求。在 21 世纪,信息已成为重要的资源,如何有效地获取、处理和利用信息,是每个现代人必须掌握的基本技能。对于大学生而言,无论是学习、生活还是未来的工作,都离不开对信息的获取和利用。因此,具备良好的信息与网络素质,是他们在信息化社会中立足的基础。

第二,良好的信息与网络素质是大学生进行学术研究、创新活动的基础。在大学阶段,学术研究、科技创新等活动是学生们重要的学习内容和锻炼机会。这些活动往往需要大量的信息支持和数据处理。如果大学生不具备良好的信息与网络素质,他们将难以有效地获取和利用信息,也难以在学术研究和科技创新中取得突破。

第三,良好的信息与网络素质也是大学生未来职业发展的重要保障。

在现代社会，无论从事哪个行业，都需要具备一定的信息与网络技能。这些技能不仅可以帮助大学生更好地适应工作环境，提高工作效率，还可以为他们打开更多的职业发展道路。因此，大学生在大学期间就应该注重培养自己的信息与网络素质，为未来的职业发展打下坚实的基础。

三、大学生在信息与网络方面面临的问题与解决方法

（一）信息迷航与学习效率低下

随着信息技术的迅猛发展，我们生活在一个信息无处不在、无时不有的时代。对于大学生而言，这种信息丰富性既是机遇也是挑战。然而，在信息的海洋中航行，大学生们常常会遇到“信息迷航”的问题，这不仅影响了他们的学习效率，还可能对他们的学术和职业发展产生深远的影响。

1. 信息过载与筛选难题

（1）信息过载。网络上的信息数量庞大、种类繁多，大学生在尝试获取所需信息时，很容易受到无关信息的干扰。这种信息过载现象使他们难以集中注意力，导致学习效率下降。

（2）筛选难题。面对海量的信息，大学生需要具备一定的信息筛选能力，以便快速找到有价值的内容。然而，很多大学生缺乏这方面的技能，导致他们花费大量时间在筛选信息上，却得不到满意的结果。

2. 信息迷航与决策困境

（1）信息迷航。在信息海洋中，大学生有时会迷失方向，不知道应该从哪里开始搜索，或者如何有效地组织和管理所获得的信息。这种信息迷航状态使他们难以找到真正需要的信息，从而影响学习和研究的进展。

（2）决策困境。在面临多个信息来源或选择时，大学生可能会感到困惑和犹豫，不知道应该相信哪个信息源或采取哪种方法。这种决策困境不仅浪费了他们的时间和精力，还可能导致他们做出错误的决策。

3. 学习效率下降与学术影响

（1）学习效率下降。由于信息迷航和筛选难题的存在，大学生在获取和处理信息时可能会变得效率低下。这不仅影响了他们的学习进度，还可能使他们在面对大量信息时感到疲惫和沮丧。

（2）学术影响。在学术研究中，信息的获取和处理是至关重要的。如果大学生不能有效地解决信息迷航和筛选难题，他们的学术研究可能会受到严重的影响，如无法及时找到相关文献、无法对研究数据进行有效的分析等。

因此，对于大学生来说，提高信息筛选和处理能力、培养良好的信息意识和网络素养、掌握有效的信息检索和管理工具等方法，都是解决信息迷航和学习效率低下问题的重要途径。同时，高校和教育者也应该重视信息素养教育，帮助大学生更好地应对信息时代的挑战。

（二）网络安全风险

随着互联网的普及和技术的快速发展，网络安全问题日益凸显，成为大学生必须面对的重要挑战。然而，由于大学生普遍缺乏足够的网络安全意识和辨别能力，他们往往容易成为网络犯罪分子的目标，从而陷入各种网络安全风险之中。

1. 网络诈骗

（1）钓鱼网站与邮件。大学生在浏览网页或接收邮件时，可能会遇到伪装成正规网站或邮件的钓鱼链接。一旦点击这些链接，他们的个人信息就可能被窃取，进而被用于非法活动。

（2）虚假广告与推销。网络上的虚假广告和推销手段层出不穷，大学生由于缺乏经验，容易上当受骗，购买到假冒伪劣产品或遭受经济损失。

2. 个人信息泄露

（1）社交媒体的过度分享。很多大学生喜欢在社交媒体上分享自己的日常生活和个人信息，这些信息很可能被不法分子利用，导致个人隐私泄露。

（2）公共网络的风险。在使用公共网络时，大学生的个人信息也可能被窃取。例如，在咖啡厅、图书馆等公共场所使用免费 Wi-Fi 时，他们的上网行为和数据可能被黑客截获。

3. 网络欺凌与隐私侵犯

（1）网络欺凌。大学生在网络空间中也可能遭受欺凌和骚扰，如恶意评论、网络谣言等，这些行为对他们的身心健康产生负面影响。

（2）隐私侵犯。不法分子可能通过非法手段获取大学生的个人信息，如姓名、住址、电话号码等，进而进行电话骚扰、诈骗等违法活动。

为了有效应对这些网络安全风险，大学生需要增强网络安全意识，增强辨别能力。具体来说，他们可以采取以下措施：

（1）学习网络安全知识。了解常见的网络诈骗手段和防范方法，以及个人信息保护的重要性。

（2）谨慎点击链接。不轻易点击来源不明的链接或下载未知来源的文件，避免遭受钓鱼网站和恶意软件的攻击。

（3）保护个人隐私。不在网络上过度分享个人信息，尤其是敏感信息，如身份证号码、银行账户等。

（4）使用安全网络。尽量避免使用公共网络进行敏感操作，如网银转账等。同时，定期更新密码和使用安全软件，以提高个人账户的安全性。

总之，网络安全风险是大学生必须面对的现实问题。只有提高网络安全意识和辨别能力，采取有效的防范措施，才能确保自己在网络空间中的安全和隐私。

（三）社交障碍与心理健康问题

网络已经成为现代大学生生活中不可或缺的一部分。网络的虚拟性为大学生提供了便捷的社交渠道和丰富的信息来源，但同时也带来了一系列社交障碍和心理健康问题。

1. 无法适应真实社交环境

（1）网络社交的过度依赖。很多大学生习惯了在网络上进行社交活动，而面对真实的社交环境时，他们可能会感到不自在、缺乏自信。这导致他们在现实生活中的社交能力受到限制。

（2）沟通障碍。过度依赖网络社交可能导致大学生在真实社交场合中出现沟通障碍。他们可能习惯了通过文字、表情符号或视频通话进行交流，而面对面沟通时，却难以表达自己的想法和情感。

2. 过度依赖网络社交

（1）缺乏真实的人际互动。过度依赖网络社交可能导致大学生忽视真实的人际互动。他们可能更愿意在网络上建立和维护关系，而忽视了与现实生活中的朋友、家人和同事的交往。

（2）社交焦虑。一些大学生在网络社交中表现得游刃有余，但在真实社交场合中却感到焦虑和不安。他们担心自己的表现如何、别人对自己的看法等，从而导致社交焦虑。

3. 网络信息泛滥与心理健康问题

（1）信息过载。网络信息泛滥可能导致大学生面临信息过载的问题。他们可能会不断浏览、阅读各种信息，却难以筛选出真正有用的内容。这种信息过载可能导致他们感到焦虑、不安和无法集中注意力。

（2）虚假信息的传播。网络上充斥着各种虚假信息，这些信息的传播可能对大学生的心理健康造成负面影响。例如，他们可能会受到谣言、误导性信息的干扰，从而影响他们的判断和决策。

为了应对这些问题，大学生应该意识到网络的虚拟性，并努力将其与现实生活相结合。他们可以参加各种社交活动、加入兴趣小组或参与志愿者工作等，以扩展自己的社交圈子并增强社交能力。同时，他们也应该学会筛选和辨别网络上的信息，避免受到虚假信息的干扰。此外，高校和社会也应该加强对大学生的心理健康教育，帮助他们更好地应对网络虚拟性带来的挑战。

（四）学术不端与网络道德问题

在数字化时代，学术不端行为和网络道德问题日益成为大学生面临的严峻挑战。这些行为不仅违背了学术诚信和网络伦理，更对大学生的个人成长和社会声誉造成了严重影响。

1. 学术不端行为的诱惑

（1）抄袭与剽窃。在学术研究中，部分大学生可能因缺乏足够的知识储备或时间压力，选择抄袭他人的研究成果。这种行为不仅侵犯了他人的知识产权，也损害了学术界的公信力。

（2）篡改与伪造数据。为了获得更好的成绩或研究成果，一些大学生可能会篡改或伪造实验数据。这种行为严重违背了科学研究的诚信原则，对学术界的声誉造成了恶劣影响。

2. 网络道德问题的挑战

（1）侵犯他人隐私。在网络环境中，大学生可能会无意间侵犯他人的隐私，如未经允许公开他人的个人信息、照片等。这种行为不仅违反了网络伦理，也可能引发法律纠纷。

（2）散播谣言与虚假信息。在社交媒体和网络平台上，大学生可能会受到各种谣言和虚假信息的干扰。部分大学生可能在不经意间转发或传播这些信息，从而加剧了网络环境的混乱和不稳定。

为了应对这些挑战，大学生应该加强学术诚信和网络伦理教育，提高自身的道德意识和法律素养。同时，高校和社会也应该加强对学术不端行为和网络道德问题的监管和惩罚力度，为大学生创造一个健康、有序的学习和成长环境。

（五）网络依赖与自律能力缺乏

随着互联网的普及和深入，网络已成为大学生生活中不可或缺的一部分。然而，过度依赖网络以及自律能力的缺乏，正成为大学生面临的两大挑战。

1. 网络依赖的困境

（1）生活受影响。部分大学生可能沉迷于网络世界，导致日常生活受到严重影响。他们可能花费大量时间在网上冲浪、玩游戏或观看视频，而忽视了饮食、睡眠和锻炼等基本需求。这种生活方式不仅影响身体健康，还可能引发心理问题。

（2）学习与工作受阻。过度依赖网络也可能对大学生的学习和工作产生负面影响。他们可能过度依赖搜索引擎完成作业或项目，而忽视了思考和独立研究的能力。同时，网络上的社交娱乐也可能分散他们的注意力，导致学习效率下降。

2. 自律能力缺乏的挑战

（1）无法自我约束。面对网络上的各种诱惑，部分大学生可能缺乏自律能力，无法有效地控制自己的上网时间和行为。他们可能沉迷于社交媒体、网络游戏或在线购物等，无法自拔。这种缺乏自律的行为不仅影响了他们的学习和生活，还可能对未来发展产生负面影响。

（2）影响目标与计划。缺乏自律能力的大学生可能难以坚持自己的目标和计划。他们可能制订了详细的学习计划或职业发展目标，但由于无法有效控制上网时间和行为，导致这些计划和目标无法实现。这种挫败感可能进一步加剧他们的网络依赖和自律能力缺乏。

为了应对这些困境和挑战，大学生需要增强自律意识，提高自我管理能力。他们可以制订明确的上网计划和时间限制，避免过度沉迷于网络世界。同时，他们也可以寻求外部支持和帮助，如与家人、朋友或老师沟通交流，共同监督和管理上网行为。此外，高校和社会也应该加强对大学生的网络素养教育和心理辅导，帮助他们更好地应对网络依赖和自律能力缺乏的问题。

（六）技术更新与适应压力

在数字化时代，信息技术的更新速度日新月异，这对于大学生来说既带来了无限机遇，也带来了不小的适应压力。他们必须不断学习、掌握新的技术和工具，以应对日益复杂多变的社会环境和工作需求。

信息技术的更新换代速度之快，让人目不暇接。从传统的PC到移动设备，从云计算到人工智能，每一项新技术的出现都极大地改变了我们的生活方式和工作模式。大学生作为未来的社会栋梁，必须紧跟时代步伐，掌握这些新技术。

面对快速的技术更新，大学生往往面临着巨大的适应压力。他们需要花费大量时间和精力去学习、理解和掌握新技术，同时还要应对繁重的学业和生活压力。这种双重压力可能导致他们产生焦虑、挫败感等负面情绪,影响学习效果和生活质量。

为了减轻适应压力,大学生可以采取以下策略:

(1)保持积极心态。认识到技术更新是时代发展的必然趋势,保持积极、开放的心态去面对挑战。

(2)制订学习计划。合理安排学习时间,制订详细的学习计划,确保自己能够系统地掌握新技术。

(3)寻求帮助和支持。与同学、老师或专业人士交流,寻求帮助和支持,共同解决问题,提高学习效率。

(4)实践应用。将所学技术应用到实际生活中,通过实践来加深理解和掌握。

技术更新与适应压力是大学生必须面对的现实问题。通过保持积极心态、制订学习计划、寻求帮助和支持以及实践应用等策略,他们可以更好地应对这一挑战,为未来的职业发展奠定坚实基础。

总的来说,大学生信息与网络素质的提升是一个长期的过程,需要学校、教师和学生共同努力。只有这样,我们才能培养出适应信息化社会的高素质人才,为社会的发展和进步作出贡献。

第三节　大学生心理与礼仪素质

健康的心理状态和良好的礼仪修养是大学生综合素质的重要组成部分。通过心理调适和礼仪训练,大学生可以提升自身形象,增强人际交往能力,为未来的职场生涯奠定良好的基础。

一、心理素养

(一)心理健康的含义

心理健康可以从广义和狭义两种角度来理解。

从广义上讲,心理健康是指一种高效而满意的、持续的心理状态。这种状态不仅仅是没有心理疾病或病态,更是指个体在认知、情感、意志、行为、人格等方面都处于一种积极、协调、适应良好的状态。在这种状态下,个体能够充分发挥自己的潜能,实现自我价值,感受到生命的活力和意义。

从狭义上讲,心理健康主要关注的是个体心理疾病的缺失或较低的患病风险。它侧重于心理疾病的筛查、治疗和预防,以确保个体在心理层面上处于健康状态。这种理解更侧重于心理健康的病理层面,关注如何避免或减轻心理疾病对个体生活的影响。

无论是广义还是狭义的理解,心理健康都是人们追求幸福、和谐和满意生活的基础。它与人的身体健康、社交关系、学业成就等方面密切相关,影响着个体的整体幸福感和生活质量。因此,维护心理健康对于每个人来说都是至关重要的。

高校学生是一个较特殊的群体,国家对大学生寄托了很高的厚望。但是近年来,大学生因为心理疾病、精神障碍等诸多原因不惜给自己和他人带来伤害的案例时有发生,并且呈现上升的趋势。大学生自杀或者致伤、致死他人,给大学生家庭带来非常大的心灵伤害,在各大高校和社会上均产生了非常大的影响,引起社会的极大的关注和深刻反思。所以,强化大学生心理健康教育成为当前摆在高校思想政治教育面前的一项重要任务。

(二)心理健康的特点

1. 稳定性

心理健康与否的评判标准应当是基于某个体一段时期内的稳定的、持续的行为和心理特征作出判断,不能根据一事一时就得出心理是否健康的结论,一次心理不健康的行为,并不代表该人存在心理问题,也不能简单将某人的心理是否健康与某人是否有不健康的心理和行为划等号。

2. 连续性

心理健康的水平可以分为不同的等级,各等级之间是一个从健康到不健康的连续状态。例如,一般常态心理者、轻度失调心理者、严重病态心理者等,各等级之间并没有清晰明确的界限,人们通常只是根据程度的差异来进行划分正常心理和异常心理。

3. 动态性

心理健康的状态不是一成不变的,而是一个动态发展的过程。它会根据人的成长经历、经验累积、环境改变而发生相应的变化。因此,心理健康反映的并不是一个人一生的状态,而是一个人在一定时期内的固定状态。

（三）大学生常见心理健康问题

大学生,作为社会的新鲜血液和未来的中坚力量,在学业、生活、情感、就业等多方面都面临着各种挑战和压力,这些多重压力往往导致他们出现各种心理健康问题。

1. 性格与情绪问题

大学生正处于青春期向成年期的过渡阶段,他们的性格和情绪都还不够稳定。面对学业的压力、生活的琐事和人际关系的复杂,他们可能会感到焦虑、抑郁、自卑或暴躁。这些问题如果不及时得到关注和解决,可能会对他们的学习和生活产生严重的影响。

2. 交际问题

大学是一个小社会,同学们来自五湖四海,每个人都有自己的生活习惯和处事方式。如何与不同背景、不同性格的人相处,是大学生必须面对的问题。有些大学生可能因为缺乏交际技巧或过于内向,导致在人际交往中感到困扰和孤独。

3. 就业心理问题

就业前景的不乐观和社会对大学生的高要求,使得大学生在就业方面承受了巨大的压力。他们可能会对自己的能力产生怀疑,对未来的职业发展感到迷茫,甚至产生焦虑和恐惧。这些心理问题不仅会影响他们的就业准备,还可能对他们的身心健康造成损害。

4. 恋爱心理问题

大学生正处于恋爱的高峰期,但由于缺乏经验和正确的恋爱观,他们可能会在处理恋爱关系时遇到各种问题。例如,面对异性的追求可能会感到困惑和不安,面对分手可能会产生失落和痛苦。这些问题如果不得到妥善的处理,可能会对他们的心理健康产生不良影响。

为了应对这些心理健康问题,大学生应该积极寻求帮助和支持。他们可以向老师、辅导员、心理咨询师等人寻求专业的帮助和建议,也可以通过参加各种社团活动和体育锻炼来增强自己的心理素质和抗压能力。同时,学校和家庭也应该为大学生提供更多的支持和理解,帮助他们更好地应对各种挑战和压力。

(四)培养大学生健康心理素质的措施

在快速变化的社会环境中,大学生面临着来自学业、就业、人际关系等多方面的压力。这些压力不仅影响他们的日常生活,还可能对他们的心理健康产生深远影响。因此,培养大学生健康心理素质显得尤为重要。以下是一些有助于培养大学生健康心理素质的措施。

1. 建立心理健康教育体系

高校心理健康教育是一项系统工程,要取得良好的教育效果,可将其纳入整个高校教育体系中,与其他的各项教育相结合。这就要求高校在开展学生心理健康教育时,不断拓宽心理健康教育的渠道。大学应当建立完善的心理健康教育体系,通过课程、讲座、研讨会等形式,普及心理健康知识,让学生了解心理问题的产生、发展和解决方式。此外,还可以设立心理咨询中心,为学生提供专业的心理咨询服务。

2. 开展心理素质训练

心理素质训练是提高学生心理素质的有效途径。大学可以组织各种心理素质训练活动,如团队合作游戏、压力管理训练、情绪管理训练等,帮助学生提高抗压能力、情绪调节能力和人际交往能力。

3. 加强心理辅导和咨询，建立心理危机干预机制

大学应提供专业的心理辅导和咨询服务，帮助学生解决心理困惑和问题。心理辅导师可以通过个别咨询、团体咨询等方式，为学生提供心理支持和建议。

建立心理危机干预机制，对存在严重心理问题或心理危机的学生进行及时干预和治疗。这可以帮助学生及时摆脱困境，防止心理问题进一步恶化。

4. 鼓励学生参与社会实践活动

通过参与社会实践活动，学生可以更好地了解社会、锻炼自己的人际交往能力、提高自己的社会适应能力。这些经历有助于增强学生的心理素质，使他们更好地应对未来的挑战。

5. 营造积极向上的校园文化氛围

大学应当营造积极向上的校园文化氛围，鼓励学生积极参与各种活动，培养他们的兴趣爱好和特长。一个充满活力和创造力的校园文化有助于学生形成健康的心理素质。

总之，培养大学生健康心理素质是一个系统工程，需要大学、家庭、社会等多方面的共同努力。通过建立心理健康教育体系、开展心理素质训练、加强心理辅导和咨询、推广心理自助方法、建立心理危机干预机制、鼓励学生参与社会实践活动以及营造积极向上的校园文化氛围等措施，我们可以有效地提高大学生的心理素质，帮助他们更好地应对未来的挑战。

二、礼仪素养

在创业就业背景下，大学生礼仪素养的内涵与内容具有更为重要的意义。礼仪素养不仅关乎个人形象，更体现了个人修养和职业素养，对于大学生未来的创业和就业都具有深远的影响。

（一）礼仪素养的内涵

礼仪素养的核心是尊重他人，这包括尊重他人的观点、文化、信仰和习惯等。在创业和就业过程中，尊重他人有助于建立良好的人际关系，为个人的事业发展奠定基础。

礼仪素养还包括良好的沟通能力，能够清晰、准确地表达自己的观点，同时倾听他人的意见。这对于创业团队的合作和就业中的沟通协作至关重要。

礼仪素养体现了职业素养，包括守时、守约、诚信等方面。在创业和就业过程中，良好的职业素养有助于赢得他人的信任和尊重，提升个人形象。

（二）礼仪素养的内容

（1）仪表仪态。仪表仪态是礼仪素养的外在表现，包括穿着、发型、面部表情和肢体语言等。在创业和就业过程中，得体的仪表仪态有助于展现个人的专业精神和自信。

（2）礼貌待人。礼貌待人是礼仪素养的基本要求，包括使用礼貌用语、尊重他人、关心他人等。在创业和就业中，礼貌待人有助于建立良好的人际关系，提升个人魅力。

（3）职场礼仪。职场礼仪是大学生在创业和就业过程中必须掌握的知识，包括会议礼仪、谈判礼仪、电子邮件礼仪等。掌握职场礼仪有助于大学生在职场中表现得更加得体、专业。

总之，在创业就业背景下，大学生礼仪素养的内涵与内容对于个人的事业发展具有重要意义。通过提升礼仪素养，大学生可以建立良好的人际关系，提升个人形象和魅力，为未来的创业和就业奠定坚实的基础。

（三）大学生培养礼仪素养的重要性

在快速发展的现代社会中，礼仪素养成为衡量一个人综合素质的重要标准之一。对于即将踏入社会的大学生而言，培养礼仪素养尤为重要。它不仅关系到个人的形象和气质，更与未来的创业和就业息息相关。因此，大学生应该充分认识到培养礼仪素养的重要性，并在学习和生活中不断提升自己。

1. 有助于提升大学生的个人形象

礼仪是人际交往的润滑剂，得体的礼仪举止能够给人留下深刻的印象。一个具备良好礼仪素养的大学生，无论是在校园内还是校园外，都能够展现出自信、大方、得体的形象，赢得他人的尊重和好感。这样的个人形象无疑会为大学生的创业和就业带来更多的机会和优势。

2. 有助于培养大学生的职业素养

在创业和就业过程中，职业素养是评价一个人能力的重要标准之一。具备良好的礼仪素养，意味着大学生能够遵守职场规则，尊重他人，诚实守信，这些都是职业素养的重要组成部分。同时，礼仪素养还能够提升大学生的沟通能力和团队协作能力，使他们在工作中更加得心应手。

3. 有助于增强大学生的社会竞争力

在竞争激烈的就业市场中，具备良好礼仪素养的大学生往往更容易脱颖而出。他们不仅能够在面试中给面试官留下深刻的印象，更能够在工作中展现出良好的职业素养和沟通能力，获得更多的发展机会。因此，培养礼仪素养对于提升大学生的社会竞争力具有重要意义。

4. 有助于传承和弘扬中华优秀传统文化

礼仪是中华文化的重要组成部分，代表着中华民族的文明和礼仪之邦的风采。作为新时代的大学生，传承和弘扬中华优秀传统文化是他们的责任和义务。通过培养礼仪素养，大学生不仅能够更好地理解和传承中华文化，更能够在国际交流中展现出中华文明的魅力。

（四）提升大学生礼仪素养的路径与方法

礼仪，作为人类社会交往的一种基本规范，是体现个人修养和社会文明的重要标志。在高等教育中，提升大学生的礼仪素养，不仅有助于个人形象的塑造，也能推动社会文明进步。因此，探索提升大学生礼仪素养的路径与方法，具有重要的现实意义。

1. 加强礼仪教育，培养礼仪意识

高校应将礼仪教育纳入课程体系，通过课堂教学、专题讲座等形式，向学生传授礼仪知识，培养礼仪意识。同时，应鼓励学生参与礼仪实践活动，如模拟礼仪场景、志愿服务等，让学生在实践中感受礼仪的魅力，提升礼仪素养。

2. 注重教师示范，发挥榜样作用

教师作为学生成长道路上的引路人，应具备良好的礼仪素养。高校教师应注重自身言行举止，做到言传身教，以自身的礼仪行为影响学生，发挥榜样作用。同时，教师应关注学生的个性差异，因材施教，帮助学生形成正确的礼仪观念。

3. 开展校园文化活动，营造礼仪氛围

高校应积极开展各类校园文化活动，如礼仪知识竞赛、礼仪风采大赛等，营造浓厚的礼仪氛围。通过活动的开展，让学生在轻松愉快的氛围中学习礼仪知识，提升礼仪素养。此外，高校还应加强与社会的联系，邀请礼仪专家、企业家等走进校园，与学生分享礼仪经验，拓宽学生的视野。

4. 引导自我修炼，提升礼仪品质

大学生应充分认识到礼仪素养对个人成长的重要性，自觉加强礼仪知识的学习和实践。在日常生活中，要注重细节，如穿着得体、举止大方、言谈礼貌等。同时，要积极参加各类社交活动，锻炼自己的社交能力，提升礼仪品质。

第四节　大学生道德与人文素质

道德和人文素质是大学生精神世界的核心。加强道德教育和人文关怀，可以引导大学生树立正确的价值观和世界观，为社会的和谐发展贡献自己的力量。

一、道德素养

（一）道德素养的概念

道德素养是指个体在道德方面的内在品质和修养，涵盖了多个方面，如道德认知、道德情感、道德意志和道德行为等。它反映了一个人的道德水平、道德觉悟和道德责任感，是衡量一个人品格的重要标准。

道德素养的形成和发展受到多种因素的影响，包括家庭教育、学校教育、社会环境等。在家庭教育方面，父母的言传身教、家庭氛围等都会对孩子的道德素养产生深远影响。在学校教育方面，教师的榜样作用、课程设置、德育活动等也会对学生的道德素养产生积极的影响。在社会环境方面，社会风气、法律法规、道德规范等也会对个体的道德素养产生影响。

道德素养对于个人和社会都具有重要意义。对于个人而言，道德素养是评价一个人品格的重要标准，它关系到个人的尊严、荣誉和幸福。一个有高尚道德素养的人，能够赢得他人的尊重和信任，从而在社会中获得更多的机会和资源。对于社会而言，道德素养是维护社会稳定、促进社会和谐发展的重要保障。一个充满高尚道德素养的社会，能够减少社会矛盾和冲突，增进社会团结和合作，从而推动社会的进步和发展。

总的来说，道德素养是个体在道德方面的内在品质和修养，它受到多种因素的影响，对于个人和社会都具有重要意义。因此，我们应该注重培养和提高自己的道德素养，以成为一个有道德、有责任感、有担当的人。

（二）道德素养的内容

道德素养主要包括以下几个方面的内容：

（1）社会公德。这是指个体在社会生活中应当遵循的基本道德规范，如尊重他人、爱护公共财产、维护公共卫生、遵纪守法等。社会公德是维护社会秩序、促进社会和谐的重要基石。

（2）职业道德。这是指个体在职业活动中应当遵循的道德准则，如诚实守信、勤奋敬业、团结协作、公平竞争等。职业道德对于提高工作效率、实现人生价值具有重要保障作用。

（3）家庭美德。这是指个体在家庭生活中应当具备的美德，如尊老爱幼、夫妻和睦、亲子关系良好、家庭责任感等。家庭美德是构建和谐家庭、培养下一代的重要条件。

（4）个人品德。这是指个体在道德行为和道德观念方面的修养，如诚实守信、宽容谦让、仁爱互助、自尊自爱等。个人品德是实现自我价值、赢得他人尊重的关键。

此外，道德素养还包括道德认识、道德情感、道德信念、道德意志和道德行为等方面。这些方面相互关联、相互作用，共同构成了一个人的道德素养。

总的来说，道德素养涵盖了个人在社会、职业、家庭和个人层面上的道德要求和品质，它体现了一个人的道德水平、道德觉悟和道德责任感。

（三）大学生如何提高道德素养

在创业就业背景下，大学生提高道德素养是非常重要的，因为这关系到他们未来的职业发展和个人成长。以下是一些建议，帮助大学生在创业就业背景下提高道德素养：

（1）树立正确的道德观念。大学生应该明确什么是正确的道德行为，树立正确的道德观念。这包括尊重他人、诚实守信、勤奋敬业、公平正义等方面。通过学习和思考，形成自己的道德价值观，并将其作为行动的指南。

（2）加强自我修养。大学生应该注重自我修养，培养自己的道德品质。在日常生活中，要注重培养自己的道德情感，学会关心他人、尊重他人、帮助他人。同时，要增强自己的道德意志，坚定自己的道德信念，不断提高自己的道德水平。

（3）积极参与社会实践。大学生应该积极参与社会实践，通过实践锻炼自己的道德行为。可以参加志愿服务、实习实训等活动，深入了解社会现实和人情世故，增强自己的社会责任感和使命感。在实践中，要学会处理各种复杂的道德问题，积累道德经验，不断提高自己的道德素养。

（4）培养职业道德。对于即将步入职场的大学生来说，培养职业道德尤为重要。要了解自己所从事职业的道德规范和要求，遵守职业纪律，保持职业操守。在工作中，要注重诚信、勤奋、敬业、负责等方面，树立良好的职业形象。

（5）接受他人监督。大学生应该接受他人的监督，勇于面对自己的不足和错误。在日常生活中和工作中，要虚心接受他人的意见和建议，及时改正自己的缺点和错误。同时，也要勇于承担自己的责任和义务，做到言行一致、表里如一。

总之，提高道德素养是大学生个人成长和职业发展的重要保障。在创业就业背景下，大学生应树立正确的道德观念、加强自我修养、积极参与社会实践、培养职业道德、接受他人监督等方面努力提高自己的道德素养。这将有助于他们在未来的职业生涯中更好地应对各种挑战和机遇。

二、人文素养

（一）人文素养的内涵与内容

1. 人文素养的内涵

人文素养是指个体在人文领域（如文学、历史、哲学、艺术等）的知识、技能、态度和价值观的集合。对于大学生来说，人文素养的培养不仅有助于他们的全面发展，更是他们未来成功融入社会、贡献社会的重要基础。

2. 人文素养的内容

人文素养涵盖了多个方面，可以概括为以下几个方面：

（1）人文知识。这是指关于人类文化、历史、文学、哲学、艺术等方面的基本知识。这些知识帮助人们理解人类社会的发展和演变，以及人类的思想、情感和创造力。

（2）人文思想。这是指对人类存在、价值和意义的思考和探索。它涉及人的自由、尊严、责任、正义、道德等方面的问题，帮助人们形成对世界和人生的深刻认识。

（3）人文方法。这是指通过文学、历史、哲学、艺术等人文学科的方法来探究和理解人类文化和社会现象。这些方法包括批判性思维、解释学、符号学、美学等，帮助人们深入分析和理解人类文化和社会现象。

（4）人文精神。这是指以人为本的精神，关注人的自由、尊严、价值和意义，追求人的全面发展和社会的和谐进步。人文精神体现了对人类生存和发展的深刻关怀，是人文素养的灵魂。

（二）大学生培养人文素养的重要性

大学生培养人文素养的重要性是多方面的，它涉及个人的全面发展、社会的和谐进步以及文化的传承创新。

1. 促进个人全面发展

人文素养的培养不仅涉及知识的传授，更强调批判性思维、创新思维和审美能力的提升，这些能力对于大学生未来的学术研究和职业发展具有深远的意义。

第一，人文素养的培养可以显著增强大学生的语言表达能力。通过接触和学习文学作品、历史文献和哲学思想，学生不仅能够丰富自己的词汇量和语法结构，还能学习到如何更加精准、生动地表达自己的思想和情感。这种语言能力的提升不仅在日常生活中有所体现，更在学术研究和职业发展中发挥重要作用，如撰写论文、报告、演讲稿等。

第二，人文素养的培养有助于培养大学生的批判性思维。通过学习哲学、文学、历史等人文学科，学生将学会如何对信息进行深入的分析、比较和评价。这种批判性思维不仅能够帮助他们在学术研究中发现问题、提出假设，还能在职业生涯中帮助他们做出明智的决策、解决复杂问题。

第三，人文素养的培养还能够激发大学生的创新能力。通过对艺术的欣赏和创作、对历史的反思和借鉴，学生将学会如何从不同的角度和层面思考问题，从而产生新的想法和解决方案。这种创新能力在学术研究和职业发展中是极其宝贵的，能够帮助他们在各自领域取得突破性的成就。

第四，人文素养的培养还能够提升大学生的审美能力。通过对文学、艺术、音乐等作品的欣赏和学习，学生将学会如何发现和评价美，从而提升自己的审美水平。这种审美能力的提升不仅能够在日常生活中为他们带来更多的乐趣和享受，还能在学术研究和职业发展中帮助他们发现更多的灵感和创意。

2. 提升精神境界

提升精神境界不仅仅关注知识和技能的学习，更着眼于学生内在精神世界的塑造和提升。通过这种培养，大学生能够形成更高层次的精神追求，提升个人的精神境界，从而在面对人生挑战和困境时保持积极乐观的态度。

第一，人文素养的培养有助于大学生形成更高层次的精神追求。通过学习文学、哲学、艺术等人文学科，大学生能够接触到不同的思想、文化和价值观，从而拓宽自己的视野和思维方式。这种培养使他们不再局限于物质追求，而是开始追求更高层次的精神满足，如真理、美、善等。这种精神追求能够激发大学生的内在动力，推动他们不断追求进步和完善。

第二，人文素养的培养能够提升大学生的精神境界。精神境界是指一个人的思想、情感和价值取向所达到的高度。通过人文素养的培养，大学生能够更深入地理解人性、情感、价值观等，从而提升自己的精神境界。他们能够更加理性地看待世界和自己，更加宽容和理解他人，形成更加成熟、稳定的人格特质。

第三，人文素养的培养使大学生在面对人生挑战和困境时能够保持积极乐观的态度。在面对困难和挫折时，具备人文素养的大学生能够运用所学的人文知识和方法来分析和解决问题，从而更加冷静、客观地面对挑战。同时，他们的高层次精神追求和宽广的视野也能够使他们更加乐观地看待未来，积极寻求解决方案。

3. 塑造健全人格

在大学教育中，塑造健全的人格是至关重要的任务之一。健全的人格意味着个体在认知、情感、价值观等方面都达到了成熟和稳定的状态，能够积极应对生活中的各种挑战，并对社会作出积极的贡献。而通过学习文学、历史、哲学等人文学科，大学生可以更加深入地理解人性、情感、价值观等，从而塑造更加健全的人格。

第一，文学、历史、哲学等人文学科提供了对人性深入探索的机会。

通过学习这些学科,大学生可以更加深入地了解人类的思想、情感、行为背后的原因和动机,从而更好地认识自己和他人。这种对人性的理解可以帮助大学生建立更加成熟和稳定的价值观,形成健全的人格。

第二,人文学科的学习也有助于增强大学生的自我认知。在学习这些学科的过程中,大学生会接触到不同的观点、思想和价值观,从而引发他们对自己的人生观、价值观进行反思和思考。通过这种反思,大学生可以更清楚地认识自己的优点、缺点、兴趣和目标,从而更加明确自己的人生方向。

第三,通过学习人文学科,大学生可以增强自己的社会责任感。文学、历史、哲学等学科都涉及对人类社会、文化、历史等方面的研究,通过学习这些学科,大学生可以更加深入地了解社会的复杂性和多样性,从而更加关注社会问题,增强自己的社会责任感。这种社会责任感可以激发大学生为社会作出贡献的积极行动,推动社会的进步和发展。

4. 推动社会和谐进步

(1)增进社会理解。通过对历史、文化、社会现象的学习和思考,大学生可以更好地理解社会的多样性和复杂性,增进对不同文化和社会群体的理解和尊重,从而推动社会的和谐与进步。

(2)培养公民责任感。人文素养的培养有助于大学生形成正确的价值观和道德观,增强他们的公民责任感,使他们能够积极参与社会事务,为社会的发展作出贡献。

(3)提升创新能力。人文素养的培养能够激发大学生的创新思维和创造力,推动他们在科技、文化、艺术等领域进行创新,为社会的进步和发展提供源源不断的动力。

5. 促进文化传承创新

(1)传承传统文化。通过学习文学、历史等人文学科,大学生可以更加深入地了解和传承本民族的传统文化,维护文化的多样性和丰富性。

(2)推动文化创新。人文素养的培养能够激发大学生的文化创新意识和能力,推动他们在文化领域进行创新实践,为文化的传承和发展注入新的活力。

三、提升大学生人文素养的路径与方法

在当今社会,人文素养已经成为衡量一个人综合素质的重要标准之一。对于大学生而言,提升人文素养不仅有助于个人全面发展,更是为未来的职业生涯奠定坚实基础的关键。提升大学生人文素养的路径与方法是一个多元化、综合性的过程,涉及课程设置、实践活动、校园文化和社会参与等多个方面。以下是一些具体的路径与方法。

(一)加强人文课程学习

(1)增加人文课程比重。学校应调整课程设置,确保人文课程在整体教学计划中占有适当比重。这包括文学、历史、哲学、艺术等经典人文学科。

(2)必修与选修相结合。在保证学生基础知识学习的同时,通过选修课的形式提供更多的文化课程选择,以满足学生个性化的学习需求。

(3)引入跨学科课程。鼓励教师开设跨学科的人文课程,如文化与社会、文学与心理学等,以拓宽学生的知识视野。

(二)广泛阅读人文类书籍

阅读是获取知识、提升素养的重要途径。通过阅读经典文学作品、历史著作、哲学书籍等人文类书籍,大学生可以深入了解人类文明的演变、思想的发展以及社会的变迁。这不仅能够拓宽大学生的视野,还能够培养他们的审美情趣、批判性思维和人文关怀。

(三)丰富校园文化活动

大学生应该积极参与社会实践活动。人文素养的提升不仅仅依赖于书本知识,更需要通过实践来体验和感悟。大学生可以参加志愿者活动、社会调查、文化交流等社会实践活动,亲身感受社会的多样性和复杂性。通过实践,大学生可以更加深入地了解社会现实,增强社会责任感和使命感,同时也能够锻炼自己的沟通协作能力和解决问题的能力。

另外,参加学术讲座和研讨会也是提升大学生人文素养的有效途径。学术讲座和研讨会通常由专家学者主持,内容涵盖了各个学科领域的前

沿动态和最新研究成果。通过参加这些活动,大学生可以接触到最新的学术思想和研究成果,拓宽自己的学术视野,提升自己的学术素养。

(四)加强实践教学环节

(1)社会实践与志愿服务。鼓励学生参与社会实践活动和志愿服务,如文化遗产保护、社区文化服务等,增强社会责任感和公民意识。

(2)校企合作与实习。与人文相关的企事业单位建立合作关系,为学生提供实习机会,让学生在实践中提升人文素养和职业技能。

(五)鼓励自主学习与自我提升

大学生应该注重培养自己的艺术修养。艺术是人类文明的重要组成部分,也是提升人文素养的重要途径之一。大学生可以通过欣赏音乐、绘画、舞蹈等艺术作品,培养自己的审美情趣和创造力。同时,大学生也可以积极参与艺术创作和表演,通过亲身实践来感受艺术的魅力和力量。

大学生还应该注重培养自己的批判性思维和独立思考能力。在面对各种信息和观点时,大学生应该学会独立思考、理性判断,不盲目跟从和崇拜。通过培养批判性思维和独立思考能力,大学生可以更加深入地了解问题的本质和真相,形成自己的独特见解和观点。

(六)教师引导与榜样作用

提升大学生的人文素养是一项长期而重要的任务。学校、教师和学生都需要共同努力,通过加强人文课程学习、开展校园文化活动、实践社区服务和阅读经典文献等多种方式,共同推动大学生人文素养的提升。此外,还要加强对教师的人文素养培训,提升教师的人文素质和教学能力。教师应在课堂上和生活中展示自己的人文素养,成为学生学习的榜样。

通过这些努力,我们可以期待大学生们不仅在学术上有所成就,更在人格塑造、社会责任感以及跨文化理解等方面展现出全面而深入的人文素养。这不仅对他们个人的成长和发展有着深远的影响,也将对社会的进步和和谐产生积极的推动作用。

参考文献

[1] 张晓蕊，马晓娣，岳志春. 大学生创业基础 [M]. 北京：北京理工大学出版社，2019.

[2]戴建兵，姬振旗.大学生职业生涯发展规划[M].北京：科学出版社，2010.

[3] 栾永斌，周瑜弘. 高职院校大学生职业生涯规划 [M]. 大连：大连海事大学出版社，2008.

[4] 田秀萍. 职业生涯规划 [M]. 上海：上海交通大学出版社，2014.

[5]王剑，郑春雨，张蔚.高职院校大学生职业生涯规划教程[M].大连：大连海事大学出版社，2009.

[6] 丘木生，刘带，陈莹，等 . 大学生职业生涯规划与管理 [M]. 广州：暨南大学出版社，2015.

[7] 张静. 大学生凭什么找份好工作 [M]. 济南：山东人民出版社，2012.

[8] 崔永红. 互联网 + 背景下大学生创新创业实践研究 [M]. 北京：线装书局，2022.

[9] 钟晓红，谭贻群. 高职大学生职业发展训练教程 [M]. 成都：四川大学出版社，2017.

[10] 周其洪，王兴权，田松，等. 大学生职业生涯规划与就业指导 [M]. 天津：天津科技翻译出版公司，2010.

[11] 张宪义，张勇，郭小婷，等. 大学生职业生涯规划 [M]. 大连：东软电子出版社，2012.

[12] 明照凤. 大学生职业生涯规划 [M]. 济南：山东人民出版社，2013.

[13] 金延平. 大学生职业生涯规划 [M]. 沈阳：东北财经大学出版社，2009.

[14]王德胜.普通高等教育规划教材 职业生涯发展与规划[M].北京：北京邮电大学出版社，2015.

[15] 叶琛琰，夏涛，卢峰. 大学生职业发展与就业指导 [M]. 北京：科学出版社，2021.

[16] 张静，王玉江，乔宝刚. 大学生，凭什么找份好工作 大学生职业生涯规划 [M]. 青岛：中国海洋大学出版社，2016.

[17] 文军，吴明永，李艳. 大学生职业规划与创业教育教程 [M]. 北京：现代教育出版社，2012.

[18] 雷家骕，葛健新，王华书. 创新创业管理学导论 [M]. 北京：清华大学出版社，2014.

[19] 李花，陈斌，武香俊，等. 大学生职业生涯规划 [M]. 天津：南开大学出版社，2014.

[20] 吴昌政. 大学生职业发展与就业创业指导 [M]. 北京：现代教育出版社，2012.

[21] 高阳. 大学生职业生涯规划与就业指导 [M]. 成都：电子科技大学出版社，2019.

[22] 张少飞，徐国礼. 大学生就业及创业指导 [M]. 天津：天津大学出版社，2013.

[23] 贺俊英. 大学生就业指导实用教程 [M]. 南京：河海大学出版社，2007.

[24] 陈彩彦，兰冬蓉. 大学生职业生涯规划 [M]. 北京：航空工业出版社，2018.

[25] 秦勇，陈爽，张黎，等. 创业管理 理论、方法与实践 [M]. 北京：人民邮电出版社，2019.

[26] 房楠，杨辉. 新时代大学生思想政治教育与就业教育的融合研究 [M]. 北京：中国财富出版社，2021.

[27] 薛永基. 大学生创新创业教程 [M]. 北京：北京理工大学出版社，2017.

[28] 吴文君，曾长霞. 大学生职业生涯规划与就业指导 [M]. 北京：清华大学出版社，2009.

[29] 连银岭. 大学生创新创业教育 [M]. 北京：北京理工大学出版社，2018.

[30] 哈申图雅，李伟树，崔文，等. 高职学生创新创业教程 [M]. 北京：北京理工大学出版社，2016.

[31] 舒晓楠. 创业基础 [M]. 重庆：重庆大学出版社，2017.

[32] 黄晞建，夏伯平，朱克勇，等. 大学生职业生涯规划训练教程 [M]. 北京：现代教育出版社，2010.

[33] 杜林致，张旭翔. 大学生职业规划与拓展 [M]. 南京：河海大学出版社，2005.

[34] 戴建兵，王运敏，高清波. 大学生职业发展规划教程 [M]. 北京：北京师范大学出版社，2013.

[35] 徐俊祥，徐焕然. 创未来 [M]. 北京：现代教育出版社，2017.

[36] 朱佳. 新时代背景下高校思想政治教育与大学生社会主义核心价值观培育 [M]. 北京：研究出版社，2019.

[37] 杜林致，闫京江，柴民权. 大学生职业生涯规划 [M]. 兰州：兰州大学出版社，2020.

[38] 胡恩立，李玲，吴根甫，等. 大学生职业生涯规划与就业指导 [M]. 北京：清华大学出版社，2013.

[39] 张莉. 大学生创新创业训练 [M]. 上海：上海交通大学出版社，2018.

[40] 王其中，李姣，王凯. 大学生创新创业教程 [M]. 北京：北京理工大学出版社，2017.

[41] 杨军，万建国，刘保谦. 大学生全程就业指导教程 [M]. 北京：北京师范大学出版社，2009.

[42] 黄昌兴，李俊才，赵巍. 大学生职业生涯规划教程 [M]. 北京：中国言实出版社，2020.

[43] 尹淑娥. 职业生涯规划与管理 [M]. 大连：大连海事大学出版社，2010.

[44] 祁雄，刘雪飞，肖东，等. 人力资源管理实务 [M]. 北京：北京理工大学出版社，2019.

[45] 张建忠，薛枫，杨占良，等. 职业生涯规划 [M]. 北京：中国专媒大学出版社，2015.

[46] 文军，刘琼，李立. 大学生职业生涯与发展规划 [M]. 成都：电子科技大学出版社，2019.

[47] 刘玺明，陈洪玲，赵劲. 大学生就业指导与创业教育的理论与实践 [M]. 北京：中国人民大学出版社，2014.

[48] 秦甫. 最新合同示范文本大全及要点解读 下 [M]. 北京：中国经济出版社，2016.

[49] 田永伟，吴迪. 大学生职业发展指导 大学生生涯发展定位和职业生涯规划 [M]. 北京：光明日报出版社，2019.

[50] 赵洪涛，孙凯，滕艳杰. 大学生如何制订职业生涯规划 [J]. 探索与争鸣，2020（32）：251–253.

[51] 康静. 基于职业生涯规划的大学生创新创业教育 [J]. 湖北开放职业学院学报，2020，33（18）：1-2.

[52] 侯萍萍. 积极心理学视角下的大学生职业生涯规划教育探析 [J]. 文化创新比较研究，2019（28）：159-160.

[53] 顾明远. 高等学校要向学生进行创业教育 [J]. 中国大学教学，2002（10）：12.

[54] 刘帆，李家华. 高校创业教育目标和类型 [J]. 中国大学生就业，2008（6）：6.

[55] 刘立欣，陈敬霞. 大学生创新创业能力提升视域下的逆商开发研究 [J]. 时代教育，2018（25）：96-99.

[56] 李同泽. 市场研究方法与技巧 [M]. 北京：中国经济出版社，2002.

[57] 宋冀东. 市场营销 [M]. 北京：中国电力出版社，2009.

[58] 张扬. 现代企业人才管理问题研究 [M]. 北京：中国社会科学出版社，2016.

[59] 胡恩立，李玲，吴根甫，等. 大学生就业指导 [M]. 北京：高等教育出版社，2018.

[60] 高洪海，于雷. 大学生就业指导 [M]. 济南：山东人民出版社，2014.